楠木建の頭の中

戦略と経営についての論考

楠木 建
経営学者

日本経済新聞出版

はじめに

完全競争下での余剰利潤はゼロになる――ミクロ経済学を勉強した人であれば誰もが知る基本中の基本です。経済学（economics）の中核には物事を効率化（economize）しようとする思考様式があります。経済学は完全競争を基本的には「良い」状態であると考えます。なぜならば、世の中の効率は完全競争の下で極大化するからです。独占禁止法という法制度にしても、その根底には完全競争による効率を尊重するという考え方があります。

経済の中に個別の企業活動があるのは言うまでもありません。ところが、経済学と経営は基本的な考え方において正反対を向いています。本書の中で繰り返し論じているように、あらゆる企業経営は長期利益を追求するものです。しかし経済学が想定する完全競争になってしまえば理屈からして利益を出すことはできません。

だとすればどうしたらよいか。経済学が想定する完全競争の前提を壊すということです。完全競争にはいくつかの条件があります。その一つに「みんな同じ」――取引される財が同質で完全に代替可能であること――があります。完全競争の世界では個々のプレイヤーには「顔」がありません。企業間に違いがあれば完全競争にならず、利益を生み出すことが可能になります。したがって「競合他社に対する違いをつくる」、ここに競争戦略の根本があります。

しかし、です。よほど特殊な状況にない限り、商売は常に競争に直面します。一時的に競争相手との違いをつくり、短期的な利益をものにすることはできたとしても、長期利益の獲得はいよいよ難しい。

完全競争の条件の一つに完全情報――すべての買い手と売り手がお互いについての情報を完全に保有している――があります。インターネットの登場以来、情報の流通と獲得のコストは飛躍的に低減しました。売り手と買い手の間の情報の非対称性は以前と比べてはるかに小さくなりました。競合他社のパフォーマンスや行動についての情報も即座に手に入ります。コンサルタントは常に最新のベストプラクティスを教えてくれます。優れた経営システムはITを活用したシステムやツールに組み込まれ、企業を越えて移転可能となりました。つまり、今日の競争は以前と比べて完全競争に近づいているということです。

ある企業が他社と違うことをやって利益を出していたとしても、他社に真似されてしまえば違いはなくなり、利益もまたなくなってしまいます。にもかかわらず、強い企業は依然として強い。競争がある中で、なぜある企業は他社を上回る利益を持続的に生み出せているのか。その背後にある論理はなにか。競争戦略の分野で仕事をしている僕は、ずっとこの問題を考え続けてきました。

この大きな問いを前にして、新聞や雑誌、オンラインメディア、個人で運営している有料ブログなどで僕が書き連ねてきたさまざまな論考を一冊にまとめたものが本書です。第1部「戦略論」は、企業の競争優位と競争優位の源泉についての僕なりに考えた論理や、事例に基づく戦略の考察を収録しました。第2部「経営論」には、競争戦略についての論考から派生した経営論・経営者論をまとめてあります。第3部「戦略対談」では、経営者との対話を通じてそれぞれの戦略ストーリーを解読します。

本書に収録された論考で用いている数字やデータは原則的に執筆当時のものです。10年近く前に書いたものもあるので、現在のものとは変わっています。それぞれの論考の初出年月は文末に記してあります。執筆時期を念頭に置いてお読みいただければ幸いです。ただし、僕の考えや主張は執筆時点と変わっていません。そう簡単に変わってしまっては「論理」とは言えません。

これまでに書き溜めた大量の原稿を取捨選択し、一冊の本にまとめる上で日本経済新聞出版の永野裕章さんにはひとかたならぬお世話になりました。深く感謝いたします。また、戦略論考以外の仕事や生活についての評論・随筆は、同時に刊行された姉妹書の『楠木建の頭の中　仕事と生活についての雑記』に収めています。気が向いたら、こちらもお読みください。

僕は自分で経営をしたことはありません。これからもするつもりはありません。この仕事を始めて30年以上、考えては書くという作業に明け暮れてきました。あっさり言って、口先だけの仕事です。それでも、口舌の徒なりに大切にしてきたことがあります。現実の企業にあって経営を担う人々に少しでも有用な論理——いろいろあるけれど、ようするにこういうこと——を提供したい。実業に従事していない僕には考える時間がたっぷりとあります。日々の仕事で忙しく、ゆっくりと考える時間がない経営者に成り代わって本質的な論理を考える——思考代行業こそが自分の仕事だと心得ています。

経営者をはじめ、企業活動を支えるあらゆる人々にとって、本書に収められた論考が何らかの役に立てばそれに勝る喜びはありません。

令和六年秋

楠木 建

楠木建の頭の中　戦略と経営についての論考　目次

第1部　戦略論　9

第2部 経営論 117

第3部　戦略対談——戦略ストーリーを解読する　231

初出一覧　344

第 1 部

戦略論

楠木建の頭の中
戦略と経営についての論考

すべては経営者次第

34年ぶりの日経平均最高値は企業の稼ぐ力の重要性を改めて浮き彫りにしている。株価回復の一義的な要因は企業の収益力の向上にある。米国と比べてまだ低いが、上場企業の平均ＲＯＥは10％に近づきつつある。経営者の使命は長期利益――資本コストを上回る持続的な利益――の創出の一点にある。企業価値だけではない。顧客満足も結局のところ長期利益に反映される。企業の社会貢献の王道は社会的目的のために使うことができる原資を創出することにある。利益を出し納税する。ここに企業の社会貢献の本筋がある。喫緊の課題である賃上げにしても根本は同じだ。元手がなければ労働分配できない。稼ぐ力こそが持続的な賃上げを可能にする。長期利益はすべてのステークホルダーをつなぐ経営の王道だ。

利益の源泉には、持続性が低いものから高いものまで、異なるレベルがある。レベル１は単純に外部環境の追い風（例えば、為替や景気やコロナ禍での「巣ごもり需要」）が利益をもたらしているという状態だ。追い風が止まれば利益は消失する。

１９８９年の日経平均最高値は不動産バブルの追い風によるところが大きかった。多くの企業がレベル１にとどまっていた。そもそも当時の上場企業の平均経常利益率は現在の半分の３・７％でしかなかった（23年は７・１％）。地価が急騰する中で、東京湾周辺の工場跡地など巨額の不動産の含み資産を保有する「ウォーターフロント銘柄」が株価を牽引した。多くの上場企業が特定金銭信託やファンドトラストといった資産運用に走り、その運用益が事業からの利益をしばしば上回った。世の中はバブルに浮かれていたが、肝心の企業の稼ぐ力は低水準にあった。

レベル２は事業立地そのものから生まれる利益だ。成長性や収益性が高い業界もあれば、そもそも儲かりにくい競争構造にある業界もある。日本の大企業は儲からない事業を抱え過ぎていた。この10年間の事業ポートフォリオの組み替えが収益性の改善に貢献したのは間違いない。

図1　利益の源泉の階層

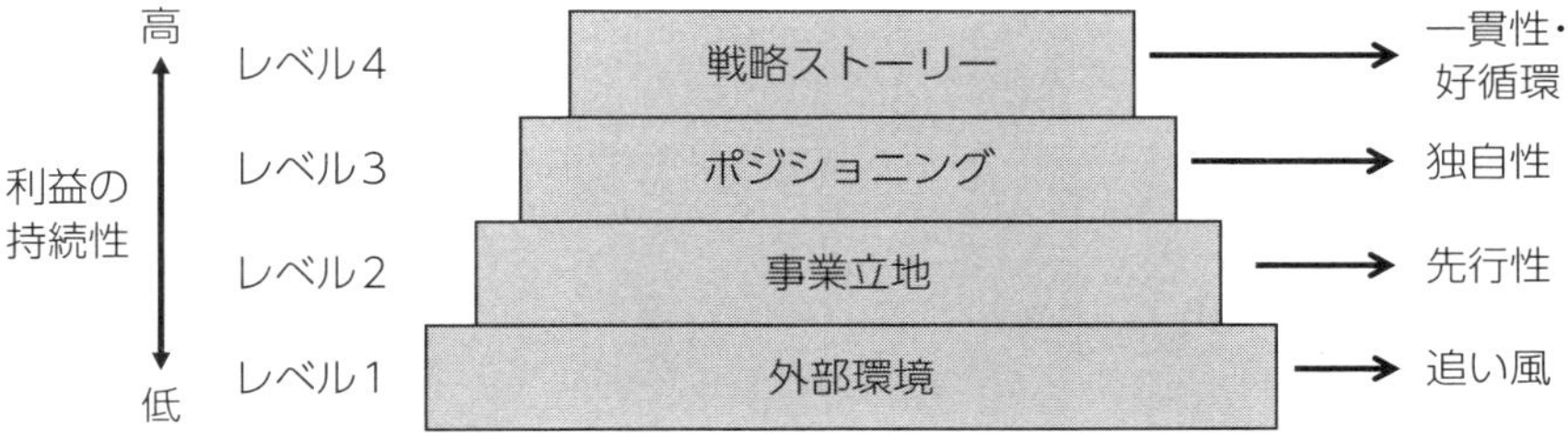

ただし、儲からない事業の切り離しによる構造改革はマイナスをゼロに近づけることにしかならない。レゾナックは構造改革を実行した企業だ。前身の昭和電工時代に時価総額で2倍の規模だった日立化成を買収し、その後採算性の低い事業を次々に売却、半導体など成長が期待できる事業立地に集中した。しかし、同社の髙橋秀仁社長は「事業ポートフォリオ戦略はコモディティ」と言い切る（「日経ビジネス」２０２４年３月４日号）。魅力的な事業立地は誰にとっても魅力的だ。化学メーカーの中期経営計画を見ると、どこも「機能性化学品・ライフサイエンス分野に注力する」とある。将来性がありそうに見える市場ほどレッドオーシャン化する。遅かれ早かれ、その業界の競争の中で差別化された価値を出せるかが問題になる。

金融危機で巨額赤字を出した日立は日立金属や日立建機などの上場事業子会社の売却を進め、ＩＴとインフラと産業設備に集約した。ポートフォリオの半分が入れ替わり、15年にわたる構造改革は一段落したと言ってよい。長期利益創出の焦点は構造改革の空中戦から競争戦略（レベル３）の地上戦へとシフトしつつある。

競争戦略の要諦は業界のなかで独自のポジションを確立することにある。言い換えれば、顧客から見て、「ベター」ではなく、「ディファレント」な存在になるということだ。品質や機能の点で他社より優れていても、持続的な競争優位にはならない。比較級の次元では、一時的に優位であっても、すぐに追いつかれてしまう。一時的な利益は獲得できても、長期利益はおぼつかない。日立の事業でいえば、ＤＸ支援の「ルマーダ」、洋上風力発電などの再生エネルギーの長距離間の送電を得意とする高圧直流送電（ＨＶＤＣ）システムなど、それぞれの業界で独自のポジショニングを持つ事業が利益の源泉になりつつある。

日立が売却した企業のその後はさらに注目に値する。２０１７年に投資ファンドに売却された日立国際電気（現・ＫＯＫＵＳＡＩ ＥＬＥＣＴＲＩＣ）。事業立地は以前から半導体製造装置だったが、独立した専業企業となってから日立グループの一事業としてのしがらみや調整から解放され、半導体デバイスの性能を左右する成膜技術に競争の武器を絞り込んだ。投資を加速した。かつての非中核事業が今では20％以上の営業利益率をたたき出す高収益企業となっている。ＫＯＫＵＳＡＩの果断な意思決定はもちろん、半導体製造装置事業に十分な競争力があるうちに切り離した日立の判断も秀逸だった。

２０２４年に入ってからの急速な株価上昇は半導体企業の好業績に引っ張られた面がある。特定の事業立地に追い風が吹いただけならば、レベル1もしくは2の一過性の現象だ。しかし、２０００年のＩＴバブルとは様相が異なる。当時のソフトバンクやＮＴＴドコモの株高は戦略よりも事業立地によるところが大きい。これに対して、今回の主役となったアドバンテストやディスコ、東京エレクトロンなどは、以前から独自の戦略で長期利益を実現しているレベル３以上の企業だ。

半導体製造装置業界の中で東京エレクトロンは河合利樹社長のリーダーシップの下で戦略に磨きをかけてきた。「何をやり・何をやらないか」が明確なだけではない。首尾一貫した戦略ストーリーが長期利益を生み出すというレベル４にある企業の好例だ。カギとなる４つの連続工程で強い装置を持つという独自性を武器に、顧客企業の懐に深く入り込む。開発ロードマップの共有がヒット率の高い研究開発を可能にしている。個別の打ち手が一貫したロジックで連動し生まれる好循環が高収益をもたらしている。好業績でも攻めの投資を緩めない。２０２７年にＲＯＥ30％を目標に据えている。

利益の源泉のレベルが上がるほど、経営者の資質と能力がものを言う。西井孝明氏が味の素の社長に就任した2015年当時、営業利益は横ばいだった。以前から構造改革を続けていたが、2012年のカルピス売却以来目立った打ち手はなく、「構造改革疲れ」に陥っていた。西井氏は従来の中期計画の旗を降ろし、M&Aによる売上拡大からアミノサイエンスへの投資を基軸とするオーガニックな成長戦略へと舵を切った。より重要なこととして、個別の事業戦略とその実行を支える経営人材の大幅な入れ替えを断行した。戦略意図を共有する経営チームで一気に改革を進めた結果、この5年で経常利益は3倍近くに伸びた。時価総額も2020年の1兆円からわずか2年で2倍になっている。

マクロはミクロの集積に過ぎない。経済を駆動する実体は個別企業であり、そのドライバーは経営者だ。米キャピタル・グループ社長のマイク・ギトリン氏は「日本企業の変化は本物」だとしつつも、「すべての企業が変化しているわけではない。投資先選びで重要なのは特定の業種ではなく、個々の企業の経営者だ」とコメントしている（日本経済新聞2024年2月27日付）。株主はいよいよ経営者の力量を注視している。

株高は良いことだ。しかし、考えてみればこれまでが低すぎただけ。「失われた30年」の一義的な責任は、バブル崩壊だ、円安（円高）だ、少子高齢化だと、マクロ環境他責の無為無策に明け暮れてきたJTC（日本の伝統的大企業）の経営者にある。

原因と結果を取り違えてはならない。日経平均の最高値更新は上場企業の一部が、利益の源泉のレベルアップを着実に進め、稼ぐ力を取り戻した結果に過ぎない。企業価値向上の原因は企業の稼ぐ力にある。それは、ひとえに経営者の高い目標設定と果断な意思決定にかかっている。

目先の小さな損得に流れず、将来に向けた戦略ストーリーを構想し、攻めの投資に踏み切れるか。厳選した経営チームで戦略を断行し、その中から次世代の経営者を育成できるか――すべては経営者次第。長期利益の創出に正面から向き合う気概と自信がない経営者は今すぐ他の人に代わってもらった方がいい。

２０２４年４月

競争力の正体は「事業」にあり

競争戦略の分野で仕事をしている筆者にとって、研究の原動力は優れた戦略と出合ったときの「驚き」にある。顧客価値に対する深い洞察。競争優位の背後にあるシンプルで骨太の論理。競合他社に対する練り上げられた模倣障壁。常識の逆を行く意外性――「痺れる戦略」というものが確かにある。

例えば、エレコム。パソコンやスマートフォンの周辺機器を主力商品としている。単価が安く、技術的にも単純で、一見して差別化が難しいものばかり。しかも市場は成熟した日本が中心だ。にもかかわらず、19年3月期のROEは18％以上と東証一部上場平均を10％ポイント上回っている。

その理由は同社の優れた戦略にある。商品の新陳代謝が速い。次々に新製品を投入するが、収益性の低い商品は販売開始後3か月以内に発売が中止される。取り扱う2万アイテムのほとんどが3年で入れ替わる。製造を外部委託するファブレス企業だが、製品企画とデザインにこだわり、ユーザーが感じる快適さで価値を出す。エンドユーザーだけでなく、取引先の小売店に対する目配りも徹底している。競合他社の数倍の営業担当者を置いている。個別の店ごとの売れ筋に対応した納品で店頭在庫を低水準に維持するだけでなく、陳列の工夫など売れるための施策を量販店に入り込んで行っている。

ものづくりの現場で必要となる間接資材の卸売業のトラスコ中山。エレコム以上に儲かりそうもない商売に見えるが、好業績を続けている。普通の卸業者は在庫回転率を上げようとするが、同社は「在庫ヒット率」（全受注のうち在庫から即納された比率）を重視する。ヒット率は90％以上の水準にある。売れ筋でないアイテムも幅広く在庫し、高度な技術を装備した自社倉庫から自前の流通網に乗せて即日あるいは翌日に納品する。「トラスコなら何でもすぐに持ってくる」という利便性で勝負し、価格競争に巻き込まれない。ワンストップの調達プラットフォームになることで、顧客である機械工具商社モノタロウのようなBtoBのEC企業の在庫削減と品揃え強化を同時に実現し

図2　本社と事業と現場

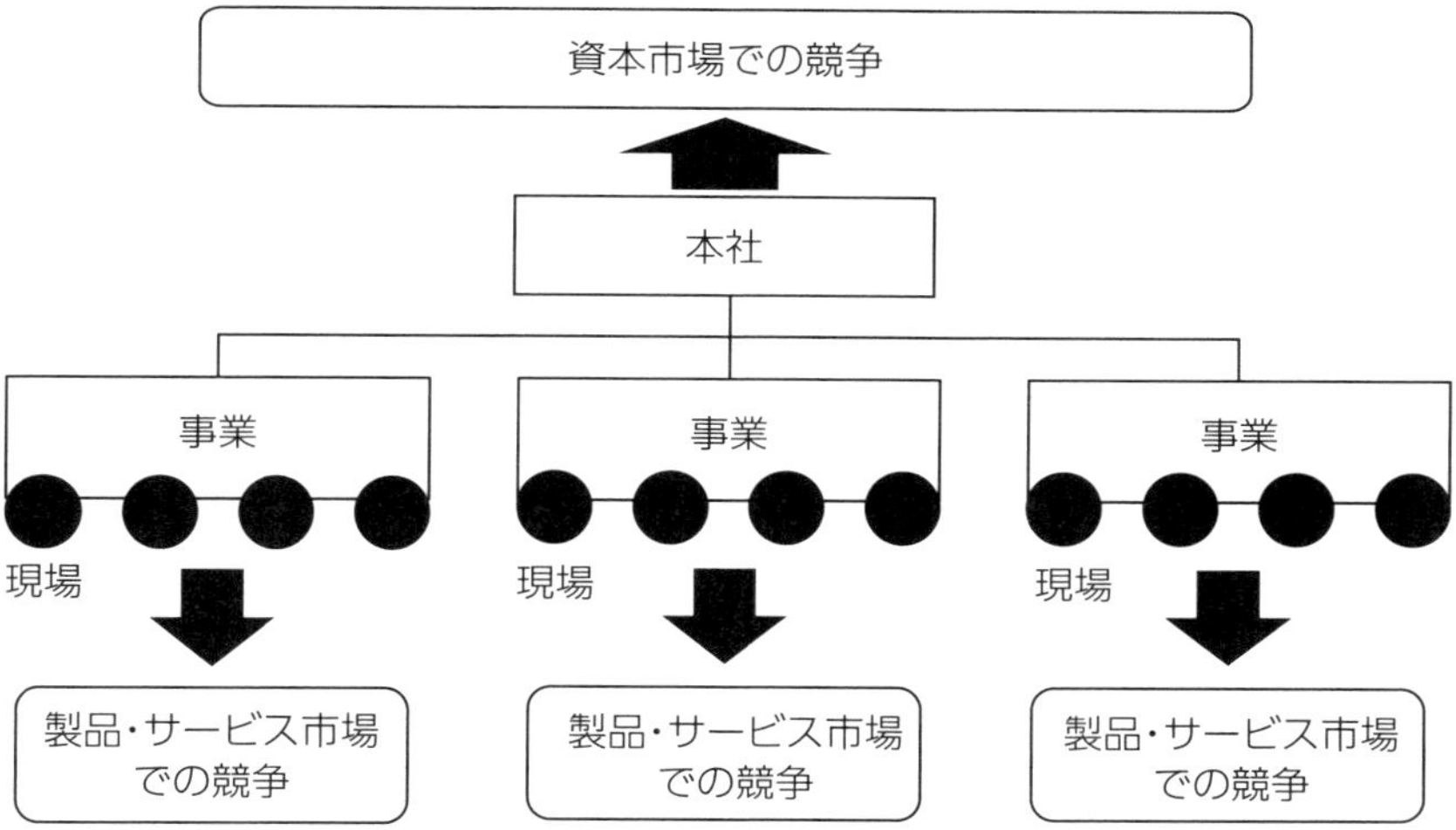

ている。

売上高はエレコムが約1000億円、トラスコ中山で約2200億円だが、注目すべきはその収益力だ。営業利益率はもちろん、著者が稼ぐ力の指標としてもっとも意味があると考えるROIC（投下資本利益率）でも安定して業界平均を大きく上回る。

企業は3つの場で評価される。競争市場と資本市場と労働市場だ。エレコムやトラスコ中山の稼ぐ力は製品やサービスの競争市場での実力を反映している。古今東西、長期利益は経営の優劣を示す最上の尺度だ。長期利益を稼いでいれば、株価も上がり、結果として資本市場の評価もついてくる。儲かる商売があれば雇用を創れる。相対的に高い給料や労働条件で、労働市場での評価も上がる。真っ当な競争があれば、長期利益は顧客満足のもっともシンプルかつ正直な物差しとなる。おまけに法人所得税を支払って社会貢献もできる。長期利益はすべてのステークホルダーをつなぐ経営の王道だ。

図にあるように、会社（本社）はさまざまな商売の塊（事業）で構成される。本社の経営者が会社全体の代表者として資本市場に対して責任を持つ一方、それぞれの事業を率い、そこでの利益責任を担う事業経営者がいる。一人の人物が同時に両者を受け持つことはあっても、それぞれの役割は異なる。ポイントは、長期利益を生み出しているのは「会社」ではない。「事業」だ。

本社の戦略が功を奏した例として、リーマンショック後の日立の構造改革がある。赤字事業を本体から切り離し、撤退する。儲かっている事業を完全子会社化する。V字回復の背後では、本社の戦略的意思決定が矢継ぎ早に行われた。これはこれで大切だが、本社主導の「構造改革」ができるのはそれまでのマイナスをゼロに戻すところまで。そこから先、プラスの価値を創るのは事業の役割である。それぞれの事業が競争の中で他社にない独自の価値をつくり、長期利益をものにできるかどうか。構造改革が一巡した日立の戦略の焦点はいよいよ本社から事業へとシフトしている。

「会社」をみているだけでは競争力の実体が分からない。資本市場でのコングロマリット・ディスカウントの理由もここにある。エレコムやトラスコ中山は専業性が高い。事業の競争力がそのまま会社の業績に表れる。一方、エレコムの競合の「バッファロー」はメルコという会社のひとつの事業だ。メルコには別の事業「シマダヤ」がある。情報機器とうどんの間にはほとんど関係がない。投資家にとってメルコの評価は相当に難しいだろう。

これは極端な例だが、昭和の高度成長期に生まれた機会を取り込んでいった日本の大企業には、戦線が横に広がり過ぎたところが少なくない。資本市場が「多角経営」を嫌うだけではない。真の問題は個別事業の稼ぐ力が阻害されることにある。勝負する土俵を明確に定め、競争戦略に磨きをかけ、そこに経営資源を集中的に投入しなければ長期利益は覚束ない。大企業には集中と選択の余地がまだ残されている。

競争力の本丸が事業にある以上、オーナーシップは二次的な問題だ。経営危機に陥った東芝は白物家電事業に売却し、テレビアニメ『サザエさん』のスポンサーも降りた。中国の美的集団の下で再出発した東芝ライフスタイルはその後どうなったか。世界第2位の白物家電企業の資金力と販路のバックアップを受け、わずか2年で黒字化し、増収増益路線に転換した。雇用の大半と長年培った技術は継承され、美的集団にとっても重要な「高品質日本ブランド」になった。会社は事業が載る器《うつわ》に過ぎない。大事なのはその事業がもっとも活きる器かどうかということだ。会社がダメになっても事業が残ればそれでよい。

勝負をする土俵が決まれば、あとは事業経営者の力量にかかっている。この10年でグローバル化を急速に進めたファーストリテイリングでは、すでに海外事業の利益が国内を凌駕している。その根幹には創業社長である柳井正氏の天才的な戦略構想と経営力があるけれども、実際に事業を動かし稼いでいるのはそれぞれの地域のユニクロ事業や「ＧＵ」などのブランドを率いる事業経営者だ。会社の社長は一人だが、大きな会社であれば社長の下に何人もの事業経営者が必要になる。

しかも、それぞれの事業には日々のオペレーションを担ういくつもの「現場」がある。東京大学の藤本隆宏教授が指摘しているように、「強い現場」は依然として日本の強みの一つだ。ただし、現場の強さを生かすも殺すも事業経営者次第である。事業経営者が働く人々をその気にさせる戦略を語り、そのストーリーに人々を巻き込むことなしには、せっかくの現場力も宝の持ち腐れになってしまう。企業の競争力の内実は優れた事業経営者の層の厚みにある。

ファイナンスやマーケティングなどの機能スペシャリストと比べて、事業丸ごとの経営能力は極めて「事後性」が高い。実際に事業を経営する中でしか錬成できない。素質のある人にキャリアのなるべく早い段階から、小規模であっても事業全体を動かす経験を与えることがカギになる。経営人材の見極めと抜擢は経営者が自らやるべき最重要業務といってよい。これを人任せにしているようでは経営者失格だ。

「痺れる戦略」を構想し、動かせるのは誰なのか。新しい年度の初めに、経営者は自らに問いかけてほしい。

２０２０年４月

「GAFA」にどう向き合うか

データ寡占、AIの未来、ビッグデータのプライバシーへの影響——GAFA（グーグル、アップル、フェイスブック、アマゾン）というと、最近はこうしたマクロな文脈で語られがちだが、本稿の関心は台頭するGAFAに向き合う企業の戦略にある。まずはGAFAの「商売」の実体を改めて確認しておく必要がある。相手を知らなければ、どう向き合うかについての議論はできない。

ポイントは2つ。第1に、GAFAの商売の中身は相当に異なる。4社を一括りで語るのは、JRと全日空とヤマト運輸とトヨタを「輸送業」として同列に論じるに等しい。第2に、プラットフォーマーというと何でもできる万能選手のように聞こえるが、それぞれの商売の本筋はいたってシンプルだ。やっていること（構造やプロセス）においては複雑だが、売っているもの（価値）においては単純——古今東西優れた商売の原理原則の一つである。

売上構成をみれば明らかなように、G（グーグル）とF（フェイスブック、現在のメタ）の商売は広告（ないし販促）である。ただし、手口は異なる。独自技術と広告ノウハウを武器にして、検索からアンドロイド、マップ、Gメール、ユーチューブと集客の間口を広げるインフラ構築の戦略をとるGは、文字通り「情報技術」の会社だ。

一方のFはフェイスブック（および買収したインスタグラム）という特定の集客装置（プロダクト）をテコに広告収入を稼ぐ。2017年になってFは「世界をよりオープンでつながったものに」から「コミュニティづくりを応援し、人と人がより身近になる世界を実現する」へとミッションを再定義した。前者だとGと大差ないが、ここにきて「コミュニティ」の会社へと舵取りを鮮明にしている。検索情報と比べて、知人友人からの情報に人はより強い注意を振り向ける。そこにFの強みがある。

複製と移転のコストが低く同時多重利用可能な情報財はそれ自体に課金するのが難しい。情報というバーチャルな商売をするGとFは、収益源となる「マネーサイド」（広告）と無料でサービスを提供する「サブシディサイド」

図3　GAFAの分類図

	プロダクト	インフラ
バーチャル	**F（フェイスブック）:「コミュニティ」の会社** 売上:276億ドル（前年比+54%） 営業利益:124億ドル（+99%） 営業利益率:45% 従業員数:17048人 売上高に占める広告収入比率:97% 北米売上高比率:51%	**G（グーグル）:「情報技術」の会社** 売上:902億ドル（+20%） 営業利益:237億ドル（+22%） 営業利益率:26% 従業員数:72053人 売上高に占める広告収入比率:88% 北米売上高比率:48%
リアル	**Ap（アップル）:「ハードウェア」の会社** 売上:2156億ドル（-8%） 営業利益:600億ドル（-16%） 営業利益率:28% 従業員数:116000人 売上高に占めるハードウェア収入比率:89% 北米売上高比率:40%	**Am（アマゾン）:「小売り」の会社** 売上:1359億ドル（+27%） 営業利益:41億ドル（+87%） 営業利益率:3% 従業員数:341400人 売上高に占める小売収入比率:91% 北米売上高比率:64%

（注）データは本稿執筆当時（2016年）の各社アニュアルレポートによる。アマゾンの米国売上高比率は小売り事業のみの比率。

からなる二面プラットフォームの形をとる。だからＧとＦの年次報告書には「マネタイズ」という言葉が頻出する。

アップル（Ａｐ）とアマゾン（Ａｍ）の年次報告書にはこの言葉があまり出てこない。図の下半分にある2社はよりリアルなところに商売の軸足を置く。Ａｐは今も昔も「ハードウェア」の会社だ。独創的なプロダクトの力で稼ぐ。売上のほとんどがハードウェアで、アプリや音楽などのサービス事業は1割に過ぎない。ハード売上の7割以上がiPhoneに集中しており、実質的には「iPhoneの会社」といってよい。

Ａｍは「小売り」の会社である。Ｇと同様にインフラ構築を志向するが、情報だけでなくモノのオペレーションに踏み込み、水平的かつ汎用的な小売りのインフラで稼ぐ。最終消費者の意思決定や行動に近いのがＡｍの強みだ。ＡＷＳ（アマゾン・ウェブ・サービス）の急成長で注目されるが、売上に占める割合は1割に過ぎない。ＡＷＳを除く非小売り収入（広告など）は1%に満たない。ＡｍはＦの対極にあるといえる（注：本稿で示すデータは執筆時点で最新の２０１６年の各社アニュアルレポートによる）。

ＧＡＦＡの分類図に補助線を引くと、いくつかの興味深い論点が浮かび上がってくる。例えば、左上に行くほど（少なくとも短期的には）成長スピードが速く収益性も高くなる（利益率はＦ＞Ｇ≒Ａｐ＞Ａｍ）。特定のプロダクトの突破力で一気にネットワークのハブを握ったＦはこれまでのところ高い成長率と利益率を示している。対照的に、リアルなオペレーションを回し、インフラへの継続的な投資を戦略の主軸とするＡｍの利益率は一貫して低い（しかも利益の大半は小売りではなくＡＷＳに依存している）。

その反面、右下に行くほど競争力の持続力に優れる。Ｆの商売は特定少数のプロダクトの人気にかかっている。指数関数的に成長できる反面、肝心のプロダクトが人気を失ってしまうと、商売の劣化スピードは速い。リアルなプロダクトを持つＡｐはそれより安定性が高いが、商品の売れ行きに大きく左右されることに変わりはない。iPhoneの販売が前年と比べて不調だった２０１６年は減収減益となっている。これに対して、小売りの世界でインフラを確立したＡｍの競争力は相当に盤石だ。

なぜ日本からＧＡＦＡのような会社が出てこないのか。企業家精神の不足、言語の壁、資本市場の厚み、労働市場の固定性、ＩＴエンジニアの不足、規制の強さなどが繰り返し指摘されてきた。しかし、こうした議論は欧州でもよくある話だ。著者が数年前に出席したＥＵの国際会議では「なぜ欧州からＧＡＦＡが出てこないのか」がテーマだった。

ＧＡＦＡのような巨大プラットフォームは米国の「お家芸」といってよい。私見では、上で挙げた要因に加えて、米国の巨大な国内市場の規模とその特徴によるところが大きい。日本や欧州のように高密度で集約的な社会に比べて、広大な米国では物理的に離れた人々をつなぐネットワークの需要が桁違いに大きい。ビジネスも分散的で、フリーランスとして働く人々が多い。そもそもプラットフォームに対する需要が厚いのである。

ＧＡＦＡ＝グローバルというイメージがあるが、現実の商売は北米に偏っている。Ａｍは売上の６割以上を北米市場に依存している。どんなに情報集約的になっても、サービス業は本質的に「ローカル」だ。日本メーカーの国内売上比率は消費財のトヨタで25％、産業財のコマツで20％、村田製作所のような部品メーカーになると10％以下。

実際はグローバル・メガプラットフォームよりも日本のメーカーのほうがずっと「グローバル」だ。

元も子もない話だが、GAFAのような会社がなかなか出てこない最大の理由、それは世の中が巨大なプラットフォームをいくつも必要としないということにある。プラットフォームがプラットフォームとして機能する要件は独占にある。論理的に言って、GAFA級のプラットフォームは数でいえば片手で足りる。

GAFAにどう向き合うべきか。GAFAとの正面からの競争を強いられるプレイヤー（例えば「アマゾン恐怖銘柄指数」に組み込まれている大規模小売業）はたまったものではない。しかし、こうした企業は全体のごく一部だ。

正面からの対抗は愚策だ。「多くのプレイヤーが乗ってくる土台」というプラットフォーム定義からして、ほとんどの企業にとってGAFAは「利用」するものであって、「対抗」する敵ではない。GやFの広告や販促機能はその典型で、誰にでも利用可能な「非競争領域」といってよい。Amも中小企業にとっては便利な販売・決済・流通のプラットフォームだ。ナショナルブランドを持つ大企業にとっても、「ダッシュボタン」（商品注文用のブランド専用ボタン）のように新しい販促ツールが次々と出てくる。

ハードの会社であるApは他と比べると情報のプラットフォーム性は低いが、iPhoneという製品自体がプラットフォームになっている。これを上手く利用しているのが日本の電子部品メーカーだ。スマホの高機能化が進む中で、小型高性能の部品開発をお家芸とする日本企業の採用率は拡大し、収益源となっている。

GAFAを利用するにとどまらず、より積極的に差別化しようとする場合は、正面から対抗するのではなく、側面を衝くべきだ。すなわち、競争の土俵を明確に定め、その範囲で垂直的プラットフォームを構築する戦略だ。そこでは情報やデータとリアルなオペレーションとの合わせ技がカギになる。例えば、ゾゾタウンはファッション性の高いアパレルに特化した垂直的なプラットフォームで成功した。ユニクロはAmに出店せず、自社のEコマースとそれを支えるITと物流に積極的な投資をかけている。これもまた垂直的プラットフォームを意図した戦略だ。

GAFAはあくまでも水平的な汎用プラットフォームであり、そこに商売の生命線がある。特定の事業領域を垂直的に深耕するのは得意でないし、その気もない。すべての企業がすべてのデータを自社で抱える必要はない。自社の収益に結びつかないデータに意味はない。ＧＡＦＡの「ビッグデータ」にしても、つまるところは自分たちの商売の手段である。その巨体に見合う商売として成立しないことには手を出せない。手を出したとしても続かない。

ＧＡＦＡの商売の実像と戦略意図を見据え、したたかに利用しつつ、独自のポジションを見極めた戦略が求められる。他社がやらない・できないことをする――戦略の原点にいまこそ立ち戻るべきだ。

２０１７年10月

日陰の商売――「機会の裏」に商機あり

経済が一層の成熟に向かう中で、外部環境の追い風を待っていても埒が明かない。差別化された価値を生み出す戦略で自ら機会を創る。これ以外に閉塞感を打破する道はない――と、口で言うのは簡単なのだが、実際に打ち手をどこに求めるかとなると、これがなかなか難しい。

戦略の本質は競合他社との違いをつくることにある。同時に、その「違い」は長期利益をもたらす「良いこと」でなくてはならない。ここにジレンマがある。そんなに「良いこと」だったらとっくに誰かが手をつけているはず。違いにならない。他社に先行しても、「良いこと」はいずれ模倣される。違いを持続できない。

例えば「ブルーオーシャン戦略」。既知の競争市場では多数のライバルがひしめき合い、血に染まったレッドオーシャン（以下「ＲＯ」）になる。未知の市場であるブルーオーシャン（以下「ＢＯ」）を創出し、既存の競争を無意味化せよ、と説く。その通りだ。

しかし、このＢＯ戦略にしても戦略のジレンマと無縁ではない。第1に、なぜそのＢＯに他社はそれまで気づかなかったのか。ＢＯ戦略の提唱者であるキムとモボルニュは言う。事業に決定的な意味合いがあり、不可逆的で、はっきりとした軌跡を描くような将来のトレンドを見通すことが重要だ——それほど重要で明白なトレンドであれば、多くの人が気づいていても不思議ではない。

第2に、なぜＢＯはＢＯであり続けられるのか。ある企業のＢＯ戦略の成功は多くのフォロワーを惹きつける。優れたＢＯほどすぐにＲＯ化するリスクがある。この問いに対して、ＢＯ戦略は伝統的な「模倣障壁」の議論に回帰する。規模の経済、ブランド、特許、法規制、ネットワーク外部性——お決まりの模倣障壁のリストだが、競合他社も必死だ。いずれは模倣障壁を乗り越えてくる。

従来の「障壁」に代わる持続的な差別化の論理は何か。「日向対日陰」という戦略の対比が面白いと筆者は考えている。いつの時代もそのときどきで技術革新や法規制の変化などが「旬の事業機会」をもたらす（最近だと、「フィンテック」や「ＩｏＴ」）。日向と日陰は裏腹の関係にある。陽が射すとそこには日向と同時に日陰が生まれる。その時点で脚光を浴びている日向をストレートに攻めるよりも、陽射しがつくる日陰の方が商売の妙味がある、という発想だ。

19世紀のゴールドラッシュ時代の「金鉱掘るよりジーンズ売れ」は日陰戦略の古典的な例だ。一獲千金を夢見た人々がカリフォルニアに殺到したが、やがて金は尽きてしまう。安定的に利益を獲得したのは、押し寄せる金鉱掘りに生活必需品（ジーンズなど）を売った商人だった。この例では、「陽射し」となる機会がゴールドラッシュ、「日向」が金鉱採掘、その背後にある「日陰」がジーンズ販売ということになる。

日陰戦略の美点は競合に対する「障壁」や「防御」を必要としないことにある。敵が「やりたいけれどできない」のではない。そもそも「やる気がない」のである。ライバルによる直接競争の「忌避」、ここに競争優位のカギがある。

成熟化でめぼしい事業機会が少なくなるほど日向の誘引力もまた強くなる。多くのプレイヤーが日向に殺到し、競争は激化する。一方の日陰には資源投入に積極的なプレイヤーが少なく、競争は緩い。背景が暗いので小さな光

図4　ポーター賞受賞企業に見る日陰戦略

陽射し（その時点で注目される事業機会）	**日向戦略**	**日陰戦略**
ゴールドラッシュ	金鉱	ジーンズ
インターネットの情報サービス	即時的なニュース配信 ユーザーの拡大による広告収入	**「ほぼ日刊イトイ新聞」** 読者コミュニティの共感の醸成 生活動機の洞察に基づく商品企画・販売
婚活	マッチングの場の提供（ウェブやパーティ） 会費・参加料を払うユーザーの数の増大	**IBJ** マッチングから結婚相談までの流れを設計 成婚率の増大
クールジャパン	アニメや音楽などのコンテンツ お土産（爆買い）、ホテル、民泊などの観光	**中川政七商店** 工芸品 工芸製造業者の再生によるサプライチェーンの設計
ファッションの民主化	ファストファッション 短サイクルで多品種少量生産	**ユニクロ** 日常生活の部品としての服 大量生産による高機能高品質と低価格の両立

でも相対的に明るく見える。差別化への資源投入に対するリターンが大きい。しかも、日陰は時間を稼ぎやすい。ライバルが参入を忌避する中で、じっくりと先行者優位を固められる。

もうひとつの重要な論点として、日陰にはユニークな価値を創造する可能性がある。あらゆる顧客価値の本質は問題解決にある。日向戦略は新しい技術や市場の機会をとらえて顧客の問題を解決しようとする。しかし、問題解決は常に新しい問題を生み出す。いつまでたってもすべての問題が解決されず、絶えず「新しいニーズ」が出てくる理由はここにある。日陰戦略は「問題解決が生み出す問題の解決」に軸足を置く。陽射しが強いほど日向と日陰のコントラストも鮮明になり、日陰の商売に固有の価値も増大する。

筆者が所属するビジネススクールは、優れた戦略を表彰する「ポーター賞」を運営している。受賞企業の中から日陰戦略の事例をいくつか紹介したい。東京糸井重里事務所（現・ほぼ日）

の「ほぼ日刊イトイ新聞」はネットメディアでありながら、即時的なニュースを追わず、広告も掲載しない。読者の「生活動機」をとらえたコンテンツを作り込むことで読者のコミュニティを形成し、そこで得た洞察をユニークな商品の企画と販売に結びつけて高収益をあげている。

ネットの強みと性格からして、特定の目的に対応した手段的な情報や「インスタントな刺激」が強い記事がメディアに溢れることになる。その反面で、普通の人々の生活の機微に触れる記事は希薄になる。インターネットという問題解決がもたらした新たな問題を解決する。そこに「ほぼ日」の価値があった。

近年注目を集める事業機会に「婚活」がある。スマートフォンの普及と相まって、ITを駆使したマッチングという日向市場が生まれる。しかし、マッチングに終始すると、サービスが本来の婚活からかえって離れていってしまう。そこでIBJはアナログな結婚相談所という日陰に注目した。古くからローカルに活動していた「世話焼きおばさん」を組織化し、ネットやリアルのマッチングを本格的な結婚紹介へと結びつける流れを設計し、成婚率を高めることに成功している。

「クールジャパン」の陽射しを受けて、アニメや音楽などのコンテンツ、「爆買い」や民泊などの観光需要といった日向を取り込もうとする企業が多いなか、中川政七商店は工芸品という日陰に特化して高収益を誇る。表面的には小売業だが、衰退しつつある工芸品製造業者に経営指導を行うことによってサプライチェーン全体を再創造するところに戦略の面白さがある。もともと資源投入が限定的だった日陰は伸びしろも大きい。同社が商品企画をした太宰府天満宮の土産店は売上げがたちまち5倍以上になったという。

日陰というとニッチを連想させるかもしれないが、似て非なるものだ。ユニクロは日陰戦略で巨大な事業を創造した好例である。ファッションの民主化という世界的なトレンドを受けて、多くのライバルがファストファッションという日向に傾斜する中で、ユニクロは実用的な生活部品としての服という日陰に軸足を据えた。ユニクロの競争優位は、大量生産をテコに品質や機能を継続的に進化させていくところにある。これにしても、ファストファッションが達成した問題解決（短サイクルの多品種少量生産で流行に素早く対応する）が、結果的に品質や機能の問題を生み出したことが背景にある。ファストファッションの日向戦略と裏腹の関係にあるからこそ、ユニクロは独自のポジションを維持し続けていると理解できる。

日陰戦略は「逆張り」ではない。単純に事業機会の逆を行くだけなら、日陰どころか「真っ暗闇」。商売にならない。日陰戦略は、あえて熟していない言葉を使えば「裏張り」だ。成熟した競争市場にあって、目先のキラキラした事業機会を追いかけるだけの手なりの経営では長期利益はおぼつかない。商機と勝機はそのすぐ裏側に広がる日陰にある。

２０１６年５月

目指せ「クオリティ企業」

「ソニーの危機」「パナソニック浮上」「日立の復活」――メディアではいまだにこの種の見出しが頻繁に登場する。多くの人々がこうした伝統ある巨大企業に重ね合わせて、日本企業の強みや弱みや課題や可能性を論議している。そろそろやめにしたほうがいい。

こういう局面を想像してもらいたい。海外から経営者が日本にやってくる。「日本の企業や経営に学びたい」。このときに「これが日本の代表選手です」と見せたくなる会社はどこだろうか。著者に言わせれば、もはやソニーやパナソニックではない。相対的に規模は小さくとも、優れた戦略で独自の価値を創造している「クオリティ企業」こそ、これからの日本企業のモデルになる。

そもそも企業の戦略は、会社全体としての全社戦略（どのような事業集合にするのか）と個別事業レベルの競争戦略（その事業が競争の中でどのように長期利益を獲得するのか）とに大別される。M&A、事業分野の選択と集中、資本

図5 オポチュニティ企業とクオリティ企業

	オポチュニティ企業	クオリティ企業
利益の源泉	外部環境の機会	企業内部でつくる価値の質
支配的となるフェーズ	成長期	成熟期
経営のカギ	事業立地の選択 全社レベルでの機動的な事業ポートフォリオの組み替え 急速な成長の追求（利益は成長についてくる）	差別化された顧客価値 事業レベルでの価値のつくり込み 価値創出の結果としての成長
競争優位	先行者利益、規模の経済	戦略ストーリーの一貫性、模倣困難性

政策、コーポレート・ガバナンス――この種のトピックはいずれも全社戦略の範疇にある。

これはこれで大切だが、そもそも経営のゴールは長期利益にある。稼ぐのは本社ではない。競争の現場で戦っている個別の事業である。ソニーやパナソニックは「事業の束」でしかない。競争力を真っ当に評価するためには、事業のレベルに降りて考える必要がある。競争の中での長期利益は顧客満足のシンプルかつ正直な物差しだ。ソニーでいえば、エレクトロニクス事業は儲かっていない。顧客にとっての存在理由からすれば、このところのソニーは金融＋エンターテインメントの会社である。

経営の評価尺度として企業価値（時価総額）が強調されるようになって久しい。これにしても詰まるところ稼ぐ力に依存している。長期的に見れば、株価はその企業の資本生産性（ROE）と連動する。上場企業のROEの平均値を比較すると、欧米と日本との間に大きな格差があることはよく指摘される。みさき投資の分析によれば、ROEを利益率と総資産回転率と財務レバレッジに分解してみると、後二者については日米欧にそれほどの開きはない。日本企業のROEが低い理由は、「もの言う株主」がしばしば主張してきた総資産回転率と財務レバレッジの問題よりも、単純に稼ぐ力が弱いことにある。経営課題はいたってシンプルだ。稼ぐ力を取り戻す。これに尽きる。

事業レベルでの利益の源泉には大別して二つある。ひとつが事業をとりまく環境がもたらすオポチュニティ（機会）、もうひとつがその事業が自ら内部でつくる価値のクオリティ（質）である。どちらに軸足を置くかでオポチュニティ企業（以下、O企業）とクオリティ企業（Q企業）に分かれる。どちらが良いという話ではない。長期利益へのアプローチの違いをとらえた分類である。

新興国で躍進している会社にはO企業が多い。経済成長の追い風を受けて次々に新たな事業機会が生まれる。それをいかに早く確実にとらえ、先行者優位を獲得するかが勝負となる。そこでの一義的な目標は成長にある。利益は成長についてくる。世界最大のEMS企業、台湾の鴻海《ホンハイ》はその好例だ。追い風をとらえる事業立地を選択してきた。生産拠点（中国）の人件費の安さや最大の顧客であるアップルの躍進をテコにこの十数年で急成長し、売上高は13兆円を超えた。

しかし、いつまでも成長期が続くわけではない。鴻海にしても最近では成長が鈍化し、利益率は大きく低下している。経済が成熟するにつれて、利益の源泉は外部環境の機会から企業内部での価値創造へとシフトする。

Q企業は次の5つで特徴づけられる。（1）立ち位置（事業領域）を明確に絞り込み、（2）そこで一貫した戦略ストーリーを持ち、（3）競合他社と差別化した独自の顧客価値を創出し、（4）それゆえ長期利益を稼ぎ、（5）結果として成長を実現している。O企業が量的成長それ自体を一義的に追求するのに対して、Q企業にとっての成長は、長い時間をかけて顧客価値を練磨した結果である。

成熟期に入って久しい欧州の優良企業にはQ企業が多い。日本も例外ではない。元早稲田大学の遠藤功教授は「体格より体質」「巨大戦艦よりも駆逐艦・巡洋艦」と主張している。その通りだ。

「世界最高品質の哺乳瓶」で日本のみならず中国でも競合他社を圧倒しているピジョン。売上高は1000億円前後だが、10%を超える利益率と30%以上のROEを叩き出している。強力な「駆逐艦・巡洋艦」としてのQ企業の例だ。

あっさりいえば、ピジョンは「ものづくり」の会社だ。日本のお家芸のようにみえる。しかし、Q企業の条件は製品やサービスの質それ自体ではない。「技術で勝って事業で負ける」と揶揄される「品質偏重企業」ではない。製品やサービスの優れた質を差別化された価値として顧客に届け、それを利益に結びつける戦略ストーリーが秀逸なのだ。

高度成長期に地位を確立した大企業と比べて、Q企業には相対的に小規模な会社が多い。しかし、Q企業＝中小企業ではない。あくまでも稼ぐロジックに注目した分類である。ユニクロ事業を中核に持つファーストリテイリングは優に1兆円を超える規模に成長したが、上記の条件をすべて満たすQ企業の典型だ。トヨタは規模からすれば「巨大戦艦」だが、その高収益のメカニズムをみれば、依然として日本を代表するQ企業といえる。

多くのベンチャーは新しく生まれた機会をとらえて始まる。スマホのアプリやSNSなど「旬の業界」で急成長している会社にはO企業が多い。一方で、同じ「ネット企業」でも、医療情報専門サイトのエムスリーやファッションに特化したECのスタートトゥデイ（現・ZOZO）、稼ぐ力の中身をみるとこうした会社はQ企業へと進化している。

Q企業のカギは専業性だ。規模の大小を問わず、競争力がある日本企業には特定の事業領域に特化し、深掘りすることで他社が容易に模倣できない価値を実現している会社が多い。ファーストリテイリングやトヨタもそうだが、エアコンのダイキン工業、モーターの日本電産（現・ニデック）、建設機械のコマツ、お茶飲料の伊藤園、いずれも特定の事業領域に「一意専心」することによって利益と成長を持続しているQ企業だ。

新興国ではさまざまなO企業が台頭している。かつての日本でも、多くのO企業が戦後復興とその後の高度成長を牽引した。しかし、成熟期に入って久しい日本が、同じロジックで新興国に対抗するのは筋が悪い。「失われた20年」の間に、かえって存在感を増したQ企業は少なくない。さらにこの間に、数多くの新しいQ企業が生まれ、その層の厚さはむしろ増している。ここに日本のユニークな可能性と進むべき道がある。

２０１４年４月

イノベーションは「保守思想」から──非連続の中の連続

「イノベーションが重要だ」という主張が飛び交うようになって久しい。岸田政権の看板政策「新しい資本主義」のなかでも、「オープンイノベーションの推進」が計画の柱に挙げられている。

そうした機運や取り組み自体には意味がある。しかし、「イノベーション」の意味をはき違えている人が実に多い。イノベーションを「新しいことをやる」と誤解している人が少なくない。イノベーションは「進歩」(progress) ではない。両者はまったく異なる概念だ。混同してしまうと議論はおかしな方向へと進む。イノベーションの本来の定義に立ち返るべきだ。

イノベーションの概念について経済的な文脈で初めて突っ込んだ議論を展開したのはヨーゼフ・シュンペーター（1883年～1950年）だ。彼は名著『経済発展の理論』で、「非連続的な変化」こそがイノベーションであり、経済発展の原動力になると喝破した。イノベーションという言葉は、現在からの延長線上の連続的な変化である「進歩」と、最初から明確に区別されて使われていたわけだ。

スマートフォンがますます軽くなる。カメラの画質がさらによくなる。電子機器の消費電力が少なくなる──。これらはすべて進歩であり、イノベーションではない。何かを現在の延長線上で進歩させただけでは連続的に価値が向上したというだけで、非連続性というイノベーションの条件を満たしていない。イノベーションとは「何がいいか」という価値次元そのものが変わることだ。

ただし、である。全面的に「非連続」だと、イノベーションとしては結実しない。ただ斬新な商品をつくるだけではイノベーションにはならない。

なぜか。イノベーションとは世の中や人々の生活が大きく変わることであり、供給よりも需要に深くかかわっているからだ。多くの人々に受け入れられなければ社会に大きなインパクトを与えることはできない。非連続的な価値次元を提示すると同時に、そこに一定の連続性を確保し、それゆえ顧客にも幅広く受け入れられる。この一見して二律背反の関係にある2つの条件を同時に満たすことがイノベーションには求められる。「非連続の中の連続」──ここにイノベーションの真の難しさがある。

ここで重要になるのが「保守」という考え方だ。「保守」というと、政治的なイデオロギーをイメージする人も多いだろう。しかし本稿では、「歴史や伝統、過去の蓄積を重んじる考え方」と広く定義する。「大切なことは変わらない」「人間の本性は不変」と捉える。ここに保守思想の本質がある。

保守思想とイノベーションは折り合いが悪いように見える。保守思想は歴史や伝統などの連続性を重視する考え方であり、イノベーションは非連続性を条件とするからだ。しかし、需要サイドからイノベーションを考えると実は保守思想がものを言う。技術は時として非連続だが、顧客の需要は本質的に連続しているからだ。

その典型例が、十年ほど前に話題になったスマートグラス（メガネ型ウェアラブルデバイス）だろう。技術としては多くの人を驚かせたものの、開発していた企業が相次いで事業から撤退し、社会には浸透しなかった。その理由は、「眼球で端末を操作する」というスマートグラスが、人間にとってあまりに不自然だったからだ。目よりも指で操作するほうが、人間には自然だ。スマートグラスは人間の本性を見誤っていた。

こんなに便利になった。こんな新機能が付いた──そうした技術進歩だけでは、決してイノベーションにはならない。単純な技術進歩主義者は、この点を見落としがちだ。

技術進歩がなくともイノベーションは生まれる。好例が「ウォークマン」だ。ウォークマンはソニーが1979年に発売した小型の再生専用音楽機器で、世界的な大ヒット商品となった。ウォークマンは技術進歩の面では、目新しさはほとんどなかった。再生メディアのカセットテープは世の中にすでに普及していたし、小型軽量のカセット再生装置もソニーが以前より手がけていた。特別音質がいいわけでもない。録音ができない。スピーカーもついていない。再生音楽機器として技術的には「退歩」している面さえある。

しかし、そうした既存の価値次元での進歩はイノベーションには関係がない。ウォークマンは「音楽の楽しみ方」を変えたのであり、この価値次元の転換にイノベーションの内実があった。ウォークマンが普及するまでは、スピーカーの前で音楽を楽しむのが普通だった。ウォークマンは音楽を聴く人々を物理的な制約から解放した。ウォークマンが普及したことで、「音楽を聴きながら街を歩く」「ジョギングをしながら音楽を聴く」――新しい音楽の楽しみ方が社会に定着した。ここにウォークマンの非連続性があった。

ただし、である。ウォークマンは「音楽をいつでも、どこでも自由に楽しみたい」という人間本来の欲求をとらえていた。この点を見落としてはならない。つまり、ウォークマンは普遍にして不変の「人間の本性」を軸足として開発された製品だった。

提供価値そのものが非連続であっても、人間の本性を鷲掴みにするようなものでなければイノベーションにはならない。保守思想が重要だと考えるのは、まさにこの点にある。人間の本性は不変であり、人間の需要は本質の部分で連続している。社会にインパクトをもたらし、人びとの生活を変えるようなイノベーションほど、「言われてみれば当たり前」という面がある。「当たり前」だと感じるのは、イノベーションが非連続であると同時に、人間の需要の連続性をとらえているからだ。

非連続のなかの連続というイノベーションの本質を知悉していたのが、アップルを創設したスティーブ・ジョブズだ。彼は「イノベーションはテクノロジーとリベラルアーツの交点に生まれる」という言葉を遺している。リベラルアーツを意訳すれば人間洞察。この数十年でもっともイノベーティブな企業のひとつと言えるアップルは、人間の本性を鷲掴みにした商品を次々と発表してきた。最新の技術や製品で「非連続性」を追求しているように見えるアップルでさえ、じつのところは普通の人々の喜びのツボをおさえていた。言い換えれば、きわめて「保守的」な企業だ。

そうであるならば、普遍にして不変の人間本性を掴むためにはどうすればいいのだろうか。答えは歴史の中にある。歴史は変化の連続だ。戦後の近過去に限定しても、われわれはさまざまな変化を経験してきた。その一方、歴史の流れに目を凝らしてみると、多くのものごとが変化していくなかで一貫して変わらないものが見えてくる。これこそが本質だ。「変化の逆説」――変化を辿ることで、はじめて不変の本質が浮き彫りになる。

たとえばＬＩＮＥ。このアプリケーションはスマートフォンの時代に昔から変わらない人間の本性を捉えたサービスだった。平安時代でも大流行していただろう。なぜならば「スキマ時間のコミュニケーション」という人間が本来的に求めるニーズを満たすサービスだからだ。おそらく、清少納言や紫式部もＬＩＮＥがあればスタンプを送りあっていたのではないか。他人と他愛のないコミュニケーションを取りたいという欲求は、何百年というときが経っても変わらない。

人間の需要が抱えている連続性は根強い。電子メールが普及したばかりのころには「前略」と書き始める人が多かった。これも当時のユーザーが手紙との「連続性」を引きずっていた証拠だ。ブラウン管のテレビが普及し始めたときには、多くの家庭でテレビに布カバーが掛かっていた。これは、映画などの「幕」を引きずっていたからだ。

単純進歩主義的な思考からはイノベーションは生まれない。最新の技術にばかり気を取られて、人間が本来的に抱えている需要を掴めなくなる。これでは革新的なビジネスが生まれるはずがない。歴史的過去から人間の不変の本質を掴む。長期的な視点を取り戻し、大局観を体得する。保守思想はイノベーションに不可欠な思考様式と言ってよい。

２０２３年10月

分母問題

フィナンシャルタイムズのコラムニスト、ジェマイマ・ケリーがメタバースについての論考を日本経済新聞に寄稿しています（２０２３年2月22日付）。かいつまんで内容を紹介します。

1年前、メタバースはホットだった。リアル空間と別に完璧なアバターとして仮想空間で人々が存在できるようになるとはやし立てられた。フェイスブックはメタに社名を変更し、メタバースのソフトウエアとハードウエア（ＶＲヘッドセットなど）に集中投資を進めた。

しかし世の中のメタバースに対する興奮は冷めてしまった。グーグルトレンドに「メタバース」と打ち込んだときに出てくる件数はこの1年で80％減少した。メタの「メタクエスト」のヘッドセットをつくっている事業部門は昨年円換算で1兆８０００億円の営業損失を計上。ザッカーバーグもメタバースは「事業の大部分ではない」と路線を修正するような発言を余儀なくされた。マイクロソフトもわずか4か月で「インダストリアル・メタバース・チーム」を解散し、スタッフを１００人解雇している。

最大の問題は、メタバースを求めている人がいないことにある。ハードウエアがどれだけよくなっても、人は基本的に仮想世界を求めていない。メタバースは本当の意味では始まってもいない。と同時に、すでに終わってしまっていた——。

ケリーの批判は手厳しいものです。僕は「終わってしまっていた」とまでは思いませんが、「最大の問題は、メタバースを求めている人がいないことにある」には同意します。以前にメタバースについて僕の思うところを書きました。今も僕の考えは変わっていません。その一部を改めて引用しておきます。

鳴り物入りのメタバースがそれほど大きな商売にはならないと僕が考える理由は、それが多くのユーザーにとってそもそも「不要」だという元も子もない事実にあります。人間は過去から未来への一本の時間の流れの中に存在します。供給側がいくら「画期的な新技術！」と思っていても、需要側が既存のサービスで十分に事足りていれば、それ以上の新しいサービスを積極的に使う必然性や動機はありません。これは近年のウェブサ

ービスで特に顕著な傾向です。

あらゆるビジネスは問題解決です。商品にしてもサービスにしても、顧客の抱える何らかの問題を解決することによって対価を得る。古今東西、これが商売の実相です。

インターネット上に出現してきたサービスやツールは、初期の検索や電子メールのように、あからさまな問題解決をもたらす不可欠なもの（must-have）が一通り出そろって以降、次第に「あってもよい」「人によっては便利だろう（自分には必要ないが）」というもの（nice-to-have）へと移行しています。スマホ時代になってからはこの傾向はいよいよ顕著です。今日でも「画期的な新サービス」を謳うアプリが次から次へと出てきますが、ほとんどの人にとって不要なものが少なくありません。

理由は単純で、そのサービスが解決しようとする問題が既存の手段によってすでに解決されてしまっているからです。存在しない問題を解決することはできません。問題がないところに問題解決を売り込む、それはもはや「押し売り」です。対価を払おうという人はほとんどいません。ウェブサービスの場合、サービス自体は無料で提供し、広告で収益を得るというビジネスモデルが一般的になっているので、この「押し売り問題」は表面化しにくいのですが、それでもユーザーがお金を払わないことには変わりありません。

要するに、技術的に「できる」ということと、実際に人々が「する」ということの間には大きな隔たりがあるということです。「できる」ことはどんどん出てくるのですが、それが実質的な問題解決をもたらさなければ、ユーザーが「する」には至りません。

ポイントはメタバースが技術（の体系）であり、事業や商売そのものではないということです。かつてのフェイスブックに当てはめてみると、インターネットは技術、それを使ったＳＮＳは事業です。ＳＮＳは人々が面白がって使うものでした。インターネット（当時でいうＷｅｂ２・０）は新しい技術でしたが、商売としての実相は広告メディアというごく伝統的なものです。

メタバースという技術が果たしてどのような事業に利用され、なにゆえ商売として成立するのか。ここに問題の焦点があります。例えば、「メタバースの提供するVR空間でアバターを通じてビデオ会議をする」という用途はあり得ます。しつこいようですが、これはメタバース事業ではありません。通信サービス事業です。通信サービスはこれまでも営々として続いてきた商売です。だとしたら、Ｚｏｏｍなどありとあらゆる既存の通信サービスがある中で、人々がメタバースでのビデオ会議のどこに・なぜ価値を感じ、時間とカネを使うのか――ここがはっきりしないと商売として成立しません。ゲームや一部のショッピング（ＥＣ）は用途として有望だと思いますが、業務用の通信サービスとしては難しいように思います。

スタートアップ企業がメタバースのような新奇な技術に商機を見出すのは自然な話です。技術や新興市場など新しく生まれた機会に賭け、大きなリスクをとって挑戦する。たいがいは失敗するのですが、ベンチャーというのはそういうものです。そういう人たちがいないとこの世の中にイノベーションは生まれません。

僕の関心は、なぜメタやマイクロソフト（こちらは早々に手じまいしつつあるようですが）のビッグテック企業が「メタバース事業」を夢想して、過剰にバラ色の未来を描き、そこにムダ金を突っ込んでしまうのか、ということです。メタバースに限らず、巨大企業が新しい技術を過度に楽観し、過剰な投資（主としてスタートアップの巨額な買収）をするのはよくあることです。この背景にはどのようなメカニズムがあるのか。僕の仮説は経営における「分母問題」に注目するものです。

グーグルやメタはとんでもなく大きい広告業を基盤事業としています。規模が大きいだけでなく、広告業は収益性も高い。これが「分母」になります。新しい投資分野は「分子」に相当します。分母の大きさが分子についての意思決定とその基準に大きな影響を与える――これが僕の言う分母問題です。

メタのようなビッグテック企業は、あらゆる経営判断において分母の大きさと豊かさから逃れられない。フツーの会社にとっては意味のある規模の商売だとしても、超絶規模と収益性を分母に置いてみると、ぜんぜん面白くない。取るに足らないハナクソみたいな商売に見える。しかもたいして儲からない。だからヤル気にならない。

事業機会の評価や投資の意思決定の基準は、ことほど左様に相対的なものです。巨大企業は、その分母の大きさゆえによほどのことでないと本気になれないという構造的体質を持っています。とにかく分子が大きくないと話にならない。ところが、そんなビッグ・イベントはそうそうない。グーグルやメタにとっての広告事業、アップルにとってのスマートフォン事業に匹敵するような規模の商売はまずありません。

で、どうするか。わりと非連続で新奇な技術が出てきたときに、その事業性（とくに成長性）を過大視するという成り行きです。つまりは、分子を思い切り膨らまして評価する。するとデカい分母を下に置いても投資する価値があるように見えてくる。しかも広告業から上がってくるカネはあり余るほどある。「カネ持ち喧嘩せず」ならぬ「カネ持ち投資する」で、有望そうな技術（「有望そうな事業」ではない）を持つスタートアップを高値でバンバン買収する。さらに開発とプロモーションに巨額の資金を突っ込む。そうこうしているうちに分子幻想はいよいよ本物であるかのように思えてくる――傍から見ると単なる暴走です。

ある分野で支配的な地位を確立した巨大企業の多くが、うなるほどキャッシュを持っているにもかかわらず、なかなか事業構成を変えられないままズルズル行き、そのうちにトップラインが頭打ちになり成熟から衰退へと向かっていく――その要因のひとつはここで述べた分母問題に端を発する悪循環のメカニズムにあるというのが僕の見解です。

分母問題という視点からＧＡＦＡを眺めると、メタはほぼ間違いなく巨大分母の陥穽にハマっているように見えます。グーグルもやや怪しい。それと比べると、アップルはスマートフォンの一本足打法からサービス事業へのシフトをまずまず手堅く進めています。それでもなお分母問題は依然として最大の経営課題として横たわっています。

これに対してアマゾンは徹底して大人の経営（おっさん企業）なので、ヘンな夢を見ずに粛々とこれまでやってきたド商売（ようするに小売業）を主軸にじわじわと周辺の収益機会にウイングを広げていくであろうと見ています。

金持ち巨大企業が分母問題の桎梏から逃れるのは一般的に言って難しい。私見では、分母問題を見事に克服した珍しい例にマイクロソフトがあります。

創業者のビル・ゲイツがイケイケの超攻撃的モードで経営していたころ、分母にはＯＳ（ウィンドウズ）とアプリケーション（ＭＳオフィス）というとんでもない事業がありました。ほっておいてもジャンジャン儲かる。だから、分子に何を持ってきても本腰が入らない。新しい収入源としてモノになったのはゲームぐらいでした。

その後、ゲイツが経営を離れてからのマイクロソフトは、乾坤一擲の大勝負に出るというよりは、本業に関連する新規分野へじわじわと投資を進めました。今ではＢtoＢの基盤的情報サービスを網羅的に提供する地味で大人の企業へと進化しています。

これは長い時間をかけたプロセスでしたが、超絶規模の分母の桎梏を克服した経営手腕は大したものです。マイクロソフトには企業としての地力を感じます。

２０２３年３月

痺れる戦略――アイリスオーヤマ

僕は競争戦略という分野で企業が持続的な競争優位を構築する論理について研究しています。さまざまな企業の戦略を観察し考察するという基本動作をずっと続けていると、まれに痺れるような戦略との出合いがあります。アイリスオーヤマはその一つです。痺れるほど面白い。僕の30年の研究生活の中でも、ここまで優れた戦略との出合いは滅多にありません。日本発の競争戦略の傑作として歴史に残ると言ってよいでしょう。

これまでも僕はたびたび大山さんから競争戦略について教えを請うてきましたが、コロナ騒動の渦中で書かれた大山さんの著作を読んでいくつもの再発見がありました。まずもってタイトルが秀逸です。『いかなる時代環境でも利益を出す仕組み』――ここに競争戦略の本質が詰まっています。以下では、本書の「いかなる時代環境でも」「利益を出す」「仕組み」を3つに分解し、それぞれについて僕の感じた「痺れ」を言語化したいと思います。

第1に「利益を出す」――目標を利益に置いているということです。目標が間違っていれば、戦略には意味がありません。結局のところ、経営は何を極大化するべきなのか。答えは長期利益――儲けて、儲け続けること――です。長期利益は経営の優劣を示す最上の尺度です。「カネ儲けがすべてだ！」という話ではありません。顧客や従業員、株主、社会、すべてのステークホルダーに対して企業は貢献しなくてはなりません。だからこそ長期利益の追求が何よりも大切となります。

企業活動に対価を支払ってくれるのは顧客です。結局のところ、すべては顧客のためです。ただし、これは極大化すべき目標が長期利益だということと何ら矛盾しません。真っ当な競争があれば（アイリスの事業は常に厳しい競争に晒されている）、長期利益は顧客満足のもっともシンプルかつ正直な物差しとなります。その企業がなくなったら、どれだけ困り悲しむ人がいるか――この総量がその企業の提供する独自価値であり、それは確実に利益に反映されます。長期利益と顧客価値はコインの両面のようなものです。

長期利益を稼いでいれば、投資家が評価し株価も上がる。株主に支払う配当も利益処分の一形態に過ぎません。儲けが出ていなければ分配できません。経営者が儲かる商売をつくれば、雇用を生みだし、守ることができます。いよいよ日本でも賃上げが重視されるようになりました。労働分配を増やすためには稼げる商売をつくることが先決です。

刹那的な儲けであれば話は違ってきます。客を騙して儲ける、従業員を泣かせて儲けることも可能です。しかし、それでは持ちません。長期利益の実現はすべてのステークホルダーをつなぐ経営の基本線となります。

何よりも、長期利益は社会のためになります。企業による社会貢献の王道は法人所得税の支払いです。社会的目的のために使うことができる原資を創出する。そこに企業の社会貢献の本筋があります。あとはすべてオマケです。

第2のポイントは「いかなる時代環境でも」という言葉にあります。つまりは、環境の追い風に依存しない。コロナ騒動に突入したころに大山さんと話をする機会がありました。そのときに大山さんの発した言葉が印象的でした。「『ピンチはチャンス』という言葉があるが、より正確に言えば『ピンチがチャンス』。本当のチャンスはピンチの時にしかない」――逆境のときこそ企業の地力が問われます。もっといえば、逆境のときしか戦略の真価は分かりません。本書の副題に「危機のときに必ず業績が飛躍的に伸びるのはなぜか?」とあります。戦略の実相を鋭く突く問いです。

コロナの渦中では人々の生活様式は変わり、家にいる時間が長くなりました。そうした中でアイリスが事業領域としていた園芸や収納家具、調理器具、家電の売上は伸びました。この時期、ＥＣの売上は倍増しています。表面的には巣ごもり需要の追い風で伸びているように見えるのですが、それは本質ではありません。それ以前からずっと磨きをかけてきたアイリスの戦略に風をとらえる力があった。このことがより重要です。

利益の源泉にはいくつかの異なるレベルがあり、持続性が低いものから高いものへと階層をなしています。レベル1は単純に外部環境の追い風が利益を生んでいるという状態です。例えば「急激な円安が利益を押し上げている」といったケースです。追い風が止まれば元の状態に逆戻りしてしまいます。持続的な競争優位は困難です。

レベル2は、事業立地そのものが利益をもたらしているという状態です。世の中には利益が出やすい構造にある業界もあれば、もともと出にくい構造に置かれている業界もあります。利益が出やすい事業立地を注意深く選び、利益が出にくいような構造にある業界への参入を避ける。この戦略的選択は確かに利益水準を左右します。

アイリスは今も昔も生活用品を主戦場としています。収納家具や家電やお米という事業立地はどうでしょうか。一見して市場は成熟し、競争が厳しい業界ばかり。儲からない要因がそろいまくっています。アイリスの業績が事業立地で説明できないことは明らかです。

レベル1とレベル2の利益の源泉は外部要因に注目するものです。レベル3からいよいよ競争戦略の出番となります。戦略とは何か。競争戦略の本質は「競合他社との違いをつくること」にあります。

ここで強調したいのは、違いには違いがある――他社との違いを考えるときに、2つの異なったタイプに区別して考える――ということです。すなわち、「程度の違い」と「種類の違い」です。程度の違いには、その違いを指し示す尺度なり物差しがあります。2人の人間の違いでいえば、身長や年齢、足の速さ、視力などの違いがこのグループに入ります。AさんはBさんよりも背が高く足が速い、というように英語の比較級での「ベター」として認識される違いです。

これに対して、男か女かというのは種類の違いです。種類の違いには、それを指し示す連続的な尺度がありません。「私はこの人よりも30%男性である」ということは普通はない。ベターかどうかではなく、ディファレントとして認識される違いです。

なぜこの区別が重要なのか。その理由は、顧客から見てディファレントな存在になることが戦略の一義的な意味合いだからです。何かの物差しの上でベターであったとしても、それは必ずしも戦略があるということを意味しません。他社とは異なった独自の価値を創造する。ここに戦略の内実があります。

なぜ「ベター」は戦略になりえないか。比較級で違いをつくろうとするとイタチごっこに陥ってしまうからです。他社も遅かれ早かれ、多かれ少なかれ、その物差しの上でベターになろうと努力するはずです。一時的にベターであっても、すぐに追いつかれてしまいます。つまり、違いの賞味期限が短い。利那的な利益は獲得できても、長期的な競争優位にはなり得ません。

アイリスの独自性は「ユーザーイン」というコンセプトに凝縮されています。「プロダクトアウト」と異なるのはもちろん、一般に言う「マーケットイン」とも似て非なるものです。ここにアイリスの戦略に僕が痺れる最大の理由があります。

「ユーザー」とは文字通りその商品を使う人、エンドユーザーのことです。「マーケット」はユーザーではありません。特定の基準や範囲でのユーザーの集計値に過ぎません。「マーケティング」は文字通りマーケットを相手にしたものです。マーケティングの名のもとにしばしば行われる消費者アンケートからは、マーケット全体の平均値や傾向しか分かりません。だれもが注目する儲かりそうな市場に目を向けます。参入企業が相次ぎ、同質的な競争になり、結局のところ儲かりにくくなります。マーケットインでは定義からして独自性は生み出せません。

アイリスのユーザーインは異なります。洞察力と想像力を駆使して、特定の生活シーンでの一人ひとりのユーザーが確実に「役に立つ」「使い勝手がいい」と実感できるものを創って、作って、売る。そういう生活提案型商品にしか手を出さない。しかし、生活提案型の価値を持つものであれば、カテゴリーや技術に縛られることなく果敢に挑戦する。ユーザーインの商品開発によって新しい需要を刺激し、これまでになかった市場を創造する。結果的にプロダクトアウトならぬ「マーケットアウト」にまで至るのがユーザーインの戦略の妙味です。ユーザーインのコンセプトで一つ一つの商品力に磨きをかけ、長い時間をかけて一歩ずつ事業領域を拡張してきたことが、現在の極端に多品種を手がけるアイリスを形成しています。

メーカーの営業社員はその本能からしてマーケットインの姿勢になります。直接の顧客は問屋や小売店ですから、営業が流通業者のニーズに反応するのは必然です。しかし、流通（＝マーケット）のニーズは必ずしもユーザーのニーズではありません。ここにマーケットインの盲点があります。例えば、多数の製品を扱う問屋は売れるかどうかわからない新製品よりも安定して売れている製品を扱いたいと思うのが普通です。あるいは、単純に安い方を選ぶかもしれません。目先の儲けが計算できるという意味で問屋にとっては合理的だからです。マーケットインはユーザーインではないどころか、かえってユーザーインのチャンスを殺してしまいます。

ユーザーインを駆動するために必要になるのが「メーカーベンダー」というアイリスの独特な位置取りです。アイリスはメーカーであると同時に問屋機能まで内部に抱えています。自社のＥＣはもちろん、ホームセンターのような小売業者に対してアイリスは直接商品を納入し、売り場作りや販促まで自ら行っています。

普通のメーカーであれば工場から出荷した製品がどこにどのように流れているかは分かりません。しかし、メーカーベンダーであればいつどこで何が売れたかが分かります。データの裏付けをもって仮説を立て、商品を企画し、ユーザーからのフィードバックに基づいて改良することが可能になります。一般に問屋を通さずに直接取引をする動機は中間マージンの排除にあります。しかし、アイリスの一義的な意図はコスト削減ではありません。真のユーザーニーズを流通の都合で歪めたくないからです。店頭活動まで責任を持つことでユーザーニーズへの洞察が磨かれます。

逆向きの因果関係もあります。「問屋を通さない」と「問屋機能を持つ（＝メーカーベンダー）」もまた似て非なるものです。小売業者はベンダーに品ぞろえを求めます。ベンダーとして機能するためには一つの製品をたくさん売るだけでは不十分で、小売店の棚を押さえなければなりません。ベンダーとして小売店に選ばれなければ商品の供給経路とユーザー情報の獲得経路が遮断されてしまいます。メーカーベンダーという位置取りは、商売がユーザー視点から逸脱することを防ぎ、ユーザーインのコンセプトを強制する規律にもなっています。ひとつの、ひとつだけの商売の基《もと》――独自性の基盤となるコンセプト――が明確に定まっていて、決してブレない。優れた戦略の最も大切な条件です。

第3の、最も重要なポイントは、本書のタイトルにある「仕組み」です。

考えてみればある企業の競争優位が長期にわたって持続するというのは不思議なことです。儲けるよりも、儲け続ける方が何倍も難しい。なぜならば、競争があるからです。ある企業が高いパフォーマンスを達成していれば、ごく自然に他社の関心を集めます。好業績の背後にどのような戦略があるのか、誰しも興味を持って注目します。利益ポテンシャルに富んだ市場セグメントや好業績をもたらす戦略ポジションはすぐに世の中に知れ渡るところとなります。コンサルティング会社はさまざまな企業の成功要因を分析し、ありとあらゆる知識を提供してくれます。

一時的に成功したとしても、その戦略はいずれ模倣されてしまい、その結果、競争優位を長期的に持続するのはますます困難になるはずです。

しかし、現実はそうなっていません。競争優位を長期的に持続する企業が確かにある。その最たるものがアイリスです。四方八方から戦略を注視され、模倣の脅威にさらされながらも、長期にわたって競争優位を維持し、「いかなる時代環境でも利益を出」し続けています。これはなぜか――僕はこの問題についてずっと強い関心をもち、持続的な競争優位の正体について思考を巡らせてきました。そのうちに、従来見過ごされていた論理があるのではないかと考えるようになりました。それが「ストーリーとしての競争戦略」――個別の打ち手ではなく、それらが一貫した因果論理でつながっているストーリーの総体にこそ競争優位の源泉がある――という視点です。アイリスはストーリーとしての競争戦略のほとんど完璧な事例を提供しています。

戦略ストーリーは業務や取引の体系ではありません。論理の体系です。先述したように、アイリスの戦略ストーリーの最上位にはユーザーインというコンセプトがあります。ユーザーインである以上、ベンダー機能を自社に持つ。メーカーベンダーだからこそユーザーインが実現できる。この論理がアイリスの戦略ストーリーの主軸になっています。

アイリスのさまざまな「仕組み」は、すべてこの基幹となる論理から派生しています。裏を返せば、個別の仕組みに注目しているだけではアイリスの強みの正体は分かりません。仕組みをばらばらに取り入れても、アイリスの競争力は手に入りません。

例えば、毎週月曜日のプレゼン会議。2万5000点にのぼるアイリスの商品を生み出す原動力であるこの仕組みはよく知られています。同じような会議を取り入れる会社も少なくありません。それでも、アイリスのような成功にはつながっていません。なぜでしょうか。アイリスの仕組みは戦略ストーリー全体の中ではじめて機能するものだからです。

プレゼン会議だけではありません。「ICジャーナル」を使った情報共有、伴走型の製品開発、経常利益の50％を毎年将来への投資に回し、発売3年以内の新製品の売上高比率を50％とするといったようなKPIの設定――こうした仕組みはいずれもアイリスに独自のユーザーインとメーカーベンダーの文脈においてはじめて意味を持ちます。確かに戦略を実行するうえで仕組みは不可欠なのですが、アイリスでうまくいっている仕組みをつまみ食いしても、期待する成果が出ないどころか、かえってパフォーマンスが低下する恐れがあります。

そこにアイリスの持続的な競争優位の核心があります。アイリスの戦略ストーリーを構成する仕組みには、ストーリーの文脈から切り離してそれだけを見れば一見して「非合理」なものが数多くあります。これがストーリーとしての競争戦略の観点からとりわけ興味深いところです。

高い業績をあげている企業A社があるとします。競合企業B社はA社の戦略を模倣しようとするでしょう。このような状況において、なぜA社の競争優位が持続するのか。従来の競争戦略論は「模倣障壁」の論理に依拠してきました。つまり、B社はA社の戦略を模倣しようとするのだけれども、そこにいくつかの障壁があるので、完全には真似しきれない。だからA社の競争優位が持続するという論理です。

しかし、です。もしA社の戦略ストーリーの中に、B社から見てあからさまに「非合理」な要素が含まれていたらどうでしょうか。B社はA社の戦略を部分的には模倣するにしても、一見して非合理な要素については手を出さないはずです。その結果としてA社の戦略は独自性を維持することになります。

ここでの持続的な競争優位の論理は、模倣障壁ではありません。そもそも競合他社が真似しようという意図をもたないという「動機の不在」にあります。模倣するどころか、他社は合理的な意図を持って模倣を忌避する――これが戦略による独自性（レベル3）の一段上を行くレベル4の競争優位です。レベル4にある戦略は、競争優位の持続性という点で模倣障壁という防御の論理よりもさらに強力です。今のところ僕はこれが究極の競争優位の正体であると考えています。アイリスの競争優位はこのレベルにあるというのが僕の見解です。

コロナ禍が本格化して、アイリスは即座にマスクを増産し、売上を伸ばしています。２０１１年の東日本大震災のときも、震災発生の２週間後にＬＥＤ照明の大規模な増産に踏み切り、これをきっかけに市場で支配的な地位を獲得しています。即断即決の瞬発力といえばそれまでですが、こうしたことが可能になるのはあらゆる設備の稼働率を意図的に7割以下に抑え、わざと生産能力に余裕を持たせているからです。しかし、稼働率を意図的に低くするということそれ自体は明らかに非効率です。しかもアイリスは部品から内製化しています。市販されている標準部品を使った方がコストの点でも機動力の点でも合理的であるように見えます。

そもそも自社生産をしていること自体が表面的には非合理です。売上高新製品比率をＫＰＩとし、新しいニーズをとらえた製品を次々に市場化するのであれば、自社工場を持たず、生産を外注するファブレスメーカーである方が合理的に映ります。資産も軽くできます。現実にほとんどの企業は柔軟性を確保するための手段としてファブレスを選択しています。

メーカーベンダーにしてもそれ自体では非合理な面が多々あります。問屋相手の商売であればケース単位で出荷できます。しかし、ホームセンターに直接出荷するとなると、製品1個単位の発注形態になります。売り場の面倒まで見なくてはなりません。実に手間がかかります。

メーカーベンダーであるアイリスは顧客が欲しいものを迅速に供給しなければなりません。そのため、工場を物流拠点としてとらえています。生産効率だけで工場立地を決めないということです。日本国内では、高速道路へのアクセスなど物流立地を勘案して生産を9つの工場に分散させています。これにしても、生産効率だけを考えれば非効率な面があります。

こんなに「非合理」なことをやろうという企業はまず出てこない。ところが、本書をじっくり読めばわかるように、ユーザーイン↓メーカーベンダーという補助線を引いてみれば、一見して非合理な打ち手（仕組み）がストーリー全体の中で他社が真似できない合理性に転化しています。

アイリスがやっていることはことごとくメーカーの常識に反することですが、だからといって俗に言う「逆張り」ではありません。他社が表面的な合理性を追求する中で見過ごしてきた裏側に注目する戦略であり、「裏張り」といったほうが適切です。競合他社から見れば非合理でも、ユーザーインとメーカーベンダーという戦略ストーリーからすれば、ごく自然で合理的なことをしているわけです。それでも、競合他社の目にはアイリスの仕組みはどうしようもなく非合理に映る。真似してくれと言っても、他社はイヤだというでしょう。他社との違いが無理なく持続するという成り行きです。業界に定着している合理性の裏をかく――ここにアイリスの戦略ストーリーの真髄があります。

ユーザーインはあくまでもユーザー視点で商品を開発するということなので、特定の市場や製品に集中してはいられません。その意味ではアイリスの戦略は、大山さんが言うように「選択と集中」ではなく「選択と分散」です。しかし、いずれにせよ最初に選択があることには変わりありません。何をやり、何をやらないか。アイリスの選択の基準は常にユーザーインを主旋律とする戦略ストーリーにあります。アイリスがやっていることはどれをとっても一本の戦略ストーリーに集中しています。商品カテゴリーや市場で見れば分散しているように見えても、戦略の本質は集中にあります。

「アイリスでは私の社長時代も、息子に代わってからも、しょっちゅう仕組みを見直します」と大山さんは言っています。戦略ストーリーを動かす方法としての仕組みは、よりよいものが出てくれば、それに取って代わられます。それでも、大山さんが「昔の新聞記事を見ればわかる」と言っているように、１９８０年代からアイリスの戦略ストーリーは変わっていません。ユーザーインの生活提案型価値創造にこそアイリスの存在理由があり、パーパスがあります。大山さんはこう言っています。

――どの企業も、もともとは何かしらの事業を顧客に提供したくて組織をつくったはずです。組織を存続するために事業を開始した会社は一つもない。しかし長く経営を続けていると、組織が事業をするための手段ではなくなり、組織を維持することが目的で、事業がその手段になるという逆転現象が起きやすくなります。それは結果的に組織をむしばんでいくのです。

「パーパス経営」が叫ばれている昨今です。しかし、考えてみればこれは奇妙な話です。そもそも企業はパーパスがあるからこそ生まれているはずです。最初には必ずパーパスがある。しかし、そのうちにパーパスは希薄化します。その理由は、組織が大きくなるにつれて、手段が目的化することにあります。

経営の問題のほとんどは突き詰めると手段の目的化に起因しているというのが僕の考えです。企業組織は目的と手段の連鎖でできています。上司の手段が部下の目的になる。そもそも組織には「手段を目的化するシステム」という面があります。放っておけば必ず手段の目的化に陥ります。だからこそ、経営者が本来の目的と手段の関係を回復させなければなりません。時間軸で言い換えれば、とかく目先の利得という短期視点に流れがちな人々の目線を持続的な競争優位という長期視点へと引き戻す。そこに経営者のリーダーシップの本領があります。それは戦略ストーリーを構想し、そのストーリーの上に戦略の実行にかかわる人々すべてを巻き込むことに他なりません。

経営や戦略の巧拙はワンショットの静止画では分かりません。さまざまな仕組みが明確な因果関係で繋がったときに現れる動画として見ることが大切です。アイリスオーヤマの成功はこの戦略の本質を見事に物語っています。

２０２４年４月

痺れる戦略――ワークマン

商売の表層と深層

企業や事業を見るとき、世の人々は表層にある「業績」や「商品」に注目する。しかし、深層にある「理由」にまで目を向ける人は少ない。競争がある中でなぜ儲かるのか。その理由を形成しているのが戦略だ。業績や商品にとどまらず、その背後にある戦略を理解したほうが有用だし、知的刺激という点でもよほど面白いと思う。何かにつけて忙しく、連日メディアから大量の情報があふれ出てくる今日この頃である。表層や断片をチラ見するだけで終わってしまうのも分からないでもない。それにしても、もったいない話だ。

著者が所属する一橋ビジネススクール国際企業戦略専攻（ICS）は2001年から「ポーター賞」を運営している。企業を表彰する賞は数多いが、そのほとんどは何らかの「結果」を評価対象としている。ポーター賞のユニークなところは、結果（ポーター賞の場合は収益性）において優れていることはもちろんだが、結果の背後にある理由――優れた戦略――を直接的な評価対象としていることにある。

2019年度のポーター賞受賞企業のひとつにワークマンがある。同社は高収益企業として注目を集めている。成熟した国内アパレル市場を主戦場としているにもかかわらず、ここ5年間の平均ROIC（投下資本収益率）で12・6%ポイント、平均ROS（営業利益率）で14・5%ポイント、それぞれ業界平均を大きく上回るパフォーマンスを出している。

もともとはプロ用の作業着や関連商品を主力商品としていたが、このところは高機能でありながら圧倒的な低価格のスポーツウエアやアウトドアウエアなど、一般ユーザー向けの商品でも売り上げを伸ばしている。例えば、ヒット商品の「透湿レインスーツSTRETCH」。従来の雨合羽に求められる防水性だけでなく、ムレを軽減する透湿性も備え、さらにストレッチが効いて動きやすい。この高機能の合羽が上下で4900円。工事現場の作業者だけでなく、バイクに乗る人々や雨の日のゴルフ、スポーツ観戦用の一着として幅広い顧客層から支持を得ている。

ワークマンの業績と商品は多くの人が知るところだ。問題は「なぜ?」にある。価格対機能に優れた商品に競争力があるにしても、多くの企業がさんざん競争してきたアパレル業界で、なぜこれまで他社はワークマンのような強い商品をつくって売ることができなかったのか。より重要な問いとして、ワークマンが高機能低価格の商品で成功しているということを競合他社はよく見て知っている。にもかかわらず、なぜ同じことをできない（もしくは、しない）のか。こうした問いに対する答えは同社の競争戦略の中身を凝視しなければ分からない。

違いがあるから選ばれる。競争戦略とは、競合他社との「違い」をつくることに他ならない。優れた戦略はさまざまな違いが骨太の因果関係でつながった「ストーリー」である、というのが筆者の年来の主張だ。「高機能低価格」という表層的な強みの裏側には、ワークマンがこれまで時間をかけて練り上げてきたストーリーがある。独自の戦略ストーリーとその論理的一貫性にこそワークマンの競争力の正体がある。

「ダントツ商品」の長期継続販売

まずは商品づくりの側面からワークマンの戦略ストーリーを読み解いていこう。メインターゲットは工事現場などで働くプロユーザーだ。彼らは機能と価格を重視する。より正確にいえば、購入の基準となるのは機能と価格「だけ」。そのときどきの売れ筋を追うようなファッション性は商品価値として追求しない。売り上げの半分ほどを占める自主企画のPB商品に関していえば、ワークマンはTVCMのキャッチにある言葉「機能と価格に新基準」をもたらすようなダントツ商品の開発に集中する。1年で追いつかれるような中途半端な商品は手がけない。商品構成をダントツ商品に絞ることにより、大量生産による原価低減が可能になる。

もっとも、大量生産による規模の経済だけであれば他社もできる。ワークマンの競争優位のカギは量よりも時間軸にある。すべてのＰＢ商品は平均５年程度、ものによっては10年以上の継続販売を前提としている。長期継続販売によって、これまでのアパレル業の宿命だったコストと品質・機能のトレードオフを乗り越える。ここにワークマンの戦略ストーリーの第1の柱がある。

トレンドは毎年変化していく。変化していく流行をあからさまに追いかけるファストファッションはもちろん、ベーシックなものであっても、従来のアパレル業ではその季節での売り切りが大前提になる。これに対してワークマンは、はじめから長期継続販売を前提に生産や在庫のオペレーションを組み立てている。季節品でも翌年に持ち越せる。ここに他社がやろうと思ってもできないワークマン独自の強みがある。

複数年に亘る長期継続販売を前提とするからこそ「ダントツ商品」ができる。ワークマンにとって、発売初年度はあくまでも「実験」だ。少量のテスト販売をして需要の量と質を見極め、２年目から本格生産に入る。初年度にテストマーケティングではなく実際の販売でデータを得ているため、±10％の精度で大量生産に移行できる。こうした実験的な市場導入はシーズンをまたぐ長期継続販売でなければそもそもできない。シーズン売り切りが必須となる普通のアパレル業であれば、そんな悠長なことはやってられないからだ。

データに基づく需要予測

このところ「データ経営」の重要性が強調されているが、この点でもワークマンは手本となる。ワークマンのデータ経営の中核は発注業務を自動化し、品ぞろえを最適化する需要予測システムにある。予測と実際の売れ行きの乖離を専任チームが常時監視して、週単位で予測アルゴリズムを微調整している。その予測精度は高い。これにしても、訴求ポイントを機能と価格に絞り、長期継続販売を前提に商品を企画しているからだ。普通のアパレル業はそのシーズンのトレンドに売り上げが左右されるため、ワークマンの水準と精度で需要予測システムを組み上げるのは容易ではない。

商品のプライシングは徹底的に標準化されている。すべての商品について一律の原価率で小売価格を設定する。本来であればよりマージンがとれるはずのPB商品もあえて同じ原価率にしている（つまり消費者からみればそれだけ価格が安くなる）。そして、一度売り出したら値引きはしない。従来のアパレル業はそのシーズンでの売り残しを避けようとする。だからシーズン後半で値引きをする。しかし、ワークマンは長期継続販売なので、この制約がない。季節品を翌年に持ち越しても無理なく定価販売を続けられる。

これを需要側から見るとどうなるか。顧客の大半を占めるプロ顧客は、平均して月1回の頻度で来店する固定客だ。彼らはそもそも商品が変化することを好まない。作業靴や地下足袋などがその典型だが、彼らは作業の安全性や使用感の点で強いこだわりを持っている。自分が慣れ親しんだ同じアイテムを何度も買い替えて使い続ける。毎シーズン新商品が出て仕様がコロコロ変わってしまっては、彼らにしてみれば「仕事にならない」のである。しかも、価格が定価でずっと変わらないので、いつでも損得に迷うことなく買い物ができる。同じ商品を何シーズンも持ち越していく長期継続販売は、コスト効率だけでなく、顧客のニーズにも合致している。

顧客接点の作り込み

「作る」より「売る」ほうが何倍も大切――あらゆる商売に共通の原理原則だ。商品の競争力で注目されるワークマンだが、その戦略の真骨頂は「作る」よりもむしろ「売る」側にある。

明らかな特徴として、ワークマンは大口取引の法人販売には手を出さない。店舗やオンラインでの個人向け販売に特化している。法人販売は受注ロットが大きく、ひとつの案件獲得で大きな売り上げにはなる。しかしその反面、多くの営業担当者が必要になる。入札、見積もり、掛け売りなどの取引コストもバカにならない。顧客企業ごとの在庫管理を強いられ、実際には事業所単位の少量納品が多くなるため、店舗での小売よりもむしろ手間がかかる。そもそも大企業向けの法人販売はミドリ安全など大手企業の寡占が確立しており、参入には多大なコストがかかる。

ワークマンは綿密な立地調査をした上で、人口10万人に1店舗の割合で出店する。プロ顧客のほとんどが特定商品の目的買いで来店するので、国道沿いなどの一等地である必要がない。このことが出店コストの抑制に貢献している。

ワークマンは46都道府県に800店舗以上を展開している。これに続くのが約50店舗の「無法松」（ネーミングが作業服っぽくて実にイイ）。法人取引でない個人向け作業服市場では圧倒的な1位にある。店舗とその運営は徹底的に標準化されている。店舗規模は100坪の1パターンのみ。97％の商品の品ぞろえが全国で統一されている。

店舗運営の効率だけではない。さまざまな現場を移動して仕事をするプロ顧客にとっても店舗の標準化は価値がある。彼らは仕事現場の行きや帰りに来店する。買うものはすでに決まっている。仕事前の忙しい時間に手早く買い物を済ませたい。レイアウトと品ぞろえが同じであれば、違う地域の店舗を利用するときでも簡単に商品を見つけることができる。

ただし、プロ顧客を満足させ、信頼を勝ち得て常連にするためには、欠品は許されない。必要なときに店舗ですぐに買えないとなると、その日の仕事に支障が出るからだ。1700アイテム、9000SKUと品ぞろえは幅広い。しかし、その70％がたまにしか売れない「スローな商品」である。それでも常時1つは棚に陳列する。欠品させないため、店舗への夜間配送を1日1便、週6回行い、売れた商品は翌々日の閉店までに補充される。在庫回数は年4回なので、週6日の配送は「やりすぎ」に見えるかもしれない。しかし、ターゲット顧客の心理を考えれば、そこまでして欠品を防ぐことが大切になる。

店舗への頻繁な配送はオンライン販売との相性も良い。オンライン購入客の66％が送料無料の店舗受け取りを選択している。彼らの一定割合は受け取りで来店した際に、ついで買いで店舗でも商品を購入する。オンラインとリアル店舗の相乗効果で売り上げを伸ばすことができる。

低負荷の店舗運営

店舗のほとんどはフランチャイズ方式で運営されている。ポイントは、フランチャイジーが無理のない負荷で安定して店舗運営ができるようになっているということだ。あっさりいえば「仕事がラク」。だから加盟店のなり手が多く、店舗運営が長く続く。私見では、ここにワークマンの「売る」ための戦略ストーリーの白眉がある。

加盟店はシステムが提案する推奨発注に従っていれば間違いない。顧客自身が商品知識をもって自分の基準で商品を選ぶので、接客や商品説明は最小限で済む。そもそもワークマンの店舗に来るプロ顧客は「いつもの」を補充買いすることがほとんどで、店頭で商品を見て回らない。値札を見ることもない。値引きをしないから、煩雑な価格改定作業がない。ワークマンは専門性が高い工具は扱わない。こうした商品は単価もマージンも大きいが、店舗側に高度な商品知識が求められる。仕事で身に着けるものを中心とした商品構成であれば、加盟店にとって運営しやすい。

朝の時間帯の来客が一段落した後に品出しを行い、レジは14時に締める。開店5分前に入店し、閉店5分後に店をあがることができる。夫婦2人の人員で店舗運営ができる。6年ごとの加盟店契約の更新率は、高齢での引退のケースを除くと100%近い。約半数が子供への事業承継を希望しており、経営が3世代連続している加盟店もある。加盟店のオーナー不足に苦しむコンビニ業界では考えられないことがワークマンでは実現している。

戦略ストーリーの自然な拡張

すでに述べたように、ワークマンはプロ以外の一般消費者へと顧客セグメントを拡大し成長を続けている。アウトドアやスポーツ用のウエアの売り上げは全体の15%を占める。ポイントは、こうした動きがあくまでも従来のプロ顧客向けの戦略ストーリーの自然な延長線上にあるということだ。

一般消費者だけを狙ったＰＢ商品は手がけない。「ダントツ商品」に限定したＰＢの商品構成をはじめ、商品の複数年長期展開、オペレーションの標準化、値引きをしないなど、従来の戦略は変わらない。

最近のワークマンはプロ顧客と一般顧客の両方を対象としたハイブリッド型店舗「WORKMAN Plus」をショッピングセンター中心にいくつか出店している。しかし、これは一般消費者向けプロモーションの性格が強く、ショッピングセンターへの出店を大幅に増やす予定はない。むしろ、従来型店舗をWORKMAN Plusに移行させるという戦略を進めている。従来のプロ顧客の来店は、現場への行き帰りの朝と夕に集中する。一般顧客はこの間の昼の時間帯に来店するため、店舗運営側から見れば、オペレーションの負荷を平準化させながら売り上げを増やすことができる。

競争力の正体は「論理」にあり

以上見てきたように、ワークマンの業績やヒット商品の背後には、さまざまな競合他社との違いがある。より肝心なこととして、商品企画から店舗で消費者が買うところまで、そうした違いが「なぜ」でつながっている。つながりとは「因果関係についての論理」に他ならない。プロ向けの商品だから長期継続販売ができる。長期継続販売だからこそ値引きに依存しないダントツ商品が開発でき、大量生産によるコストダウンが可能になる。ダントツ商品だからこそ高精度での需要予測をはじめとするデータ経営が活きる。データ経営だから加盟店のオペレーションを軽くできる。だから無理なく店舗の拡張ができる——以上は一例に過ぎない。ワークマンの戦略には数多くの因果論理でしっかりとつながったストーリーが流れている。表層にある商品や店舗は見える。見えるものであれば模倣できる。しかし、深層にある戦略ストーリー、とりわけ個別の打ち手をストーリーへとつなげていく論理はなかなか見えない。見えないものは真似できない。競争優位が持続するという成り行きだ。ワークマンの事例は、優れた戦略ストーリーの神髄を見せてくれる。

２０２０年８月

ＰＤＳの競争戦略――持続的競争優位の正体

Plan・Do・See（ＰＤＳ）は長期的に業界平均を大きく上回る利益を創出している。２０２０年からの新型コロナのパンデミックはＰＤＳの事業立地であるレストランやホテル、とりわけウェディング業界に深刻な打撃を与えた。競合他社の撤退や身売りが頻発する中でＰＤＳは業績の落ち込みをより低い水準に抑えている。

ホテルにしてもウェディングにしてもレストランにしても、そもそもＰＤＳの事業立地は収益性の点で難がある。参入障壁は低い。市場はきわめて成熟しており、成長性はない。規模の経済も効きにくい。特段の技術革新がなく、先行者優位にも期待できない。立地や商品での差別化は持続しない。新しいアイデアはすぐに模倣される。コロナの負のインパクトは言うまでもない。外部環境に魅力的なオポチュニティはない。長期利益を実現しようとすれば、必然的に戦略勝負になる。

収益性の点で決して魅力的ではない業界にあって、なぜＰＤＳは他社を上回る利益を実現しているのか。しかも、一時的に利益を上げる競合他社はあっても、長期にわたって高い利益を維持している企業は少ない。競争優位を獲得するよりも、それを維持するほうがはるかに難しい。競争が激しい業界で、なぜＰＤＳは利益を出し続けているのか。本稿は長期利益の背後にあるＰＤＳの戦略を考察し、その持続的競争優位の正体を明らかにする。

コンセプトは「気がイイ空間」

戦略の起点にして基点はコンセプト――顧客価値の本質を凝縮して表現する言葉――の定義にある。「本当のところ何を売っているのか」に対する答えといってもよい。優れた戦略の出発点にはユニークなコンセプトの定義がある。

私見では、ＰＤＳの戦略のコンセプトは「気がイイ空間の提供」にある。「気がイイ」と言うと、程度問題のように聞こえるかもしれないが、そうではない。PDSが一義的に追求しているのは、立地の良さでも、メニューの良さでも、料理の良さでも、接客の良さでも、店舗デザインの良さでもない。顧客にとっての空間全体の雰囲気の良さであり、この点で他社と異なる。

「気」という言葉は、立地やメニュー、商品、接客サービス、店舗デザインといった要素に分解できない究極の統合的価値を意味している。この辺、正確な言語化が難しいのだが、程度問題としての「良い」ではないという意味を込めて、苦肉の策として「イイ」という言葉を使っている。

差別化が難しく競争が厳しい業界にあって、同業他社は何とかして顧客に独自性を印象づけようとする。凝った味つけの看板メニューや話題性のある希少な食材、人通りが多い好立地、先端的なデザインや流行のインテリア、新奇な接客スタイル——こうした「飛び道具」で勝負する。

これに対して、PDSはこうした個別要素レベルでの「尖った差別化」には手を出さない。PDSのホテルやレストランにはどこにも突出した要素はない。万事が普通で、店のどこをとっても、快活で朗らかだけれども落ち着いた穏やかな雰囲気が維持されている。普通にセンスがいい店舗で、普通に構成されたメニューの普通に美味しい料理が、普通に丁寧でフレンドリーな接客で提供される。

例えばPDSが運営する「6th by ORIENTAL HOTEL」。坪当たり売上高でいえば日本でも有数のレストランだ。価格は立地からすれば高くはないが、決して安くもない。時間帯でサービスを大きく変えることはせず、一日の営業の中でランチ、カフェ、ディナー、バーがシームレスにつながっている。20代の若者からシニアまで、幅広い層の顧客が集まり、朝から深夜までずっと回転がかかる。

なぜ時間帯や年齢や男女の別なく多くの人々が集まるのか。料理は美味しい。しかし、今どき美味しい料理を出すところはいくらでもある。コストパフォーマンスも悪くない。しかし、コスパ重視ならば他にいくらも選択肢がある。通りに面した部分がオープンになっていて、テラス席が広がっているという店舗デザインは秀逸だが、そういう店は他にも数多くある。

さまざまな要素がちょうどよいさじ加減で重なり合ってはじめて「気がイイ空間」が生まれる。要素の突出はかえって「気がイイ空間」を破壊する。例えば、ＰＤＳは意図的に看板メニューをつくらない。「気がイイ空間」と無関係に看板商品に惹かれて来る人が増えると、店の雰囲気が崩れてしまうからだ。現に、大ヒット商品となった「バスク・チーズケーキ」の提供をいくつかのレストランではあえて止めている。ＰＤＳの戦略の肝は、要素レベルのマキシマイゼーション（極大化）ではなく、空間全体としてのオプティマイゼーション（最適化）にある。

ＰＤＳの商売は経験価値を提供するものであり、その意味ではディズニーランドと同じ範疇にある。ただし、両者は大きく異なる。ディズニーランドが非日常的な経験を売っているのに対して、ＰＤＳが提供する経験は顧客の日常の一部である。ディズニーランドはアトラクションや接客の設計を通じて経験の中身までつくり込むが、ＰＤＳは顧客にとっての「気がイイ空間」の提供にとどめ、そこでどのような時間を過ごすかは顧客に委ねられている。特別な接客やサービスの演出があるわけではない。

ディズニーランドや尖った差別化を武器にするホテル、レストランであれば、顧客は価値の在り処を明確に認識し、「何が良いのか」「なぜその店を選んだのか」を言語的に説明することができる。これに対して、ＰＤＳの「気がイイ空間」は要素に分解不可能な価値である。顧客にしてもＰＤＳのホテルやレストランやウェディングの「何が良いのか」を説明できない。「感じがイイ」としか言いようがない。だから模倣は容易ではない。

何を「やらない」か

「気がイイ空間」は自然とできるものではない。コンセプトの実現のために、ＰＤＳはさまざまなトレードオフの上で活動を慎重に選択している。「やっていること」よりも「やっていないこと」「やらないと決めていること」に注目しなければ、ＰＤＳの戦略は理解できない。

多拠点展開をしている企業の多くは、運営する店舗や拠点に統一したブランド名を用いる（例えば、星野リゾートの「星のや」や「界」）。ブランド認知が広がり、集客も容易になるからだ。しかし、PDSは統一ブランドを持たない。PDSという社名も前面に出さない。ホテルで言えば「ORIENTAL HOTEL」「THE AOYAMA GRAND HOTEL」「WITH THE STYLE FUKUOKA」、レストランやウェディングでいえば「The Classic House at Akasaka Prince」「河文」「THE SODOH HIGASHIYAMA KYOTO」というように、それぞれ別の名前がついている。個別の拠点がそれぞれの商圏でブランドを構築している。

業界では、その時点で成功したスタイルの店舗を標準化し、ひとつのブランド名で一気に出店を加速する戦略が一般的だ。PDSはチェーン展開を否定し、店舗数を抑制する。なぜ統一ブランドによる多拠点展開のメリットを追わないのか。一つの理由は、店舗物件の選択が「気がイイ空間」の実現にとって決定的に重要になるからだ。

PDSは立地が良く人通りが多いからといって安易に出店しない。歴史や文化的背景によって醸成された独自の価値がある物件を厳選し、リノベーションによる出店を原則としている。「河文」がその典型だ。「河文」は名古屋で最も伝統と由緒がある料亭として、尾張徳川家の時代から400年間続いてきた。PDSが運営する現在の「河文」はこの歴史的遺産を引き継いで再開業している。神戸の「ORIENTAL HOTEL」は阪神・淡路大震災で閉館されていた日本最古の西洋式ホテルを2010年に再スタートさせたものだ。「The Classic House at Akasaka Prince」は東京都指定有形文化財になっていた赤坂プリンス旧館をリノベーションした物件で、現在はPDSが運営している。

PDSは店舗設計を内製化している。社内のクオリティデザイン室がそれぞれの物件の特性に合わせて、エクステリアやインテリア、レイアウトの各側面から「気がイイ空間」をデザインする。

歴史的・文化的な文脈の中で地域の人々に一目置かれている物件は、時を積み重ねなければ手に入らない雰囲気を醸し出している。いくらおカネをかけても手に入らない独特の佇まいが「気がイイ空間」づくりに大きく貢献する。しかも、こうした伝統的物件は、銀座の中央通りなど都心の超一等地と比べればコストを低く抑えられる。

ＰＤＳはこうした特別の物件が出てくるチャンスを待ち続ける。チャンスが現れたときにのみ、新しい店舗を開業する。必然的に出店による成長速度は犠牲になる。ＰＤＳは店舗数を増やすよりも、一店舗の売上と利益の最大化を重視している。

ＰＤＳの店舗運営はチェーンオペレーションの真逆を行く。顧客の目に見えるところでのサービスやオペレーションを標準化しない。拠点のそれぞれが独自の背景と文脈をもっているにもかかわらず、統一ブランドの下にオペレーションを標準化してしまえば、せっかくの価値を大きく毀損することになる。

オペレーションだけではない。メニューの開発も店舗ごと、マーケティング活動も本社ではなくそれぞれの店舗が担当する。広告費をどれぐらいかけるかも各店舗が独自に決める。徹底した個店経営だ。

標準化した店舗やサービスによる規模の経済や範囲の経済を捨てて、他社には真似できない独自の空間価値の実現にすべてを集中する。ここにＰＤＳのトレードオフの核心がある。

１／１０００のセンスを見極める

ディズニーランドであれば、アトラクションや景観をつくり込んだハードウエアで顧客を惹きつけることができる。料理や特別な食材で勝負するレストランは、人気の看板メニューで集客できる。これに対して、「気がイイ空間」という統合的な価値の実現は現場で働く人の能力にかかっている。メニューや立地や価格という特定の要素に依存しないＰＤＳは、人材を競争力の中核に位置づけている。

ホスピタリティ業界は本来的に「ピープルビジネス」の性格が強い。どの企業も人材の採用と育成を経営の最重要課題としている。ただし、ＰＤＳの採用や育成の中身は他社と大きく異なる。

ホテルやレストラン、ウエディングの仕事は専門的なスキルを必要とする。労働市場の流動性も高い。多くの企業は中途採用で一定のスキルを持つ即戦力を獲得しようとする。成長している企業ほどこの傾向が強い。

これに対してPDSは人材獲得の主軸を新卒採用においている。PDSは日本でも学生に最も人気のある就職先企業の一つだ。直近の就職希望者向け説明会には1万3000人の応募があった。希望者全員に説明会への参加を促している。面接実施人数は1万人を超える。履歴書などのドキュメントは必ず3人以上のトリプルチェックにかける。同じ志望者に何回も面接をする。採用に至るまでに少なくとも6回、平均7回、最大で10回の面接を重ねる。人事担当者だけでなく、現場の社員の多くが採用活動に携わる。

なぜこれほどの手間暇をかけて新卒採用にこだわるのか。その理由は、採用の評価軸が専門性やスキルでないことにある。SPIなどの基礎知識やスキルを評価する定型的なテストツールは使わない。スキルよりもその人のセンスやパーソナリティーを重視する。有名大学を出た「優秀な人材」よりも、「気がイイやつ」を見出すことに集中する。これは実際に会って話をしてみなければ分からない。具体的には「ホテルやレストランが理屈抜きに好き」「人の気持ちが分かる」「人を喜ばせようという欲求がある」「自分の感覚に対して素直」——学校のクラスの人気者のようなタイプだ。

PDSが新卒採用でやっていることは「面接」というよりも「対話」、もっといえば「カウンセリング」に近い。初期段階で採用・不採用をジャッジせず、対話を重ねてその人のセンスの在り処を見極める。自己実現よりも利他性を重視する。「何を成し遂げてきたか」で判断せず、「相手に対して何をしてきたか」をヒアリングする。話を聞いた上で、「PDSよりも○○（他社）のほうが向いているのではないか？　なぜならば……」とフィードバックすることもある。「評価する面接」ではなく「育てる面接」だ。

1万人以上の希望者の中からセンスがある「イイやつ」を厳選する。毎年採用するのは10人から30人に限られる。場合によっては、倍率は1000倍以上になる。さらに注目すべきこととして、PDSは採用にあたって目標人数を設定しない。人手不足の時代、労働集約的な業界にあって同業他社は事前に人員計画を決め、採用人数が人事部の必達目標になる。ＰＤＳはこうした考え方をとらない。基準に適う「イイやつ」がいれば採用するし、いなければ無理に頭数をそろえようとしない。

この原則は店舗のオペレーションにも反映されている。例えば10人のスタッフで１００席の規模の店を運営しているとする。何らかの理由で人が減って、９人になる。普通であれば１人追加的に投入し、１００席の規模を維持しようとする（もしくは無理して９人で１００席を回す）。しかし、ＰＤＳのやり方は違う。客席を90に減らすのである。キャパシティに合わせて人を配置するのではなく、人に合わせてキャパシティを決める。ＰＤＳが個人の能力を重視し、人材を競争力の中核に据えていることをよく示している。

こうしたユニークな採用活動が評判になり、ますます志望者が集まる。彼らの多くはＰＤＳの企業姿勢のファンとなり、将来の顧客ベースにもなる。サービスの競争市場のみならず、ＰＤＳは労働市場でも独自のポジションを確立している。

人と組織のマネジメント

入社した後の人材開発も、特定分野の専門性やスキルではなく、「気がイイ空間」を創るセンスの錬成に注力する。接客サービスにはマニュアルがない。一人一人の社員が現場で切磋琢磨しながらセンスに磨きをかけていく。マネジャーはそれをサポートし、コーチする。

例えば、ＰＤＳのレストランではゲストを席まで案内するレセプショニストが重要な役割を担っている。レセプショニストは来店したゲストを観察し、即座にシーンを想像して席を決める。どんなグループで来ているどんなゲストがどこに座っているかで空間の気は左右されるからだ。これは人間や状況についての深い洞察を必要とする仕事であり、とうていマニュアル化できない。定型的なスキルを超えたセンスとしか言いようがない能力がものを言う。

「気がイイ空間」はあくまでも顧客の認知の問題である。PDSの顧客はメニューや料理、店舗デザインやインテリア、接客サービスのそれぞれをバラバラに買っているのではない。社員の専門化は視界を自分の担当業務の範囲に狭め、供給側の視点に傾斜しがちだ。顧客の目線で「気がイイ空間」をつくり込むためには、さまざまな仕事を経験し、多角的な視点を養うことが大切になる。PDSの人材開発は職務横断的なジョブ・ローテーションを基本にしている。この方針はキッチンのような専門性が高い仕事でも変わらない。ウエディング・プランナーをしていた社員がキッチンに異動したり、キッチンで料理をしていた人が接客に出ることも普通にある。

そもそもPDSは組織構造上の分業を否定している。社員の名刺には所属が書かれていない。例えば経理の仕事をしている社員であっても、ブライダル・フェアで接客に従事し、顧客サービスへの理解を深める。「役職」はなく、すべての仕事が「役割」。マネジャーも社員もチームの中で状況に合わせて柔軟に自分の役割を果たすことが期待される。

垂直的にもフラットな組織で、業界にありがちな「先輩後輩」の関係が薄い。年功序列はない。勤続年数に関係なく、仕事を任せる。例えば、キッチンにはシェフという役職がない。代わりにキッチン・マネジャーという役割がある。彼らは、キッチンのスタッフの上に君臨するのではなく、キッチン・チームのまとめ役を果たす。お互いにファーストネームやニックネームで呼び合う。

“I am one of the customers” という理念に基づいて、PDSは「Rush to Dinner」「Rush to Stay」という社内制度を設けている。社員が他社のレストランやホテルを積極的に利用できるように、費用の一部を会社が負担する仕組みだ。自腹で2000円のランチを食べに行くのであれば、会社が半額負担し、5000円のランチを体験させる。5000円のランチを食べたことがない人に、5000円のメニュー開発、サービス、それを注文するゲストの気持ちは分からないからだ。

センスを磨くためには、「商売全体を回す」という経営そのものの経験がなによりも重要になる。先述したように、ＰＤＳでは個々の店舗やプロジェクトが独立した個店経営であるため、利益責任を負う事業丸ごとを相手にする仕事が数多く用意されている。このことが経営人材育成の土壌になっている。

価値を積分する

時間軸を入れて考えると、ＰＤＳの戦略の本質はさらにはっきりしてくる。戦略は「微分型」と「積分型」に大別できる。前者は成果の微分値を重視し、隣り合った二地点間の変化の大きさを追求する。あっと驚くメニューや、最先端の技術、ＳＮＳを駆使して「バズらせる」――こうした方法を通じて、微分値（人々の認知や売上高、来客数のグラフの曲線の傾き）を極大化しようとする。

一方の積分型戦略は、短期的な変化率を犠牲にしてでも、成果曲線を長期で積分したときに現れる面積を大きくしようとする。時間軸を長くとって価値を積分していくというポリシーがＰＤＳの一つ一つの意思決定に貫かれている。先述した歴史と伝統のある物件が出てくるのを待ち続ける店舗開発はその好例だ。長い歴史の積み重ねをもつ「The Classic House at Akasaka Prince」や「河文」のような物件は、入手した時点ですでに積分値が大きくなっている。

微分型戦略は一時的に成功しても、「オープンのときはバズって大行列だったのに、一年後はガラガラ」ということになりかねない。「6th by ORIENTAL HOTEL」はこれとは真逆の成り行きで成功している。都心ど真ん中にある大きなレストランなので、地面のコストは高い。普通であれば最初からフル稼働させたくなるところだ。それでも、慌てず騒がずじっくりとファンを増やす。オープンからの時間に比例して顧客が増えていく。「６th」は積分型戦略が本領を発揮した例だ。

ＰＤＳの戦略の根底には「すぐに役に立つものほど、すぐに役立たなくなる」という思想がある。「インスタグラムでバズらせて……」というような即効性のあるプロモーションをしない。そもそも「気がイイ空間」という統合的な価値が顧客に伝わるには時間がかかる。コンセプトが意図する価値の総体を伝えるには、顧客に実際に来店してもらい、利用経験を積み重ねてもらうしかない。だからといって、「ポイントシステム」のようなリピーターを増やすための施策も行わない。ファン顧客による地道な口コミによって徐々に評判を高めていく。

「連れ込み」マーケティング

ＰＤＳの真骨頂は、口コミを超えた「連れ込み」マーケティングによるファン顧客の獲得にある。他にはない「気がイイ空間」を気に入った顧客が、その空間を友人や知人と共有したい気持ちになる。口頭やＳＮＳで価値を広める口コミにとどまらず、実際に仲間を連れて来る。連れてこられた人は既存顧客と親しい関係にある。「類は友を呼ぶ」なので、趣味嗜好が似ている。彼らもＰＤＳの「気がイイ空間」に魅力を感じる可能性が高い。こうした「連れ込み」が連鎖することによって顧客ベースが拡大する。ビジネスとプライベートの両方で利用する顧客も多い。仕事の会食でＰＤＳの店舗を訪れた夫が、その雰囲気を好きになり、次の機会には家族を連れてくるという流れが生まれる。

「連れ込み」マーケティングには時間がかかる。しかし、ひとたび動き出すと、強力かつ息が長いマーケティングの武器となる。上述した「6th」にしても、このような成り行きでじっくりと売り上げや客数を伸ばしてきた。

価値を積分するＰＤＳの戦略は、とりわけウエディング事業で色濃く出ている。ウエディングはそもそも当日一回限りの非日常的イベントだ。本来は微分型戦略と親和性が高い。同業他社は披露宴当日に努力を集中させる。これに対して、ＰＤＳはウエディングについても一回性のイベントではなくリピートビジネスと定義している。長期にわたる顧客経験の中で積み重なっていく価値の極大化に狙いを定めている。

業界では、販売、プランニング、当日のオペレーションと分業するのが一般的だが、ＰＤＳでは同じウエディング・プランナーが会場見学時の接客から婚礼当日、その後のフォローまで担当する。ウエディング当日よりも、むしろその前後の顧客とのコミュニケーションを重視しているからだ。結婚式や披露宴の中身もパッケージ化しない。顧客とミーティングを繰り返す中で、彼らのライフスタイルや価値観に合わせて組み立てていく。

顧客の要望に合わせて披露宴の食事メニューもカスタマイズする。シェフが顧客と直接、献立内容の打ち合わせに出てくる。競合他社はこうしたことをしない。そもそも披露宴の料理には力を入れていないところも少なくない。おめでたい席に出てきて料理や飲み物の内容に文句を言う招待客はまずいない。発注者であるカップルにしても、何度も結婚式を挙げるわけではない。披露宴の最中にゆっくり料理を味わうゆとりもない。一回性のイベントでの食事は、コストダウンをする上で絶好の「力の抜きどころ」となる。

ところがPDSは料理とワインにコストをかけ、質の向上に努めている。結婚するカップルだけでなく、招待客の満足を重視している。招待客が満足することがホストであるカップルにとっても真の充足感になるという考え方だ。しかも、招待客が期待を超えた価値を体験すれば、彼らも自分の披露宴にPDSを使いたくなる。PDSはウエディング専用の（したがって結婚式のない平日はクローズしてしまうような）施設を持たない。必ずホテルやレストランが併設されている。ホテルやレストランの顧客が婚礼サービスを利用する。結婚記念日には招待状を送れば、婚礼サービスを利用した顧客がその後もホテルやレストランを繰り返し訪れてくれる。

このようにPDSは、その日だけの一回性のイベントのためのではなく、「また来たくなる場所」としてウエディング施設を位置づけている。顧客との長い関係性を構築することによって、リピートビジネスとして積分的価値を収益化している。

誰に「嫌われる」か

「本当のところ何を売るのか」というコンセプトの定義は、「誰に売るのか」というターゲット顧客の選定と表裏一体の関係にある。トレードオフの観点からすれば、「誰に好かれるか」よりも「誰に嫌われ（ようとす）るか」のほうが重要な意味を持つ。「全員から好かれている」は「誰からも愛されていない」に等しい。八方美人には一貫した戦略は構想できない。

時間軸を長くとって価値を積分していくPDSの戦略は、そのままターゲット顧客にも反映されている。すなわち、微分的な価値を求める客層には嫌われてもかまわないという割り切りだ。

微分的価値を重視する客層は非日常の刹那的な刺激を求める。最先端のデザインのホテル、流行のキラキラしたウェディング、特別なメニューのあるレストランを好む。SNSが隆盛の今日、彼らの欲求の中核には自己顕示がある。旬の場所での特別な経験をスマホのカメラで撮り、即座にインスタグラムに載せる。

PDSの披露宴は、結婚する2人が招待客をもてなす場として位置づけられている。だから花嫁花婿は舞台の上に乗らない。新郎新婦が下りて来る螺旋階段もない。「白亜の御殿のお姫様」というような非日常の演出もしない。一定の人数以上の大規模な披露宴は受けない。非日常の刺激を求める顧客層にとっては物足りないだろう。

そのコンセプトからして、自己顕示や非日常の刺激よりも、よりパーソナルな充実や内面的な満足を求める人々をPDSはターゲットにしている。彼らはそのときどきの流行に踊らされず、自分自身のセンスを大切にしている。PDSは披露宴を結婚式当日だけのものではなく、カップルの過去と未来の一部としてプロデュースしている。「気がイイ空間」の創出にとって、顧客の醸し出す雰囲気が決定的に重要となるのは言うまでもない。微分的な価値を求める自己顕示的な客層が押し寄せてしまえば、雑な空間になってしまう。彼らからあえて嫌われることによって「気がイイ空間」は完成する。

持続的競争優位の正体

以上のPDSの競争戦略についての考察から、「なぜPDSの収益性が競合他社よりも高いのか」「なぜ高収益を長期的に持続できているのか」という問いに対して2通りの説明が導き出せる。

第1の説明は、ＰＤＳの戦略の模倣障壁に注目するものだ。ＰＤＳの収益性が高いことは業界で知られている。ＰＤＳが個々の具体的な施策として何をやっているかは見ればわかる。しかし、戦略の起点にして終点にあるコンセプトは模倣が難しい。ここに模倣障壁の基盤がある。ＰＤＳがあれやこれやの打ち手を繰り出して実現している「気がイイ場所」という統合的な顧客価値はそう簡単には真似できない。本質的な顧客価値を要素に還元して説明できないということは、競合他社にも競争優位の実体がつかめないということを意味する。「気がイイ場所」をもたらしている原因が特定できない。あまりに複雑性が高く、個別の打ち手との因果関係が判然としない。顧客にしてもＰＤＳのホテルやレストランやウェディングの「何が良いのか」を説明できない。したがって、類似の価値を提供する他社を思いつかない。ＰＤＳの提供する空間がその顧客にとって他に代替できない特別のものとなる。

ＰＤＳのメニューや店舗デザインを真似することはそれほど難しくない。現に、競合他社の中にはＰＤＳの商品や店舗設計をあからさまに模倣しているところもある。しかし、そうした表面にある要素を忠実になぞるだけでは、「気がイイ場所」は再現できない。

とりわけ模倣が難しいのは、ＰＤＳの競争力の中核を支える人材だ。特定の分野でのスキルを持つ人材ならば、コストさえかければすぐに獲得できる。スキル開発の方法や定型的な評価システムも用意されている。しかし、センスを見極め、「イイやつ」を採用し、日常の仕事の中でセンスが育つ土壌を耕すマネジメントは一朝一夕ではできない。きわめてノウハウの密度が濃い。膨大な人数を相手に手間暇かけた面接をしていく中でしかうまくできない。事実として、ＰＤＳはこれを20年間やり続けているのである。

さらに言えば、ＰＤＳの積分型戦略には、社内の人材だけでなく、顧客までを巻き込んだダイナミックな好循環の論理が組み込まれている。これが模倣障壁を一層高めている。ＰＤＳの店舗は顧客にとって「また来たくなる場所」であり、「一度行ってみたい場所」ではない。利用経験を重ねるほど価値についての顧客の理解が深まり、また来たくなる。来れば来るほど経験が記憶として積み重なり、「気がイイ空間」の価値はますます増大する。他社がPDSに近づこうとしても、その時点でPDSはさらに先を行っているので、追いつけない。

第2の説明は、競合他社の「動機の不在」に注目する。すなわち、「真似できない」のではなく、そもそも真似しようという動機を他社が持たない。もっと言えば、他者の目にはPDSの戦略が「真似したくない」ものに映る。他社は模倣しようとするどころか、むしろPDSのポジションから意識的に距離を置こうとする、という説明だ。

私見では、第1の模倣障壁よりも、第2の動機の不在にこそPDSの持続的競争優位の正体がある。

戦略の基盤にあるトレードオフは、「あちらを立てれば、こちらが立たず」という論理に基づいている。Aを取れば、Bを失う。Bを選択すれば、Aはできない。このときに、AとBの有効性が同等であれば、単純に「一長一短がある2つのどちらを取るか」という問題になる。これが「普通の（ニュートラルな）トレードオフ」だ。しかし、競合他社の主観において、有効性がA＞Bに見える「強いトレードオフ」があったとしたらどうか。Aを取ってBを捨てるのが、（少なくとも主観的には）合理的な戦略となる。

ブランドを統一しなければ、幅広いブランド認知による範囲の経済は手に入らない。個店経営にこだわれば、標準化による効率を喪失する。歴史と文化を背負った特別な物件が出てくるのを気長に待っていれば、急速な新規出店による成長機会を追求できない。人材の供給を新卒採用に求めれば、業界での経験がある即戦力人材に手を出せない。そもそも人手不足になる。キャパシティに合わせて人を割り当てず、人に合わせて客席を減らせば、貴重な資産の回転が犠牲になる。ウエディングの料理や飲み物を充実させると、原価低減のチャンスをみすみす失うことになる――PDSはありとあらゆる側面で一見して非合理に見えるBを選択している。他社は「合理的」な損得勘定に基づいてAを維持し、Bにリポジションしようとしない。したがって、PDSのポジションはいつまでたっても脅かされず、独自性が持続する。ここにPDSの戦略の妙味がある。

業界屈指の「ステイヤー」

一時的に競争優位を獲得できても、それを持続できない企業が多い。利益を出すよりも出し続けるほうがずっと難しい。この傾向はＰＤＳが競争している業界でとりわけ顕著だ。

しかし、ＰＤＳにはこの一般論が当てはまらない。むしろ逆だ。長い時間軸上で徐々に価値を積分していく戦略からすれば、短期利益を出す方よりも長期利益を獲得するほうがラクなのである。より正確に言えば、ＰＤＳの競争戦略は長期戦においてのみ効力を発揮する。

競走馬には距離適性がある。１２００メートルの短距離競走に強いスプリンター、１６００メートルから２０００メートルの中距離に適したマイラー、３０００メートル以上の長距離を得意とするステイヤー、それぞれが力を発揮する距離は異なる。スプリンターが長距離競走に出走したら最後まで持たないし、ステイヤーが短距離の直線一本勝負に出ても勝ち目はない。

この競馬の比喩で言えば、ＰＤＳははっきりとステイヤーに分類される。距離１２００メートルの高松宮記念に出走しても勝てない。安田記念（１６００メートル）でもまだ苦しい。ところが、有馬記念（２５００メートル）になると強い。３２００メートルの春の天皇賞ならぶっちぎりで勝つ。ここにＰＤＳの競争優位の核心がある。

ＰＤＳが競争する業界でステイヤーは稀少な存在だ。ホテル、レストラン、ウェディングの商売はいずれも「嗜好品」を売っている。嗜好には流行り廃りがある。他社は顧客が飽きることによる陳腐化を何よりも恐れる。時間の経過が敵になる。新しいニーズに素早く対応し、価値の微分値を追求する。旬の流行に乗って短期間のうちに成功するスプリンターになろうとする。ＰＤＳはこの種の短期決戦の商売はできない。そもそも出走するつもりもない。ＰＤＳの戦略にとっては、時間が最大の味方だからだ。

その戦略からして、ＰＤＳは急速な成長を追求できない。もちろん長い目で見れば、創業以来ＰＤＳは着実に成長している。しかしそれは振り返ったときに分かる「結果としての成長」だ。PDSがやっていることは、あらゆる点で（短期間での）成長とトレードオフの関係にある。

PDSは非上場企業だ。「未」上場企業ではない。今度とも上場する意思はない。それは理にかなっている。株主は上場企業に成長を要求する。四半期ごとの売上利益のグラフの傾きに神経をとがらせる。不特定多数の株主が経営に強い影響を持つ上場企業であれば、PDSがその戦略を貫くのは容易ではない。

PDSの戦略にとっての最大の脅威は、業界そのものが衰退することにある。しかし、新型コロナのパンデミックは、PDSの事業立地の頑健性を逆説的に証明したといえる。

緊急事態宣言で不要不急の外出は自粛を余儀なくされ、PDSの商売も大きな打撃を受けた。ところが、宣言がいったん解除されると、「THE AOYAMA GRAND HOTEL」のレストラン「BELCOMO」はすぐに人で溢れた。その後、第2波、第3波が押し寄せて、その都度来客数は減少したが、落ち着くと人が戻ってくるというサイクルを繰り返している。

PDSの商売は一見して不要不急に見える。しかし、実際のところ「重要至急」なのである。人間は社会的な動物だ。仲間や友人、家族や恋人と会い、語り、食べたり飲んだりしながら笑い合うことができる空間を求める。これは普遍にして不変の人間の本性だ。

飲食や旅行、イベントやエンターテイメントなど、不要不急に見える商売ほど人間の本性に根差している。人間の本性を直撃する商売ほど、骨太の需要に支えられている。PDSの事業立地には底堅いものがある。何よりも、PDSが提供しようとする「気がイイ空間」は絶対にデジタルで代替できない。業界屈指のステイヤーにとっては、むしろ好条件がそろいつつある。未来は明るい。

２０２１年９月

ＤｅＮＡのＤＮＡを考える

ＤｅＮＡのキュレーション・メディア事業の問題が耳目を集めている（注：２０１６年にＤｅＮＡのヘルスケア情報キュレーションサイト「ＷＥＬＱ」で不正確な内容や著作権侵害の医療記事が大量に存在することが発覚。ＤｅＮＡの他のキュレーションサイトでも同様の情報の信頼性や著作権侵害の問題が次々明らかになった）。競争戦略の視点から企業経営を論じる仕事をしている筆者からすれば、今回の騒動は興味深い題材を提供している。その表層においては「ドタバタ劇」なのだが、深層には経営についての重要な論点が潜んでいる。筆者の考えを述べておきたい。

本稿の議論の前提として以下の４点を強調しておきたい。第１に、経営者の立場に立った「内在的な議論」を意図しているということ。もちろん筆者もＤｅＮＡのキュレーション・メディア事業に問題がないとは思わない。しかし、それは多くの記事やNewsPicksのコメントにみられるような「モラルなきカネの亡者」とか「南場さんがかわいそうだ」というような話ではない。なぜこのようなことになったのか、どこに問題の淵源があったのか、これからのＤｅＮＡはどうあるべきなのか、できるだけ経営当事者の立場に拠った議論をする。読者にも「もし自分がＤｅＮＡのような会社を経営していたとしたら、どうするだろうか」という視点で読んでいただきたい。「内在的」とはそういうことだ。

第２に、だからといって、ことの発端となった「ＷＥＬＱ」の医療・健康に関する不正確な記事が社会規範に反するのは議論の余地がない。本稿にしても、これを「ひとつの経営判断」として許容しようとするものではない。また、著作権の侵害やそれを誘発するような記事作成のオペレーション、会社が記事作成を発注しておきながら、著作権に関わる責任を回避し、これを受注側の記事作成者におしつけるというやり口、こうした指摘が事実であるとすれば、それは単純に「ルール違反」であり、経営の巧拙以前の問題である。もとより、こうした杜撰なやり口は、キュレーション・メディア業界に蔓延しており、ＤｅＮＡに限った話ではない。業界全体で是正していく必要がある。

第3に、本稿の議論は新聞や雑誌、NewsPicksを含むさまざまなインターネット・メディアに掲載された報道や論説、ＤｅＮＡ経営陣の記者会見など、２０１６年12月16日までに公開された情報のみに依拠している。ＤｅＮＡという会社やそのキュレーション・メディア事業について、筆者独自の一次情報をもっているわけではない。内在的な議論を意図するため、経営の意思や意図に踏み込むが、それはすべて筆者の「論理的な推測」であることをお断りしておきたい。

第4に、この文章はわりと長い。全体で2万字近くになる。筆者の論点や経営を俯瞰する枠組みを一通り説明しておかないと、肝心のＤｅＮＡについての議論が意味不明になる。したがって、どうしても話が長くなる。筆者はこれまでもNewsPicksの読者から「お前の文章はスマホで読むには長すぎる」とさんざん罵倒されてきた。スマホで読む読者は念頭に置いていない。まとまった文章を読むのが嫌いな方は、今回もアタマにくること請け合いなので、ここで読むのをやめていただきたい。

企業行動の評価は戦略に依存する

まず確認しておきたい。長期利益の創出、ここに企業活動の一義的な目標がある。古今東西、長期利益は経営の優劣を示す最上の尺度だ。これは何も「カネ至上主義」という話ではない。長期利益を稼いでいれば、投資家が評価し株価も上がる。配当も払える。雇用も作って守れる。給料も払える。納税して社会貢献もできる。しかも、真っ当な競争があれば、長期利益は顧客満足のもっともシンプルかつ正直な物差しとなる。競争の中で持続的に利益が出ているということは、その企業の製品やサービスに価値があるということの何よりの証拠だ。長期利益はすべてのステークホルダーをつなぐ経営の基本線だ。

ＤｅＮＡについて「利益至上主義」という批判がある。一瞬だけ刹那的に儲けるというのではなく、それが持続可能な利益を追求するものであれば、上述した理由で「金儲け」はまったく悪いことではない。むしろ稼げない企業こそ、商業的にはもちろん、社会的にも悪だ。

事実としてＤｅＮＡは一定水準の利益をたたき出してきた。問題となったキュレーション・メディア事業はさておき、２０１６年までのＤｅＮＡの経営には合格点がつけられる。２０１２年のピーク時と比べれば、売上、営業利益、営業利益率ともに下がってはいるが、ゲーム事業の大ヒットで業績が吹き上がった当時のほうがむしろ「異常値」だった。現在のＤｅＮＡは収益構造の転換期にあるが、業績のピークを過ぎたあとも、この数年の株価は総じて堅調だ。これまでの実績からして、投資家も今後のＤｅＮＡに一定の期待をしているといえる。

長期利益の創出はあらゆる商売に共通の原理原則だが、どのように稼ぐかという手段、すなわち戦略はそれぞれに異なる。ある経営行動の巧拙は単一の基準では判断できない。特定のアクションやディシジョンが「正しい」かどうかは、その企業が採っている戦略に依存する。ある戦略を採っている企業にとっては良い打ち手でも、異なる戦略を採っている企業にとっては悪手となる。背景にある戦略と切り離して、特定のアクションの良し悪しを論じても意味はない。

筆者が監訳した本のひとつに『道端の経営学』がある。同書の中で、著者の一人であるマイケル・マッツェオが「マイクの法則」というものを提示している。マイクの法則は２つの命題から成り立っている。

マイクの法則１　「すべては場合によりけりである」
マイクの法則２　「場合によりけりでなければ戦略ではない」

言うまでもないが、マッツェオは皮肉をこめて「法則」という言葉を使っている。戦略とは一般的な「正解」なり「法則」が存在しない世界であるということをよく示している。

しかし、すべてがケース・バイ・ケースだといってしまえばそこで思考停止になってしまう。大まかにでも「何によりけりなのか」を特定しておいたほうが建設的な議論がやりやすい。つまり、多種多様な企業を俯瞰し、その戦略を類別する枠組みが必要になる。

O企業：オポチュニティを追いかける

筆者のアイデアはごくシンプルで、それは長期利益獲得の軸足がどこにあるかに注目した俯瞰的な枠組みである。ゴールが長期利益である以上、意図する長期利益の源泉に注目して、企業の戦略なり経営スタイルを区別しておくと、話がすっきりする。

利益の源泉には大別して2つある。ひとつが外部環境がもたらすオポチュニティ（機会）、もうひとつがその企業が自ら内部でつくる価値のクオリティ（質）である。どちらに軸足を置くかでオポチュニティ企業（以下、O企業）とクオリティ企業（Q企業）に分かれる。この2つはどちらが「良い」という話ではない。「良し悪し」ではなく、長期利益へのアプローチの「違い」に注目した類型論だ。

O企業にとっては、外部環境から生み出されては消えていくオポチュニティをいかに早く（もしくは適切なタイミングで）強い握力で捉えるかが勝負になる。そこで意図される競争優位は「先行者優位」や「規模の経済」。O企業にとってはトップラインを引き上げていくことが一義的な関心となる。成長を追求すれば、利益はあとからついてくる。これがO企業の基本スタンスだ。

これまでの中国やこれからのミャンマーなど、高度成長期を謳歌している新興国では、O企業が躍進する。かつて高度成長期の日本もそうだった。こうした成長期にある経済圏では、次々と新しい収益機会が湧き出てくる。人口が増える。どんどん家が建ち、道路ができる。消費者の所得も右肩上がりで、クルマや家電製品などの耐久消費財に対する消費意欲は旺盛になる。O企業が主役になるのはいたって自然な成り行きだ。

Ｏ企業では、「聡明で強い本社」の積極果敢な意思決定が不可欠になる。オポチュニティに富んだ事業立地を見極め、機動的に戦略的意思決定をし、素早く参入し、いち早く成長し、競争市場で支配的な地位を確保する。厳正な事業の業績評価に基づいて、資源投入にメリハリをつける。上手くいかなければ見切りをつけ、迅速に撤退する。こうした本社レベルの意思決定がＯ企業の経営の駆動力であり、成否のカギは何よりもトップマネジメントの判断能力にある。

さまざまなオポチュニティをモノにしようとするＯ企業は空間的に間口を広くとる。その論理的な帰結として、Ｏ企業はその内部にさまざまな事業を抱えたポートフォリオという形をとることが多い。中国など東アジアの新興国の巨大企業は、いくつもの事業からなる広範なポートフォリオを抱えた「財閥型」になる。これはＯ企業の典型的な成り行きだ。韓国にサムスンやヒュンダイ（現・ヒョンデ）といった超大型企業グループが形成されたのも、高度成長期に次々にオポチュニティを取りに行った結果である。さらに時代を遡れば、日本の三菱財閥や三井財閥の成立も同じ経緯をたどっている。岩崎彌太郎や渋沢栄一はとんでもないスケールのＯ企業経営者であったといえる。

Ｑ企業：クオリティを深耕する

しかし、いつまでも成長期が続くわけではない。マクロで見れば、経済が成熟するにつれて、稼ぐ力の源泉は、企業を取り巻く外部の機会から企業内部でつくり込む独自価値へとシフトするのが一般的な傾向である。「成熟した成熟期」にある日本やヨーロッパでは、Ｏ企業よりもＱ企業が前面に出てくる。

Ｑ企業の条件は次の５つ。（1）立ち位置（事業領域）を明確に絞り込み、（2）そこで一貫した戦略ストーリーをもち、（3）競合他社と差別化した独自の顧客価値を創出し、（4）それゆえ長期利益を稼ぎ、（5）結果として成長を実現する。Ｏ企業が量的成長を一義的に追求するのに対して、Ｑ企業にとっての成長は、長い時間をかけて顧客価値を練磨した結果としての成長である。

O企業が空間軸で間口を広く取るポートフォリオ経営であるのに対して、Q企業は時間軸での事業の深掘りで勝負する。時間をかけてその事業を練磨し、他社が容易に模倣できない価値を実現し、それをテコにして長期利益を実現する。

つまり、Q企業のカギは「専業性」にある。洋服のファーストリテイリング、エアコンのダイキン工業、モーターの日本電産（現・ニデック）、精密加工装置のディスコ、靴小売りのABCマート、ホテルやレストランのオペレーションのプラン・ドゥー・シー、リゾートホテルや旅館を運営する星野リゾート――製造業かサービス業か、BtoBかBtoCかを問わず、いずれも特定の事業領域を継続的に深耕することによって長期利益を稼いでいるQ企業だ。

Q企業にとっての成長は目的というよりは結果である。ユニクロはこの数年急速にグローバル化を進めている。確かに海外の成長市場はユニクロにとって重要な成長機会を提供している。しかし、闇雲に機会を求めて海外に進出したわけではない。グローバルな成長にしても、長い時間をかけて磨きをかけた独自の価値が海外でも通用したからだ。一義的に成長を追求するO企業とは物事の優先順位が異なる。

日本の元気なO企業

成熟した日本にも、もちろん元気なO企業はある。DMMは、創業者である亀山敬司氏の抜群の商売勘で積極果敢にオポチュニティを取りに行く（そして、見込みが外れたときは迅速に撤退する）ことを繰り返して成長してきた。DMMはO企業の好例である。「亀チョク」として知られるユニークな仕組みは、オポチュニティを取り込むメカニズムとして理解できる。

日本のO企業のチャンピオンといえば、何といっても孫正義氏率いるソフトバンクだろう。ソフトバンクはもはや「オポチュニティ帝国」といってもよい。これは、という成長機会があれば、桁違いの投資もいとわぬ買収で勝負に出る。孫さんには「オポチュニティ大魔王」の尊称を奉りたい。その勝負勘と胆力は「現代の岩崎彌太郎」の感がある。

最近のニュースで言えば、3兆3000億円を投じた英国のARMの買収。これが成功するかどうか、答えが出るまではまだ時間がかかるが、少なくとも意思決定としてはO企業の面目躍如たるものがある。普通の感覚で言えば、明らかに「高値づかみ」だろう。しかし、デカいオポチュニティを全力でつかみに行くというのはそういうことだ。

面白いことに、ソフトバンクの社外取締役を務める日本電産の創業経営者、永守重信氏が直後に「私だったら3300億円でも買わない」というコメントを出している。日本電産とソフトバンク、どちらもアグレッシブな経営に見えて、その実、利益創出の軸足は正反対だ。O企業であるソフトバンクはアウトサイドインのアプローチで、あらゆる成長機会を次から次へと追いかける。そこでの意思決定の基本ロジックは「投資」。孫さんは経営者というよりも本質的には投資家だ。

これに対して、日本電産は時間をかけて独自価値を練磨していくQ企業。あくまでも「事業」のロジックで動いている。日本電産もM&Aを成長のドライブとしてきたが、そのアプローチはインサイドアウトで徹底している。モーターの分野に間口を限定し、そこで自社が培ってきた強みがそのまま生かせる企業に限定して、値段を見極めて慎重に買収する。したがって、同じM&Aをするにしても、一見して地味な案件ばかりになる。このように、利益創出の軸足が異なるO企業とQ企業とでは、「よいM&A」の基準もまったく異なる。ソフトバンクにとっての「よい買い物」は日本電産にとっては最悪だし、逆もまた真なりということだ。それはO企業とQ企業の違いからして当然であり、こういう個別性が経営の面白いところだ。

DeNAは徹頭徹尾O企業

ようやく本題に入る。ここまでお読みいただいた読者の方々はとうにお気づきだと思う。DeNAはあからさまなO企業だ。日本の上場大企業の中で、ソフトバンクの次にO濃度が強い会社かもしれない。いずれにせよ、「DeNA＝徹頭徹尾O企業」、これが以下の議論の大前提だ。ここをきっちりと押さえておかないと、同社の経営を評価することはできないし、キュレーション・メディア事業でなぜあのようなことが起きたのかが分からなくなる。

インターネットは前世紀の終わりに生まれた超大型オポチュニティだった。この100年に一度のオポチュニティを眼前にした南場智子氏が「熱病にかかって」創業したのがDeNAという会社だ。DeNAには「オポチュニティを追いかける」というDNAが埋め込まれている（ただし、著者の見るところ、南場氏は守安氏よりも若干Qよりの経営者であると思う。現在のO路線は守安氏がCEOになってからとくにはっきりしてきた）。

DeNAだけでない。経済全体としては成熟している日本でも、インターネットやその後のモバイル、スマートフォンのような、技術革新が次から次へと生まれる成長産業ではオポチュニティが頻発する。インターネットという「世紀のオポチュニティ」をとらえて始動したベンチャーは、その多くがO企業だ。

特筆すべきことは、オポチュニティをとらえ、それをものにし、（さらに重要なこととして）手を出した事業をきっぱりと見切り、次のオポチュニティへと転進する能力において、これまでのDeNAが傑出した存在であるということだ。インターネット・オークションサイトの「ビッダーズ」から始まり、「ビッダーズショッピング」、携帯電話の3G化とパケット定額課金の機会をとらえた「モバオク」「モバゲータウン」を経て、2009年のソーシャルゲーム「怪盗ロワイヤル」の大ヒットに至る。この間の「オポチュニティの波乗り」は見事としか言いようがない。

ＤｅＮＡは凡百のベンチャー企業ではない。実績においても経営能力においても「筋金入りのＯ企業」なのである。これをゼロから創り上げた南場氏は日本を代表するＯ企業経営者といってよい。彼女からバトンを受けたＣＥＯの守安功氏（注・当時）も、その実績と経験からして、Ｏ企業の経営者として優れた人物であることは間違いない。

上手くオポチュニティをつかまえたとしても、その波はいつまでも続くわけではない。Ｏ企業の経営者は痺れるような意思決定をしばしば迫られる宿命にある。モバゲータウンの全盛期、南場氏は収益源としていたアバター課金の売上げの急激な拡大が理解できず、守安氏に何度も「いつまで伸び続けるの？」と尋ねた。守安さんの答えは「問題はそれがわからないことなんです。どこまで伸びるかわかりません。いつ止まるかもわかりません。でも永久に伸び続けることはないと思います」――ＤｅＮＡの経営陣はこうした局面に何度も直面し、難しい意思決定を果断に下すことによって「突撃と転進」を繰り返してきた。その経験の深みは外部からは容易に想像できないレベルにあると推察する。

今回の騒動のあとに、「利益追求ばかりで志がない」「理念が希薄」「何が本業なのか」「腰を据えて事業に取り組むというコミットメントが感じられない」という類いのコメントが頻出している。しかし、筆者にいわせればこうした批判は筋違いだ。ＤｅＮＡのように徹底したＯ企業には、「本業」という概念がそもそも当てはまらない。理念がない、志がない、魂がないというけれど、「迅速果敢にオポチュニティをとらえ、そこで一番を目指す勝負をする」、ここにＤｅＮＡのブレない理念と志があり、そうした勝負に魂と情熱を込めているのである。それは同じＯ企業であるソフトバンクにも（さらに大きなスケールで）当てはまる。

個別事業レベルでの一貫性がないことにおいて一貫している。ひとつの事業に腰を据えないということにおいて腰が据わっている。逆説的な表現になるが、Ｏ企業の経営というのはそういうものだ。オポチュニティの波乗りの過程でいくつもの「ハズレ」が出てくるのは避けられない。ある局面で「不格好経営」になるのは当然だ。

コーポレートディレクションの占部伸一郎氏が次のようなコメントをしている。「個人的にはピボットを繰り返した＝儲かれば良い拝金主義と短絡的に結論付けるのは的はずれと思う。ビジネスの寿命が短い業界において旬をとらえ、実行力とスピードで勝つというのは、この業界での勝ちパターンのひとつ。ＤｅＮＡ以上に本業を変えてきたソフトバンクとかどう見ます？　と問いたいですね」――まったくその通り。これまでのＤｅＮＡの経営は、Ｏ企業として筋が通っている。

キュレーション・メディア事業参入の文脈

ソーシャルゲームの大波が一段落したあと、ＤｅＮＡは一段と間口を広げ、これまで以上に数多くのオポチュニティを同時並行的に追求し始めた。球団経営、多種多様なスマホアプリ事業、自動運転、カーシェアリング、遺伝子検査サービスの「ＭＹＣＯＤＥ」から「ロボネコヤマト」まで、ポートフォリオを加速的に拡張している。モバゲータウン当時とは比較にならないほど豊かな経営資源を持つようになった大企業のＤｅＮＡにしてみれば、めぼしいオポチュニティに総張りするのは自然な成り行きだ。Ｏ企業の理にかなっている。

問題となったキュレーション・メディア事業はそうした数多くの新規事業のひとつだ。キュレーション・メディア事業はあくまでも新規事業のワン・オブ・ゼム。現時点では会社全体の売上高に占める割合はごく限定的であることに注意されたい。

オポチュニティのひとつとしてキュレーション・メディアという種目を選んだこと、これにしても合理的な理由はいくつもある。第1に、何といっても参入した２０１４年時点でスマホアプリを通じた情報サービスは急成長が見込めたということ。第2に、インターネットの分野で成功してきたＤｅＮＡにとって、技術的にも市場的にもこれまでの事業との親和性が高く、「土地勘」がある事業だということ。第3に、オリジナル・コンテンツを作りこんでいく必要がないキュレーション・メディアは、限りなく参入障壁が低く、スピードを重視して手っ取り早く始めるには適した事業であるということ。第4に、成長分野で、かつ参入障壁が低いということは即時多数乱戦状態になることを意味しているが、投入可能な資源という意味で、大企業であるＤｅＮＡは、有象無象の新規参入ベンチャーに対して一定の競争優位を持っているということ。第5に、水平的なプラットフォーム（例えばインスタグラムやユーチューブ）に比べて、垂直的なメディアは言語（日本語）や文化に深く依存するので、当初は市場が日本に限られる反面、海外の競合他社の脅威が小さいということ。

そして最も重要なポイントとして第6に、キュレーション・メディア事業は退出障壁もまた極めて低い。新しいオポチュニティをとりにいく以上、失敗する可能性は排除できない。期待通りにいかず見切りをつけるということになった場合でも、キュレーション・メディア事業に固有の専用性の高い資源は少ない。メディアという事業の性質からして人手や手数はかかるにしても、人材は他の成長分野に転用できるし、ヒトや組織に蓄積されるノウハウも将来有用な資源になり得る。ようするに、その性質からしてキュレーション・メディアはいざとなったら手仕舞いしやすい商売なのである。

質の異なる事業に分散するのはポートフォリオ経営の鉄則である。球団経営のような投資において「重たい」事業や、自動運転や遺伝子検査など外部企業と連携した時間軸において「長い」事業に次々と張り込むなかで、キュレーション・メディアという「早くて軽い」事業をポートフォリオに入れておくというのは合理的な意思決定といえる。

参入戦略としてスタートアップ2社、具体的にはiemoとペロリ（旧ＭＥＲＹ」の運営会社）を買収するという手をとったのも理にかなっている。いずれも短期間で一定数のユーザー獲得に成功したベンチャーである。自社の内部資源で立ち上げるよりも、スピードの点で有利となる。

キュレーション・メディア事業に参入後、ＤｅＮＡは食の分野に特化したキュレーション・メディア「ＣＡＦＹ」を立ち上げ、旅行の分野で「Find Travel」を買収する。その後、旧ＭＥＲＹ以外のキュレーション・メディアを統括する事業部門として「ＤｅＮＡパレット」を設立し、メディアの横展開を加速させる。

それぞれが特定の分野に特化したメディアである以上、一定のノウハウを獲得したあとに横展開を図るというのは、ごく自然な選択だ。無形資源の同時多重利用という意味でも戦略の定石だ。ＤｅＮＡは衣食住、旅行以外にも、カーライフ、エンターテイメント、お金、子育て、男性ファッションと、さまざまな分野に対応したメディアを立て続けにリリースした。そのひとつが、問題の発端となったＷＥＬＱだった。

競争戦略の不全

ことほど左様に、ＤｅＮＡの経営はＯ企業として一貫している。トップマネジメントの意思決定も筋が通っている。そのひとつとしてのキュレーション・メディア事業への参入にも十分に合理的な理由がある。ここまでのＤｅＮＡの経営なり戦略には批判されるべき要素はない。

問題があったのは、ＤｅＮＡという「会社（本社）の経営」ではなく、キュレーション・メディアという「事業の経営」だ。この２つを明確に区別して考える必要がある。

キュレーション・メディア事業の運営は、確かに拙速で粗かった。クラウドソーシングを通じて外部ライターに短期間で大量の記事作成を発注するというやり方はいかにもコンテンツの水増しだ。内部にライターを確保し育てるといっても、インターンやアルバイトを採用してマニュアルに基づいて大量の記事を量産するというやり口は、クラウドワーカーに発注するのと本質的には変わりがない。はじめから質の高いコンテンツを届けようという意思は希薄。言葉は悪いが「確信犯」だ。

この辺が「ユーザーに向き合ってない」「粗製乱造の金儲け主義」という批判になる。もしNewsPicksがオリジナル記事や明確な編集方針のない「ただの経済・ビジネスニュースのまとめサイト」であったとしたら、読者からの課金など到底成り立たないだろう。ましてや、仮にクラウドソーシングで外注したライターがコピー＆ペーストで的外れなコメントをつけまくっていたとしたら、それこそタダのクズ情報であり、誰も見向きもしないだろう。

しかし、だからといって筆者はＤｅＮＡのキュレーション・メディアの「確信犯的拙速」を全面的に否定するつもりもない。ＤｅＮＡとユーザベース（NewsPicksの運営会社）とではその起点にある戦略意図がまるで異なる。インターネットの情報サービスという大括りでいえば両者は類似の業界にいる。しかし、利益創出の軸足は異なる。ＤｅＮＡが徹頭徹尾Ｏ企業だとしたら、一方のユーザベースはＱ企業を志向している。

すでに強調したように、Ｏ企業の生命線はトップラインの成長にある。キュレーション・メディアでいえば、ＰＶ数やそのための検索上位への誘導がＫＰＩとなるのは当然の成り行きだ。質と量はトレードオフの関係にある。初期の段階では、質を犠牲にしてでも成長する。こうした成長の追求に強く傾斜した優先順位づけ（あっさりいえば「割りきり」）がなければ、Ｏ企業は本領を発揮できない。

クオリティが生命線のNewsPicksにとって良いこと、例えば手数をかけてユーザーのコミュニティを運営したり、労力をかけてオリジナルの記事を作り込む（現に筆者もわりと時間をかけてこうした「オリジナル・コンテンツ」を書いているわけですが……）といったことは、旧ＭＥＲＹにとっては良いどころか、かえって害がある。ひとつひとつの記事にいちいちコストや時間をかけていれば、短期的な成長が阻害されるからだ。

このことは、ＤｅＮＡがヘルスケア事業のひとつとして手がけていた「Ｍｅｄエッジ」というメディアの成り行きが身をもって証明している。しっかりとした医療情報を人々に周知することを目的としたメディアで、南場氏が取締役として統括していた事業だ。ドクターを監修者として配置し、プロの医療ライターを起用して信頼性の高い専門的な医療情報や知識を発信していた。しかし、ユーザー数が期待通りに伸びないという理由から、その後ＷＥＬＱに吸収されている（５０００あった記事のうち３０００がＷＥＬＱに転載された）。ＭｅｄエッジはNewsPicksのように、読者への課金を射程に入れるようなクオリティ・メディアとして構想され運営されていた。しかし、そうした最初からクオリティを作り込んでいくような商売はそもそもＤｅＮＡというＯ企業の間尺に合わなかったのだろう。

WELQに不正確な記事がなく、グレーな運営問題も顕在化せず、表面上は平穏無事にDeNAのキュレーション・メディアが続いていたらどういうことになっただろうか。

ちなみに筆者は「キュレーション・メディア」という類いのものにはまったく興味も関心もない。個人的な好き嫌いでいえば、はっきりと嫌いである。そんなものを読むのであれば、じっくりと本を読んだり、考えごとをしていた方がよほどいい。たとえ「すきま時間」であったとしても、その手の雑駁な記事を読むよりは、好きな音楽を聴いていた方がイイというクチだ。ただし、これは個人的な好き嫌いに過ぎないし、筆者はDeNAのキュレーション・メディアのターゲット・ユーザーをまったく代表していない。だから、WELQも旧MERYもiemoも実際に見たことはない。見ようと思っても現在は閉鎖されているので見られない。

見たこともない人間の想像なのでいい加減な話だが、一口にDeNAのメディアといっても玉石混交で、業績やクオリティには大きなばらつきがあったという（この辺、「……という」言い回しがキュレーション・メディアのようで恐縮です。実際に見ていないので、そうとしか言いようがない）。ファッション業界の友人の印象を聞いてみると、DeNAのキュレーション・メディアの中でもMERYは確実に読者をひきつけており、広告効果も十分にあるという（←あやふやな伝聞情報で恐縮ですが、この原稿はクラウドワーカーでなく僕が自分で書いているのでご心配なく）。石川晴康氏（当時はストライプ・インターナショナル代表取締役社長）は「メリーはアパレル業界にとって重要なキュレーションメディア。一刻も早く開始してくれる事を望む」とコメントしている。

10のメディアの中で、旧MERYはもっとも成功していた。初期の段階では「質より量」で突っ走るにしても、一定のプレゼンスを獲得したあとは徐々にコンテンツのクオリティも引き上げ、それをテコにさらに読者を拡大していくという好循環の可能性もあった。

ただし、である。旧MERYのように特定少数の有望なメディアはあるにせよ、DeNAのメディア事業についていえば、今回騒動になった諸問題はさておき、総じて単純に商売として筋が悪いと思う。とりあえず成長を優先させているのは理解できるが、その後の長期利益への筋道が筆者には見えない。

事業ポートフォリオ全体を見渡して、最適な事業構成を考え、どこに出てどこから引くかを決める「全社戦略」と、個別の事業が競争の中でどのように稼いでいくのかを決める「競争戦略」は異なる。先述したようにキュレーション・メディア事業の参入にはいくつもの合理的な理由があるが、ひとたび参入した後は、勝負は事業としての競争戦略とそれに沿ったオペレーションの能力にかかっている。一連の報道に目を通す限り、キュレーション・メディア事業については、競争戦略の不全を感じる。

もっといえば、そこにあるのは達成すべき数値目標（KPI）だけで、競争戦略の不在がうかがえる。目標設定が競争戦略にすり替わってしまっている、といってもよい。本社レベルでの全社戦略と意思決定はシャープだが、キュレーション・メディアについては、事業レベルでの競争戦略がいかにもユルい。本社の経営力と事業のそれの間に大きなギャップがあるように筆者には見える。

先述したように、キュレーション・メディアという事業には「とりあえず……」「手っ取り早く……」「うまくいけば……」と過剰に安直な方向に流れる条件がそろいまくっている。しかし、それにしても物事には限度というものがある。経営陣の記者会見によれば、旧MERY以外のメディアの記事の半分以上がクラウドワーカーへの発注であり、WELQに至っては90％がそうだった。いくらなんでもこれほど安直なオペレーションでは、どんなにSEOに注力しても、事業としての持続性や発展性には大いに疑問がある。事業の第一線にいる人々は、「このまま行けばいつか限界にぶち当たる……」と不安に思いながら仕事をしていたのではないだろうか。

ただし、商売としての筋の悪さは第三者がとりたてて批判する必要もない。世評喧しいように、「粗製乱造の記事ばかり」で「コンテンツがペラペラ」であれば、消費者が使ったり読まなければいいだけの話だ。商売である以上、最終的な評価は競争市場で下される。明らかな法令違反やルール違反を別にすれば、それが評価のすべてだ。

ＤｅＮＡのキュレーション・メディアは、今回のような問題が表面化しなかったとしても、おそらくそのいくつかは十分な読者を安定的に獲得できず、したがって広告収入も獲得できず、ひっそりと閉鎖ということになったのではないか。それぞれの事業はしょせん競争にさらされているわけで、相応の価値がなければ遅かれ早かれ淘汰される。短期的には目新しさやＳＥＯなどのテクニックで跳ね上がることもあろうが、少し時間軸を長く取れば競争市場は厳然として機能するものだ。その程度には、市場メカニズムは良くできている。

問題の核心

ＣＥＯである守安氏（注・当時）が、各メディアの運営体制やマニュアルの中身を知らずにいたのはけしからん、という批判がある。素人談議としか言いようがない。最終的な結果責任は代表取締役が負うとしても、ポートフォリオが横に広がるこれほどの大企業で、会社全体のトップが個別事業の日常のオペレーションの詳細にまで手を出すというのは、現実的ではないし、するべきでもない。ＣＥＯには他にやるべき全社戦略上の仕事がたくさんある。個別事業の評価や評価基準の設定はトップマネジメントの役割だが、執行に責任を持つのはあくまでもその事業の経営者だ。競争戦略の不全は事業経営者の不全に他ならない。

これもまた筆者の印象論の域を出ないが、メディア統括執行役員の村田マリ氏（注・当時）は自身が責任を持つメディアの事業の経営執行にまともに取り組んでいたのだろうか。私見では、ここに問題の核心がある。

特化型メディアというのは糠床のようなものだ。不特定多数のユーザーに向けて情報を発信し、フィードバックを受けるというメディアの経営は、やたらと手数を繰り出す必要がある仕事のはず。日々糠床に手を突っ込むように育てていかなければ、事業の成長はおぼつかないだろう。いくらデジタルな時代であっても、こうした手数がかかる商売をシンガポールからリモートコントロールできるとは到底思えない。

メディア事業の売上げの大半を占めるという旧ＭＥＲＹは、村田氏のラインではなく、母体であるペロリ社でかなり自己完結的に運営していた。オフィスも独立していた。旧ＭＥＲＹとその他のメディアとの格差には事業レベルの経営の巧拙が色濃く反映されているように思う。

村田氏はＤｅＮＡの事業経営に参画する前から「シリアル・アントレプレナー」として知られていた。なぜ、一人の人間に連続的な起業が可能なのか。理由は単純、ひとつの事業に継続的に関与しないからだ。シリアル・アントレプレナーとは、あっさりいえば「起業専門家」だ。起業だけに情熱と力を発揮し、その後は「よきところで売却」。ゴールはその事業の長期利益ではなく、エグジットにある。村田氏はその典型のように見える。

彼女は自らiemoというメディア事業を立ち上げたのだが、メディアというサービスを消費者（というか正確には広告主）に売っていたのではなくて、商品はあくまでも自分が起業した事業、顧客は（その事業を買ってくれる）会社という認識でいたと思う。つまり、彼女が向き合っていたのは競争市場ではなく、端から資本市場だったということだ。この2つでは仕事の中身がまったく違う。

起業専門家としての村田氏が情熱溢れる有能な人物だったのは間違いない。彼女のような0から1を創る才能は貴重だ。不思議なのは、聡明なはずのＤｅＮＡの経営陣がなぜ買収後も村田氏にそのまま事業経営を任せ、メディアを統括する執行役員の職につけたのか、ということだ。

「永久ベンチャー」を標榜しつつも、大企業化の中で当初のスピリットの希薄化を危惧したトップマネジメントが、再び社内に起業家精神を吹き込む役割を期待したのだろうか。だとしたら、相当にフワフワした理由だ。それとも、戦線が横に広がる中で、単に事業を丸ごと相手にできる社内の経営人材が払底していたのだろうか。はたまた、村田氏はＤｅＮＡという大きなポートフォリオの中にある、ＤｅＮＡパレットという小さなポートフォリオの「ミニ全社戦略担当者」で、メディア商売の中身に立ち入らずに、持ち前の投資家的なセンスだけが期待されるポジションだったのだろうか。

いずれにせよ、「起業家必ずしも経営者ならず」。とくにエクジット前提の起業専門家が本来の事業経営にはまるで向いていないことは歴史が繰り返し証明してきた。こんな話は釈迦に説法で、南場氏や守安氏のような百戦錬磨のインターネット企業の経営者であればそれぐらいのことはとうにお見通しだったはずだ。競争戦略の不在の責任は村田氏にあるとしても、村田氏を執行役員メディア統括部長のポストに据えた経営陣の判断には大きな疑問が残る。

さらに不思議なのは、なぜ当の村田氏がDeNAでの事業経営という仕事を望んだ（もしくは受け入れた）のか、ということだ。彼女は長期利益を目指して腰を据えて取り組むような経営という仕事がそもそも好きではなく、だからこそ連続起業家の道を邁進していたのではないか。人間の好き嫌いと向き不向きはそう簡単には変わらない。上場企業の一事業責任者になってしまえば、もはや自分の意思で「よきところで売却」というわけにはいかない。得意技も発揮できない。事業売却後に経営に関与せず、なぜ「次行ってみよう！」とさらなる連続起業に突き進まなかったのか。せっかくの稀有な才能がありながら、村田氏は自分の土俵を見誤ったとしか思えない。

DeNAのこれから

ゲーム事業での「コンプガチャ問題」など、DeNAは過去にも社会的に波紋を引き起こした経験がある。そうした局面での過去の行動を見る限り、DeNAはこのような問題に対してあわてず騒がずきっちりと対応する、いい意味で「大人の会社」である。今回も粛々と事実関係の調査と、それを受けた問題点の改善が進むだろう。2016年12月15日には弁護士4人による第三者委員会の設置もアナウンスされている。

今回のキュレーション・メディア事業をめぐる問題は、社会的なインパクトや信用の毀損という意味ではDeNAにとって大きなダメージだが、ビジネスに対するインパクトは限定的だろう。事業構成からして、現在のDeNAの商売の主軸は圧倒的にゲーム事業だ。

DeNAのこれからについての筆者の関心は、この数年来最大の経営課題となっている「ゲーム事業依存からの脱却」をどのように進めていくのかということにある。創業から十数年間のフェーズで見せた、あの傑出したO企業としての経営能力をＤｅＮＡは再び発揮できるだろうか。

当時と比べると有利な点と不利な点がある。有利な点として、前に触れたように、現在のＤｅＮＡは当時とは比較にならない大企業であり、その経営資源は潤沢だ。その規模においても範囲においても、勝負に出られるオポチュニティは広がっている。

もうひとつの有利な点は、しばらくの間は主力のゲーム事業で稼ぎ続けられるという時間的な猶予にある。その収益力は低減傾向にあるものの、ソーシャルゲームの商売は、いったん厚い顧客ベースをつくってしまえば、ピークを過ぎた後も、傍からイメージするよりもはるかに持続的な稼ぐ力がある。ゲーム事業が創出する利益は、今後もしばらくはＤｅＮＡの新規事業創出原資として頼りになるはずだ。

一方の不利な点として、「早くて軽いが一発当たると大ホームラン」というソーシャルゲームのような「美味しいオポチュニティ」はもはやそう簡単には出てこない。最近のＤｅＮＡの「早くて軽い」事業分野への進出の例として、多種多様なスマホアプリ事業がある。しかし、いまのところは本格的な収益貢献には程遠い。キュレーション・メディア事業のうちのいくつかのメディアは、（今後しかるべきタイミングで再開されるという前提で）一定の収益貢献をするようになるかもしれないが、これにしてもゲーム事業に取って代わる、もしくはその横に並ぶような太い柱にはならないだろう。

今後のＤｅＮＡは、すでに始まっているヘルスケア事業やオートモーティブ事業のように、経営負荷においてより「重く」、花開くまでにより長い時間がかかる「遅い」オポチュニティに今まで以上にしっかりと向き合わなければならなくなるのは間違いない。それでも、特定の事業の大成功でゲーム事業の穴を埋め合わせ、さらには会社全体としての成長を引っ張っていくというのは現実的でない。おそらく、これからはゲームのような巨艦単独で引っ張っていくのではなく、いくつもの巡洋艦、駆逐艦が雁行する艦隊の形へと、ポートフォリオのあり方がシフトしていくと予想する。

これは大きなチャレンジだ。今回のキュレーション・メディア事業の迷走をみても、これまでのDeNAは、強力なトップマネジメントへの依存が強すぎ、個別事業の競争戦略の内実においてはいまひとつ精彩に欠ける感がある。トップヘビーに傾くのはO企業として自然な成り行きなのだが、今後はトップマネジメントの「本社力」に加えて、「事業力」が重要性を増すことは間違いない。

本社レベルでは徹頭徹尾O企業、事業のレベルでもO事業が並ぶというのが、これまでのDeNAの姿だった。これからは、会社全体としてはO企業でも、個別事業のレベルでは、全部が全部でないにしても、よりQ事業の色彩が強い商売がいくつも出てくることになるだろう。それぞれの事業ごとに明確な戦略ストーリーが必要になる。

カギを握るのは事業経営者

だとすれば、カギを握るのは事業経営を丸ごと担える経営者人材の層の厚みだ。ここでいう「経営者」は役職やタイトルの問題ではない。仕事に対する構えの問題だ。「商売丸ごと動かして稼ぐ」を自分の仕事としている人、それがここでの経営者の定義だ。

ここで大切なポイントは、「経営者」と「担当者」との区別である。優れた競争戦略は組織的分業からは生まれない。戦略は「部署」ではなく「人」がつくるものだ。本社中枢の「経営戦略室」や「経営企画部」といった部署のスタッフはそもそも戦略を構想する任にない。戦略はあくまでもその事業の経営者がつくるもの。経営企画部門はそういう経営者がいるという前提で、経営者をサポートする「担当者」に過ぎない。

担当者の仕事は「ここからここまで」と範囲が決まっている。必要なのはその仕事に必要なスキルだ。財務や法務やITやマーケティングのスペシャリストはそれぞれの分野の知識やテクニックには精通している。しかし、いくらスキルを磨いても、その延長線上で経営者になれるわけではない。この2つの仕事はそもそもカテゴリーが違う。経営者の仕事に範囲も分野もない。担当がないのが経営者だ。

繰り返し強調するが、一度ある事業を立ち上げてしまえば、その後に本社のトップマネジメントができることは限られている。事業の成否はそれをドライブしていく経営者にかかっている。事業経営者の重要性は筆舌に尽くしがたい。

経営者にはセンスとしか言いようがないものが求められる。スキルは育てられるが、センスは育てられない。しかも、スキルに長けた担当者は労働市場から調達できる。一方のセンスには育てるための体系的な方法がない。だから、経営人材は最重要であると同時に常に最も希少な経営資源となる。

世評で言われているように、ＤｅＮＡには優秀な人材が集まっている。推測に推測を重ねる話になるが、ＤｅＮＡに集結している数多くの「優秀な人材」は、特定分野のスキルで勝負するような「スーパー担当者」に偏っているのではないか。もちろん、それぞれの部署に優れたスキルを持った担当者がいなければ仕事は回らない。ただし、その規模の大小に関わらず、一つの事業には「俺に商売丸ごとやらせろ！」「私が稼いでくるわよ！」という一人の経営者が必要不可欠である。今後ＤｅＮＡのポートフォリオが横に広がり、これまで以上に「重くて遅い」Ｑよりの事業を数多く手がけるならば、ここで述べたような意味での事業経営者の頭数が最大の制約条件となると考える。

私見では、事業レベルの経営人材の層の厚みにおいてひとつの手本となる企業にサイバーエージェントがある。創業経営者の藤田晋氏は、ベンチャー企業家としてオポチュニティを取りにいくことに貪欲なのはいうまでもない。しかし、その裏では、特定の戦略的に重要性の高い事業については、戦略を練り上げ、長期視点で思い切った資源投入を続け、独自の価値をじっくり作り込んでいくというＱ経営者の顔を持っている。それぞれの事業を率いるのは、若いけれども商売センスに優れた強力な事業経営者である。センスは直接育てられないにしても、センス溢れる経営者が「育つ」土壌はつくることができる。組織の中にさまざまな仕組みを埋め込み、センスが育つ土壌を耕す能力において、サイバーエージェントは傑出している。

事業レベルの経営人材の供給源は、何も社内に限らない。M&Aを通じた新規事業への参入は、優れた経営者の獲得手段にもなる。その場合、事業自体のポテンシャルの評価も大切だが、それと同等もしくはそれ以上に重要なポイントとなるのが、その事業を創業ないし経営してきた人物に対する評価だ。被買収企業の経営者にそのまま事業経営を任せるのが理想だろう。その事業についての知識や経験、情熱や思い入れの点で優れているだけでなく、社内の希少な経営人材を振り向けなくても済むという意味で一石二鳥だからだ。

ＤｅＮＡのキュレーション・メディア事業は、M&Aを通じた新規事業への参入だった。この意思決定はすでに述べたようにオポチュニティの選択としては合理的であり、M&Aという方法も理にかなっていた。しかし、事業経営者の見極めという点では甘かったように思う。今後もＤｅＮＡは買収によるオポチュニティの取り込みを続けていくだろう。同社のデューデリジェンスはしっかりしているし、事業評価能力も十分にあると思うが、これからは事業だけでなく、より厳しい基準で経営人材についても見極めていく必要がある。

おわりに

NewsPicksでのＤｅＮＡ特集には、「歪みの遺伝子」というやや扇情的な通しタイトルがつけられている。確かに、アグレッシブにオポチュニティを追いかけていくO企業の遺伝子がキュレーション・メディア事業を歪めたのかもしれない。しかし、筆者に言わせれば、ＤｅＮＡのＤＮＡそのものは決して歪みをみせていない。事業構成が変わることはあっても、会社全体としては今も昔も徹頭徹尾O企業であり、それはおそらくこれから先も変わらない。

ＤｅＮＡが少なからぬ代償を払うことになったのは確かだ。しかしその一方で、今回の騒動はO企業にありがちな盲点を直視し、経営のあり方を再点検し、弱点を補強するための絶好の機会でもある。今後の行動と実績でしつかりと信頼を回復してほしい。そして、成熟した日本にあって希少なO企業の代表選手として、これからも攻めの経営を崩さずにいてほしい。

２０１６年12月

自由・平和・希望──「北欧、暮らしの道具店」の戦略

誰もが思いつくが、実現できない

僕が所属している一橋ビジネススクールはポーター賞というアワードを運営しています。独自の競争戦略を実践し、その結果として高い収益性を達成している事業を表彰するというもので、２０２１年は3社が受賞しました。眼鏡のＳＰＡで知られるＪＩＮＳ、ホームセンターを展開しているカインズ、そして雑貨やアパレルのＥＣサイト「北欧、暮らしの道具店」を運営しているクラシコム。いずれも秀逸な戦略ですが、ここではクラシコムの競争戦略についてお話しします。

クラシコムの商売はＤtoＣ（Direct to Consumer）の小売業です。Ｅコマースがこれだけ広まる中、クラシコムは「北欧、暮らしの道具店」というオウンドメディアを顧客接点として作り込んでいます。その名前からもイメージできるように、簡素だけれども豊かな暮らしづくりを目的としています。彼らが掲げる「フィットする暮らし、つくろう。」という生活哲学に基づいてライフカルチャーを発信する。それに共感したり、興味を持ったりしたお客さんのコミュニティが形成され、雑貨やアパレル、コスメといったジャンルの商品が売れることで、収益が生まれる、という商売です。

インターネットが登場して以来、これは多くの人が思いついたアイデアです。リアル店舗がないので参入障壁が

低い。拡張性が高い。顧客へのリーチが広い。顧客接点を作り込める。こうしたＥコマースの強みが発揮できる。さらに、お客さんとの言語的なコミュニケーションがリアル店舗よりも頻繁にできる。

「北欧、暮らしの道具店」がずっと発信し続けている世界観にしても、ゼロから作られたものではありません。根底にあるのは、19世紀のイギリスの詩人であり、デザイナーでもあったウィリアム・モリスが主導した「アーツ・アンド・クラフツ運動」です。日常の小さな出来事にこそ暮らしの豊かさは表れる。その積み重ねが生活にとって大切であり、その哲学がモノに宿るという考え方です。この世界観は、インターネット以前からマガジンハウスなどのメディアが暗黙のうちに持っていたものです。ＭＵＪＩのコンセプトも方向性は同じ。クラシコムの発想そのものがユニークということではありません。

　ただし、です。アイデアが生まれて四半世紀が過ぎた今でも、それをきちんとやり切っている企業はほとんどない。「言うは易く、行うは難し」の典型です。多くの企業がオウンドメディアを使った戦略に挫折するなかで、ほとんど完璧な形で実践しているのがクラシコムです。「北欧、暮らしの道具店」は文字通りライフカルチャーのプラットフォームになっています。

　通常のＥコマースですと、訪問者数や購入金額などをＫＰＩとして追求します。ところがクラシコムはそういうものを重視していません。アクセスする人がオウンドメディアの記事を楽しむことを一義的な目的にしている。購入が起きるかどうかはあくまでも結果。購入金額をＫＰＩに設定してしまうと、かえってライフカルチャープラットフォームとしての魅力を薄めてしまうからです。彼らがひたすら追求しているのは、あくまでもエンゲージメント数。そこがほかのＥコマースとは違う。

　ここで言うエンゲージメント数とは、例えばＳＮＳのフォロワー数や、ユーチューブチャンネルの登録者数、アプリのダウンロード数を指しています。これらを追求していくと結果的にＬＴＶ（Life Time Value）が増大する。年間のお客さんの平均購入金額はずっと伸び続け、営業利益率15％以上という高い収益性を達成している。商売としてきっちりと儲かっています。

企業の内部に目を向けると、社員の9割が元顧客です。同社が発信する生活哲学に共感したお客さんが、「この会社で自分も働きたい」と入ってくる。「北欧、暮らしの道具店」というライフカルチャーのプラットフォームが、採用のプラットフォームにもなっている。人材を採用して育成するというより、もともと価値観・世界観が合っている人を採る。この人手不足の時代に採用倍率は200倍です。

こうして見ていくと、クラシコムという会社の商売の組み立ては、2012年にポーター賞を受賞したほぼ日（受賞時は東京糸井重里事務所）にかなり似ていることに気がつきます。ほぼ日もオウンドメディア「ほぼ日刊イトイ新聞」でいろいろな記事を発信し、それに共感する人たちのコミュニティが作られ、その人々が最終的に何かしらの商品を買っている。

ただし、です。この2つの会社には決定的な違いがあります。クラシコムには糸井重里さんがいない。強力な発信力を持ち、コミュニティを作る軸になる特定個人が存在しない。しかも、「ほぼ日手帳」のように、毎年必ずたくさん売れて、しかもマージンが大きい商品があるわけでもない。ライフカルチャープラットフォームとしてのEコマースが、より高い純度で実現されていると言ってよいでしょう。

この商売を作ったクラシコムの創業経営者が、青木耕平さんです。何を大切に経営しているかと聞くと、青木さんは「自由・平和・希望」と即答しました。まさに卓見です。優れた競争戦略とは要するに何なのか、僕が考えていたことをたった3つの言葉で非常にうまく表している。フランス革命は、Liberté, Égalité, Fraternité——自由・平等・友愛。これに対して、優れた戦略は自由・平和・希望だと青木さんは言います。

自由

クラシコムは自前主義の経営を貫いています。なんでもかんでも自社でやるのがよいという意味での自前主義ではありません。重要な意思決定を他者に左右されない状態を確保する。つまり独立自尊で他者に従属しない──青木さんのおっしゃる「自由」です。首尾一貫した戦略ストーリーを作るうえで、これはとても大切なことです。

過去にポーター賞を受賞した企業にシマノがあります。主に変速機をはじめとする自転車部品のメーカーです。自転車の性能は、変速機といろいろな部品との絡みで決まる。シマノの戦略の特筆すべき点は、ブレーキからギア、変速機までを1つのシステムとして再定義したことです。その結果、さまざまなメーカーのスポーツ自転車にシマノのシステムが使われるようになりました。スポーツ自転車界における「インテル入ってる」状態。だからといって、完成品としての自転車を自社で作るわけではありません。あくまでもスポーツ自転車のコアコンポーネントとして、シマノは非常に強いポジションを取り続けています。このように、コアとなる活動や能力については社外に依存しない。これが「自由」です。

なぜ「自由」が大切なのか。何か一撃の打ち手で勝負が決まるほど、競争と商売は甘くない。戦略が、いろいろな打ち手がつながったストーリーになっていなければならない。戦略がストーリーになるかどうかは、主要な構成要素を自社で全部動かせるかどうかに懸かっている。外部の意思に大きく依存している状態では打ち手がつながらない。「自分で全部動かせる」という意識がない人に戦略ストーリーは作れません。鍵になる打ち手について他者の意向に左右されない状態。それが「自由」の一義的な意味合いです。

クラシコムがこだわっているオウンドメディアにも、「自由」を大切にする意思が表れています。アマゾンに商品を出せば、顧客のリーチがすごく広くなる。アマゾンが顧客アカウントを全部持っているので売りやすい。ところがこうしたやり口は、アマゾンに強く依存することになります。顧客のデータ管理も営業も、アマゾンにおんぶに抱っこになる。もちろん、アマゾンが確立した強みを活用するという選択肢もそれはそれで合理的です。その合理性を追求する企業はたくさんあります。しかし、一面では「自由」を売り渡してしまっているということでもある。

クラシコムは実店舗を持ちません。自前のECサイト「北欧、暮らしの道具店」というオンラインのライフカルチャープラットフォーム（だけ）が顧客との接点です。しかも、システムは自社開発。クラシコムが考える顧客とのコミュニケーションは外注のシステムではうまくいかないからです。手っ取り早く出来合いのものを使ってしまうと、自分たちならではのストーリーを動かすことができなくなります。

自社の公式アプリ経由での購入が売り上げの半分を占めている。顧客のエンゲージメントがうまくいくように、アプリも自分たちで作り込んでいる。業界はまったく違いますが、過去にポーター賞を受賞した企業で言えば楽天銀行と似ています。数多くのインターネットバンキングが存在する中で楽天銀行が独自なのは、システムをすべて社内で開発している点です。リアルな銀行とは違い、顧客の動きやフィードバックに対応して顧客接点のあり方をどんどん変えていけるのがインターネットバンキングの強みです。システムを自社で開発できる楽天銀行は学習の回転スピードが他とは違う。

一方で、商売はなぜ「自由」を失ってしまいがちなのか。何も強者によって強制的に隷属させられるというわけではありません。例えば、自動車産業には下請けというシステムがあります。頂点にいる自動車メーカーが下請けから搾取しているという見方をする人もいる。ところが実際はそうではない。そういう商売をしているのはあくまでも「下請け」企業の経営の意思です。つまり自発的な隷属です。なぜそうしているのか。特定の大口顧客の意向に従っていればとりあえずは安定的に注文が入るからです。目先の得ははっきりしている。しかし、それと引き換えにカギとなる経営判断の自由を失います。

こうした状態は、僕に言わせれば「戦略の墓場」です。大事なことは、独立自尊であること。目先の売り上げを求めて強者に安易に乗ろうとしない。自分自身で価値を創る——戦略ストーリーをつくるときに不可欠のマインドセットです。

いっとき、オープンイノベーションという言葉がもてはやされました。会社が自前でできることにはおのずと限界がある。社外にはいろいろなアイデアがある。それを取り込んでイノベーションを起こそう――それはそうなのですが、ほとんどの「オープンイノベーション」は失敗しています。ほかの企業が乗っかりたくなるような独自の、しかも自分たちの意思で動かせるような何かを持っていないと、外部との連携はうまくいきません。「一番強いプラットフォームに乗っかればいい」という類いの話とすり替わってしまう。戦略のストーリーの喪失にほかなりません。

平和

競争戦略という言葉には、一見「平和」の対極にあるような語感がありますが、「平和」こそが競争戦略の本質です。正面からのぶん殴り合いをしないよう、独自のポジションを取る――競争戦略のベースにある考え方です。

商売の競争は、スポーツの「競走」とは別物です。100メートル走では、金メダルは1個だけ。2番は銀メダル、3番は銅メダルで、最下位まで縦一列に優劣が並ぶ。誰かが勝てば誰かが負ける。だから相手をやっつけろという話になる。つまりはゼロサムゲームです。

商売はプラスサム。はるかに平和な世界です。1つの業界に、複数の勝者が同時に存在しうる。例えばクラシコムとMUJIはどちらも勝者です。クラシコムとほぼ日も、どちらも勝者。ここに自社独自のポジションを取るという、競争戦略の平和なところがあります。相手の殲滅は目的ではありません。

もちろん平和ではない競争もビジネスの世界にはあります。ライバルから顧客を奪い取るために、どれだけプロモーションの予算をつぎ込めるか、といったようなある種のレースです。そこには戦略がない。ひたすら競走をしているだけです。

「北欧、暮らしの道具店」の商売は「競争しない」という競争戦略の本質を突き詰めたものです。マーチャンダイジングの基準が厳しい。SKUの数は一般的なライフスタイルEコマースのだいたい10分の1ぐらいしかない。厳選された商品を仕入れて売り切るスタイルです。さらに、定価消化率が95％と非常に高く、充分にマージンを取ることができる。市場調査はしない。プロモーションもしない。

クラシコムの社員の9割が元顧客だという話をしました。彼らは、自分たちが顧客として欲しいものを厳選して作って売っています。それは圧倒的な高機能の商品ではない。店頭に置いてあるだけだと素通りしてしまう、でもそのコンセプトを理解しているお客さんが見たときに強い購入動機を持ちうる。そんな商品です。

ですから、どう売るかよりも、なぜ売れたのかをよくよく考えることが規律となっています。機能や量ではなく、お客さんの生活の中での「意味」を作って、売っている。「意味」は他社商品と比較できません。「A社とB社、どっちが速いか」という競走にならない。独自のポジションを取ることができるという所以です。

比較から解放されているということは、価格決定権がクラシコム側にあることを意味しています。顧客の購入動機が強いので、無料配送もやらない。無料配送というのは一種のディスカウントです。アパレル商品の場合、ＭＵＪＩのだいたい倍ぐらいの値段設定になっています。それは商品に「意味」という価値があるからです。

販売力あるサイトなので『『北欧、暮らしの道具店』で自分たちの商品を売ってほしい」というメーカーもあるそうです。しかし実際に販売に至るケースはまれです。なぜなら、クラシコムの社員が「欲しいもの」は、そもそもあまり世の中にない。だから自分たちで企画する。扱っている商品の5割ほどが自主企画商品。何を売るか、どう売るかは、外部の意思に左右されず自ら決める。

では、どうすれば「意味を作って売る」ことができるのか。僕の趣味の分野で言うと、フェンダーという楽器メーカーに「ジャズベース」とか「プレシジョンベース」といった、価格が高いにもかかわらず安定して売れ続けている商品があります。なぜかと言うと、そこに強烈な「意味」が乗っているからです。「あのモータウンの名演はジェームス・ジェマーソンがプレシジョンベースで弾いていた」――挙げるときりがないのですが、何十年もかけてブランドが出来上がっていった。しかし、フェンダー社はその「意味」作りに必ずしも能動的に関わっていたわけではありません。歴史の中でさまざまな出来事が積み重なり、自然発生的に強いブランドになりました。

一方のクラシコムは、自分たちのオウンドメディア「北欧、暮らしの道具店」でコミュニティを作り、顧客を引きつけるようなライフカルチャーを発信し、顧客とのコミュニケーションを自ら設計している。何十年もかけて出来上がっていったフェンダーユーザーのコミュニティのようなものを、クラシコムは短期間で能動的に作っている。そこが面白いところです。

「平和」はクラシコムという組織のありようにも表れています。例えば、「あまり頑張るとよくない」。頑張って商品が売れた場合、それが自分たちの意図する戦略で売れたのか、それとも頑張ったから売れたのかがわからなくなる。大事なのは、なぜそれが売れたのかを知ること。無理は禁物です。

残業もしない。社員自らが自分にフィットする暮らしを体験していなければ、商売で言ったりやったりしていることが嘘になってしまう。人事評価もしない。社員がやりたいことと、会社がその人にやってもらいたいことをキャリブレーション（調整）する。採用にはすごくこだわるけれど、能力開発は行わない。もともと社風にフィットした人を採っているので、その人の能力が発揮される環境を整えてあげる。とても平和なカルチャーに裏打ちされた組織です。

このことはクラシコムの戦略における「自由」と密接に関係しています。自由が平和を生む。自由でないと独自のポジショニングを構築できない。結果として平和も手に入らない。

商売は喧嘩したらダメになってしまう。その昔、ホンダの社内で「何を作ってトヨタに対抗するか」で延々と議論が続くなか、横で聞いていた本田宗一郎さんが「いや、それはそもそもトヨタにやってもらったほうがいいんじゃないか」と言ったらみんな納得したという話があります。これが戦略の本質です。独自のポジションを取るということは、他社がしないこと、できないことをやり、顧客にとって新しい選択肢を示すこと。平和な競争に対する構えが、会社の中の雰囲気にも「平和」をもたらしています。

希望

青木さんがおっしゃっている「希望」とは、「蓄積が利く」ということです。複利の効果と言ってもよい。時間が経てば経つほどどんどん効率的・効果的になることをやる。そういうことしかやらない。この基準で戦略的な意思決定を重ねていけば、今日よりも明日のほうがよくなる。明後日はもっとよくなる。自然とみんなが希望を持てる。

ここでのポイントは、「売り上げがどんどん増えていくと給料が上がっていくから将来に希望が持てる」という類いの話ではないことです。時間を味方につけるような経営をする。やればやるほどラクになる。要するに何をやるにしても「好循環」を生み出すことに戦略の焦点を合わせるということです。「希望」を生むのは外的な環境ではありません。商売それ自体が内在的に好循環のメカニズムを備えているかどうか。ここに優れた戦略の条件があります。

好循環のメカニズムを作るのは、最初は大変です。しかし、ひとたび回り出すと強力で持続的な競争優位の源泉になります。名著『ビジョナリー・カンパニー』では「弾み車」の比喩が使われています。最初はゆっくりとしか回らないが、途中からどんどん加速していく。いろいろな要素が絡み合って好循環を起こしていくので、何が成功の要因なのかは容易には特定できない。

クラシコムは、一時的な特需やいずれは解消される非対称性につけ込むビジネスには手を出しません。そのときの売れ筋の商品に乗っかっても、いずれは儲からなくなる。蓄積や複利というロジックが利かないからです。

戦略ストーリーに欠かせないのは、一貫した論理のつながりです。例えば、1つの打ち手を考えるときに、「いつ・どこで・何を・どうやって」はそれぞれ単独に設定できます。ところが「なぜ」だけは、ほかの要素とは違って、それだけでは存在し得ない。「AだからBになる」という時間軸が必ず入っています。必ず2つ以上の要素がないと成立しない。しかも、論理は時間を背負っている。

要するに順番の問題だということです。ビンタしてから抱き締めるのと、抱き締めてからビンタするのとでは意味が異なる。順番が違うだけで生まれる価値が違ってくる。この時間軸上での展開が戦略ストーリーにほかなりません。それぞれの打ち手が論理でつながっているからこそ好循環が生まれ、明日の商売に希望を持てる。

「北欧、暮らしの道具店」の場合、コンテンツが先で、商品は後、購入はもっと後、という順番で戦略ストーリーが組み立てられています。まずは、常に自分たちの世界観に合ったコンテンツを発信し、お客さんに読んでもらう。お客さんからリアクションをもらう。商品を買わなくてもコンテンツを見ているだけで幸せという体験価値を提供できるかどうかが勝負――これが他のＥコマースと異なるところです。コンテンツはＷｅｂ記事だけではなく、ラジオや動画、音楽、最近は自前で映画も制作・公開しています。こうして「北欧、暮らしの道具店」が発信するライフカルチャーがどんどん浸透していく。

メディアの時代だとかコンテンツの時代だとか言われていますが、売りたい商品が先にあり、そのプロモーションとしてストーリーを乗っけよう、コンテンツを作ろうというケースがほとんどです。クラシコムはその逆を行きます。コンテンツが商品を生んでいる。

新しい分野に進出するときには、まずは徹底的にコンテンツを作り込んで発信し、お客さんとの対話を始める。そしてある種の座組みが決まってから、その世界観に合った商品をスポットで販売していく。クラシコムが「北欧、暮らしの道具店」でやっていることは、戦略はストーリーであり、それは論理のつながりであり、つまりは順列の問題だということを身をもって示しています。

これまでお話ししてきたように、クラシコムの戦略の柱は「自由・平和・希望」という言葉に集約できます。現在は非上場ですが、もしもこの先上場した場合、いろいろな株主から期待と圧力がかかることになります（注・その後クラシコムは上場した）。そうなっても「自由・平和・希望」を維持できるかどうか。これは経営にとって大きな挑戦だと思います。僕はそこに注目しています。
「正射必中《せいしゃひっちゅう》で行きます」と、創業経営者の青木さんは言います。正しい構えで弓を射れば、結果として必ず的に当たる。つまり、自分たちの戦略ストーリーを粛々と動かしていけば、結果として儲かるという考え方です。経営は放っておくと「必中正射」になってしまうものです。必ず当てなきゃいけない、そのためにどうすればいいか……こうした思考の順番に陥ると、一貫した戦略は失われ、結局は的を外すことになります。

この「正射必中」という言葉にしても、それ自体が原因と結果のつながりについての理解を示す論理になっています。何が原因で何が結果なのか。原因と結果を取り違えるところから商売はダメになっていく。戦略というものは、「必中」ではなく、「正射」のほうです。しかも「正射」に一般的な解はありません。その企業にとっての、その企業にだけの「正射」に磨きをかける。そこに戦略の内実があります。クラシコムは僕が考える優れた戦略ストーリーの条件をことごとく満たしています。

２０１３年９月

「くまモン」の戦略ストーリー

――いまやゆるキャラ界は、「くまモン」のひとり勝ち状態にある。九州新幹線全面開業を翌年に控えた２０１０年、熊本県のＰＲマスコットキャラクターとして誕生したくまモンは、とぼけた表情とコミカルな動きで全国的な人気を獲得した。２０１２年のくまモン単体の商品売上高は２９３億円、これはＡＫＢ48の音楽ソフト売上高１９３億円をはるかに上回る。なぜ強豪ひしめくキャラクター界のなかで、くまモンはこれだけの経済効果をもたらすことができたのか。「それは、くまモンだけが緻密な『ストーリーとしての競争戦略』を持っていたからではないか」と、一橋大学大学院教授の楠木建氏は分析する。

競合他社がひしめく業界で成功した事業や商品には、ほぼ間違いなく「優れた戦略ストーリー」があるというのが私の持論です。戦略で重要なのは、競合他社との違いを作ること。ただし、一つ一つのアクションは、〝静止画〟に過ぎません。個別の施策が因果論理でつながる〝動画〟つまり「ストーリー」になっていることが大切です。

優れた戦略ストーリーには、一見すると非合理的な要素が含まれていることが多い。たとえばスターバックスは、フランチャイズよりも初期投資費用がかかる直営店戦略をとっています。そこだけ見ると経営的には非合理的に思えますが、スターバックスは「くつろぎの空間を提供する」コンセプトを追求したことで、後発の競合との差別化に成功しました。

くまモンは「筋の良いストーリー」の好例だと思います。たとえば、ロイヤリティフリー（利用料無料）がそのひとつ。本来、キャラクターはグッズや商標権の利用料で儲けることに主眼を置きますが、くまモンはあえてそれをしませんでした。なぜなら、ストーリーのゴールは目先のキャラクタービジネスからの収入ではなく、「熊本県の活性化」でなければならないからです。利用料を取らない戦略は一見すると利益機会を失うように思えますが、くまモンの関連商品をどんどん作ってもらえれば、熊本の知名度が高まり、熊本県産の商品も売れる。

――くまモンは、熊本出身の脚本家の小山薫堂氏をアドバイザー、アートディレクターの水野学氏をデザイナーとして誕生。熊本県庁のＰＲチームは、〈スタートはできるだけ熊本らしさを排除し、まず、くまモンそのものを、大阪の人気者にしよう、という作戦〉（『くまモンの秘密』）を実行。新幹線開通で集客が見込める大阪を最初の活動拠点とした。

これも本来、地域密着のゆるキャラとしては一見、非合理的行動ですが、ストーリー全体としては合理的。新幹線開業直前というタイミングで大阪に熊本のキャラクターが現れれば、くまモンの認知度が上がる。大阪の人々は自然と熊本に興味を持つ。そして熊本に来る。さらに熊本に来て特産品を買う。そうした一連の流れを意図しています。他のゆるキャラたちは、地元でいくら知名度を上げても、実際に人を呼んで商売に結びつけることはできていない。その一方、くまモンは、「熊本県に関心と人とお金を呼びこむ」という明確なコンセプトに沿って、ひとつひとつのアクションに意味を持たせている。一つのコンセプトにすべてのアクションがつながる。これは戦略の大原則です。

――くまモンを「売るキャラ」と位置付ける熊本県は、県外企業への営業活動を積極的に展開。くまモンは時に県知事同伴で企業を訪れ、自らを売り込んだ。ＣＭ出演や食品メーカーとのタイアップ商品で熊本県の認知度を高める戦略は見事に成功した。

くまモンが活躍の場を全国に広げられたのは「熊本色」を前面に打ち出さなかったからです。キャラクターに熊本固有の具体的な意匠を与えてしまうと、ストーリーの広がりが失われる。たとえば、くまモンがいつも熊本ラーメンを食べていたり、九州男児を意識したキャラだったら、応用範囲が狭まってしまう。だからあえて色が付いていないキャラクターにしている。

たとえばユニクロは、シャツやパンツ、アウターなどそれぞれのカテゴリーで最高のパーツを提供し、「組み合わせは自由にどうぞ」というスタンスを貫き成功しています。既存のブランドのように、旬の流行やコーディネートを先に提案してしまうと、商売の筋を細くしてしまうからです。ユニクロがどんなブランドの服とも合わせられるように、くまモンも「色」がない。だからどんな商品ともコラボできる。「色づけのない部品」という発想は、くまモンとユニクロの戦略ストーリーに共通しています。

――空前のゆるキャラブームのなか、多くの自治体がゆるキャラを利用した町おこしを展開しているが、くまモンひとり勝ちの状況に変化はない。他のゆるキャラから、第２のくまモンが登場する可能性はあるのだろうか。

今後、「くまモンの成功に倣え」と真似するところも出てくるでしょう。しかし、利用料無料や他県でのＰＲといった個々の要素だけを抜き出して真似しても、結局なにも起こりません。なぜなら、個々の要素はストーリー全体の中でしか意味を持たないからです。個別の要素を模倣して同じ成果が得られるわけではありません。

静止画の羅列を「流れる動画」にするのがストーリー。くまモンのコンセプトを作ったのは、熊本県出身の小山薫堂さんです。故郷への愛着心を持つ強い小山さんがボランティアでコンセプトを作り、それに基づいたストーリーを県の職員チームが作り込んでいった。戦略ストーリーを構築する上で何より大切なのは、実現しようとするゴールに対する個々の情熱と思い入れです。くまモンの成功は、本来あるべき商売の姿を教えてくれています。

２０１３年９月

概念と対概念

市場と組織と取引コスト

何かについて考えるとき、必ず対概念を持ってくる。概念と対概念をセットで考える。対概念のない概念は本物の概念ではない――僕がそう思うようになったきっかけは、学生のときに勉強した「取引コスト」という経済学の理論です。オリバー・ウィリアムソン『市場と企業組織』という本でそれを知り、グッときました。

取引コストという概念を鍵にして、さまざまな経済現象を普遍的に説明するのがウィリアムソンの考えです。あらゆる経済取引には取引コストがかかる。株を買うとき、買い手は株価に株数をかけた金額を支払いますが、そのほかに手数料がかかる。この手数料が素朴な取引コストの例です。

もっと抽象化して考えてみます。自分が求めているものを一番安く買いたい。そのためには情報収集にお金や時間がかかる。場合によっては、取引に際して契約を交わす。だとしたら、法律家に契約書を作ってもらわないといけない。契約したあとも、それがきちんと履行されているかどうかをモニターしなければならない。これらはすべて取引コストです。商品やサービスそのもののコストではなく、それらを手に入れるための取引に必要なコストの総称です。

取引コストは、当たり前ですが、損益計算書の品目にはありません。あくまでも概念です。だからこそ非常にいろいろな物事を説明してくれる。全然関係ないと思っていたもの同士が、取引コストという補助線を引くとことごとくつながっていきます。概念の面白さの極みです。

その真骨頂が、「経済取引がどういうときに市場というメカニズムを使って、どういうときに組織というメカニズムを使うのか」を取引コストで説明できるという議論です。さまざまな状況において取引コストが安いほうを人間は選ぶ。

組織の対語はひとつには個人ですが、組織は個人の集合です。対概念というよりも含む・含まれるの関係。取引コストの理論は組織の対概念を市場だと考えます。市場でないものが組織であり、組織でないものが市場であるということです。

株式市場に代表される市場では、価格シグナルによって取引が決まります。しかも参入・退出が自由。いつ株取引するかは、まったくその人の自由です。一方、組織では、ある特定の主体――会社なら経営者が意思決定し、指示し、基本的には従業員みんながそれに従う。メンバーシップも市場と比べればずっと長期継続的です。

経済学を勉強した人は「市場の失敗」という話を聞いたことがあると思います。ある種の活動については市場メカニズムが機能しなくなってしまうという現象です。例えば、警察業務を民間企業がやっている国はほとんどない。仮に警察業務を全部民間企業に任せた場合、業務が上手く行っているのかをモニターするのにものすごく高い取引コストがかかってしまう。だったら、政府という組織自らやったほうがいい。

「組織の失敗」もあります。組織というメカニズムだとコストがかかり過ぎるので、市場で取引したほうがいいケースです。例えば、今まで政府がやってきたある仕事に対して、「それ、民間企業に任せたほうがいいんじゃないの?」という声が上がる。これが組織の失敗です。取引コストという補助線を引くことで、まったく別々に見えていた市場と組織が実は連続した次元の両極になっている。概念と対概念の関係になっていることがよくわかります。

そう考えると、なぜ会社組織というものができたのかという根本的な問いの答えが見えてきます。すべて市場に任せているという状況だと、いろいろな問題が起きてくる。それを克服するために、会社ができた。これが取引コストの理論による説明です。

例えば、職人同士が一人ひとりバラバラに仕事をして、それぞれがつくった商品を市場で売り買いして商売を成り立たせていると仮定します。どんどん大規模かつ複雑になってくると、さすがに個人同士の取引ではやっていけなくなる。上司と部下という指揮系統を持った単純な階層組織が生まれる。さらに、それぞれの機能を担当する組織がバラバラに動くと、これまた取引コストが大きくなるので、垂直統合が進んでいく。販売しかしていなかった会社が生産も手掛けるようになる。開発しかしていなかった会社が生産・流通まで手を広げる。こうして、会社という大規模組織が誕生したわけです。

取引コストというレンズ一発で、会社がどうやってできたのかという、とんでもなく深い問題が説明できてしまう。ここに僕はグッと来ます。「会社って何だろう?」と考えるときに、市場という対概念を置くと会社の本質がよくわかる。「市場主義は良くない」とか、「市場は効率的だからなるべく市場に任せよう」という意見もありますが、どちらにせよ、組織という対概念を置いて考えることで、市場の意味や意義がよくわかる。

市場という「概念」と、組織という「対概念」。その間をつなぐ取引コストという「次元」。この3点セットが知的な思考の基盤であり、こういう考え方ができるかどうかが知的な能力の正体なのではないか。僕はそう考えています。

それは何ではないか

僕は一時期、「好き嫌い」という概念にこだわって、この切り口から経営者論や仕事論についての本をつくっていました。経営者論として書いた『「好き嫌い」と経営』『「好き嫌い」と才能』は、いろいろな経営者にその人の「好き嫌い」だけを聞くことで、経営の本質が見えてくるんじゃないかというアイデアです。仕事論としては『好きなようにしてください』『すべては「好き嫌い」から始まる』という本も書きました。「好き嫌い」の対概念は「良し悪し」です。良し悪しでないものが好き嫌い。好き嫌いでないものが良し悪し。

「概念・対概念・次元」という思考の3点セットで言えば、「好き嫌い」と「良し悪し」の間をつなぐ次元は「価値基準の普遍性」です。嘘をついてはいけない、遅刻してはいけない、人を殺してはいけない――これらはほとんどの文化圏において普遍的なコンセンサスが成立している価値基準です。要するに、「良し悪し」の問題です。

普遍性の軸を逆方向に進むと、どんどん局所的な価値基準になっていきます。「天丼とカツ丼、どっちが好きですか」――これは「良し悪し」ではない。その人の局所的な「好き嫌い」です。ある人は天丼が好き、ある人はカツ丼が好き。何の問題もありません。

「好き嫌い」はごく一般的な言葉ですが、「対概念は何だろう?」「概念と対概念を結んでいる次元は何だろう?」と考えていくと、1冊の本になるくらいに思考が展開していく。概念と対概念を頭の中に置くことこそ思考の原動力だと僕が思う所以です。

『ストーリーとしての競争戦略』という本を書いたときも、概念と対概念を頭の中に置いて考えました。僕がその本で言いたいのは「戦略はストーリーであるべきだ」。ここでストーリーは「何ではない」のかを考える。対概念との対比で、「ストーリーとは何か」が鮮明になってきます。

第1にストーリーは「アクションリスト」ではない。企業のマネジャーの方から「今度こういう戦略で行こうと思っているんですが、どう思いますか？」と聞かれる機会が多くあります。その会社が考えている戦略なるものをプレゼンテーションしていただいて、それに対して僕が意見を述べる。その〝戦略〟のほとんどが、箇条書き大作戦になってしまっています。今度こういう市場に、こういうセグメントをターゲットにして、参入時期はいつぐらいで、価格はこれぐらいにして、こういう技術を実装して、こういうチャネルを使って――一つひとつのデシジョンやアクションは決まっている。でも、それらがどうつながって、どう儲かるのかがわからない。静止画の羅列になってしまっている。

第2に「テンプレート」ではない。実務家に非常に大きな影響力を与えた戦略論に「ブルーオーシャン戦略」があります。これにはレッドオーシャンという対概念があるので、僕の好きなタイプの議論です。ところが、実務家の方々が注目しがちなのは、ブルーオーシャン戦略が提供する「戦略キャンバス」とか「アクション・マトリックス」といったフレームワークないしテンプレートです。一見して実用的なのですが、テンプレートのマス目を埋めていくことに目が向いてしまう。こういう作業をしているうちに、戦略全体におけるさまざまなアクションやデシジョンのつながりがどんどん隠されてしまう。動きを持ったストーリーであるはずの戦略が、静止画に後退していきます。

第3に「シミュレーション」ではない。例えば、円とドルの水準や、GDPの成長率、その事業の市場規模、自社のシェアといったさまざまな数字が前提条件としてあって、値が変わると期待投資収益率がどう変化するのかを算出する。これがシミュレーションです。シミュレーションには時間軸があるので、その意味では若干ストーリーに近い面がある。ですが、それぞれの数字の背後にある因果関係の論理はほとんど考慮されません。市場規模がこれぐらいになると、だいたい何％のシェアが取れるはず。だから売り上げがこうなって、そのときのコストがこうなる――数字が条件の変化や時間とともに動いていくだけで、ストーリーになっていない。戦略を立てた上で、その動きを確認する作業としてなら有用ですが、僕の言う戦略ストーリーとは似て非なるものです。

第4に「ゲーム」ではない。僕が「ストーリー」という着想を得たときに一番ピンと来た対概念です。経済学にゲーム理論という分析手法があります。いろいろなプレイヤーが合理的な基準に従って行動したときにどんな状況が生じるのかを、数理モデルを使って分析する。経済学にとどまらず社会学や政治学などにも応用されるほどたいへんよくできた理論で、その価値は僕も大いに認めるところです。しかし、競争戦略がゲームだと言われると、僕にはしっくりきません。

自社を取り巻くさまざまなステークホルダーや競争相手に働きかけながら、自社にとって「おいしい状況」をつくり出す。そこに利益の源泉がある。これがゲーム理論に基づく戦略の考え方です。例えば、一時的に自社の商品を低価格に設定することで、潜在的な参入業者や競合他社のやる気をそぐ。平たく言うと駆け引きであり、他社の合理的な反応を予測するという基本的な視座がそこにはある。ただ、実際の経営者を見てみると、そんな駆け引きを基盤に経営している人はまれです――「ストーリー」という概念こそ「ゲーム」と対になっているんじゃないかという発想に至りました。

競争戦略の基盤論理

僕が仕事をしている競争戦略という分野は、とりわけ概念・対概念という思考様式を必要とする分野です。戦略とは、あっさり言ってしまうと「競争相手との違いをつくる」ことです。大切なことは競争がある中でお客さまに選ばれることです。違いがあるから選ばれる。本当にそれだけなんですが、違いのつくり方には2通りあります。1つは、「better」という違い。人間で言えば、身長、体重、視力、足の速さ、試験の点数といった物差しを当てて、「Aさんのほうが Bさんよりも足が速い」「Aさんのほうが Bさんより試験の点数がいい」――つまり、Aさんのほうが better であるということです。

もう1つが「different」です。人間で言えば、例えば男か女かの違い。つまり、違いを指し示す物差しがないということです。「僕のほうがあなたよりも90％より男性だ」ということは、普通はない。出身地が違う、職業が違う、好きな食べ物が違う。これらはbetterやworseではなく、differentです。

戦略的な意思決定とはつまり、他社に対して自社のdifferentなポジションであるかを決めることにほかなりません。それはトレードオフの選択でもある。「わたしは男です」という表明に込められている重要なメッセージは、「わたしは女ではない」ということです。

戦略がハッキリしていないと、リーダーが「〇〇をめざしていくぞ」という話ばかりするようになる。「北に行く」ということは、南には行かない、西にも行かない、東にも行かないと決めることです。戦略の本質はトレードオフにある。戦略的意思決定の正体は「何をするか」ではなく「何をしないか」。戦略的思考はつねに「それが何ではないか」という対概念を必要とします。

良いことと悪いことの選択であれば、良いことを選べばいいだけ。決断の必要がそもそもない。「こっちのほうが安いですよ」と言われたら、そちらを選べばいいだけです。本当の戦略的な意思決定とは、「良いこと」と異なる「良いこと」のどちらを取るのか。概念と対概念をセットで考えているということです。

「一理ある」が口癖の人がいます。僕に言わせれば二流経営者の証明です。世の中に一理もないことなんてありません。戦略や決断とは、異なる理のどちらを取るのかということです。それはどちらかの理を捨てるということでもあります。

僕が「好き嫌い」の価値基準にこだわる一つの理由は、競争戦略の思考様式がそもそも「好き嫌い」と親和性が高いからです。「良し悪し」の基準では意思決定はできない。外在的な正解はない。つまりは「好き嫌い」。それは局所的な価値基準であり、個別的なものです。あくまでもその会社や経営者に固有の価値基準が問われている。

僕自身は競争というものが好きではありません。ではなぜ競争戦略を専門にしているのか。競争戦略の根底にある、「個の基準が問われる」ところがグッと来るからです。「こっちのほうがイイと思ってやってるんだ」――世の中や商売に対する「良し悪し」ではなく、個人的な「好き嫌い」が戦略に色濃く表れる。そこがたまらなく面白い。

「おもてなし」の対概念

戦略的なセンスがある人は、何を見ても何を聞いても、それが「何ではないか」を横に置いて考えるものです。それをよく示しているのが、星野リゾートの星野佳路さんから聞いたエピソードです。

コロナ騒動以前のことですが、いろいろなホテルの経営者が集まる国際会議に星野さんは出席していました。日本が「クールジャパン」の文脈で「おもてなし」というコンセプトを世界に向けて発信していた頃です。あるアメリカのホテル企業の経営者が日本の経営者にこう聞いて回っていました。「日本が発信している『おもてなし』、これは本当のところ何なのか?」。日本のある経営者がこう答えた。「日本の得意な親切、丁寧、迅速、きめが細かい、正確なサービス――これがおもてなしの力だ」。

するとアメリカ人の経営者は「それ、うちのホテルでもやってるぞ」。彼の経営しているホテルはラグジュアリーホテルでした。十分にコストをかけた贅沢なサービスを提供している。サービスは親切だし丁寧だしきめ細かい。それとおもてなしはどう違うのか、と問われて日本人経営者は黙ってしまった。

横にいた星野さんはこのように説明しました。西洋のラグジュアリーホテルで提供しているのはバトラーサービス。ホテルは執事、召使い。お客さまがマスター、ご主人さま。お客さまとホテルは上下関係にある。サーブ権はつねにマスターが持っている。こういう飲み物を用意しろ、こういうレストランのこういう席を何時に予約しろ、気が変わったんでこっちに変えろ、そこまで行くクルマを用意しろ――お客さまのあらゆるサーブをホテルが受け止め、いかにきめ細かく、迅速、丁寧、正確に返すか。それが西洋の優れたサービスです。

日本のおもてなしはまったく違う。そもそもゲストとホストが同じレベルに立っている。上下関係はない。しかもサーブ権はつねにホストが持っている。茶の湯の文化がそうであるように、まずホスト側が自分の世界観を構築して、それをお客さまに提示する。お客さまは滞在中、四の五の言わず、その世界観に身を浸して楽しむ。それがおもてなしで、西洋のラグジュアリーホテルとは質的に異なる――ここに至って、海外のホテル経営者は納得したそうです。確かに、日本の温泉旅館に泊まると旅館の中でごはんを食べる。それは、食事が旅館の提示する世界観の重要な構成要素だからです。

星野さんのように優れた戦略的センスを持つ経営者は、おもてなしという言葉1つとっても、まずそれが「何ではないか」を考える。differentがどこにあるかを捉える。ところが二流経営者は、おもてなしと聞くと「きめの細かいサービスで頑張るぞ」とbetterの方向に走ってしまう。きめの細かいサービスは、コストをかければどのホテルでもできます。持続的な違いにはならない。概念と対概念という考え方がいかに大切かを示す好例です。

「かけ声」は二流経営者の逃げ場

1980年代に「おいしい生活」というキャッチコピーが世の中の注目を集めました。コピーライターの糸井重里さんが西武百貨店のためにつくった広告コピーの傑作です。僕の世代ならほとんどの方が覚えているくらい有名な言葉です。このコピーのどこが秀逸なのか。広告のプロの方がおっしゃるには、「〝より良い生活〟ではないと言っている」。

高度成長期の百貨店は、日本人のもっと良い生活、もっと豊かな生活を、というニーズを満たすものでした。ところが1980年代になると、消費も成熟し「何がいいか」が人によって変わってきた。そこで主観性が強い「おいしい」という形容詞を持ってくる。対概念が明確に意識されている。「何ではないか」というメッセージになっている。だからこそ新しいタイプの消費を喚起する力があったわけです。往時の西武百貨店の勢いを感じさせます。

1990年代、JRが新幹線のぞみの運行を始めたときの「そうだ 京都、行こう。」も傑作です。現在でもまだ使われているほどです。この言葉が意味するところは「旅行じゃない」。それまで東京の人にとって、京都に行くことは旅行でした。事前に計画を立てて、宿を予約して、ガイドブックを買って行く旅行だった。ところが、のぞみなら2時間しかかからない。ふらっと行けるところになった。もちろん日帰りもできる。もはや京都に行くのは旅行ではない。要するに「のぞみを利用しましょう」という話なんですが、対概念が裏側にある。

対概念がないと、メッセージがただのかけ声になります。政治家の発言を見ていると、形容詞と副詞がとにかく多過ぎる。「しっかりと」「スピード感を持って」──混じりっけなしのかけ声です。意味のあることを何も言っていないのに、ポジティブな形容詞や副詞を連発して何かいいことをやろうとしているような気にさせる。しかも、だれからも反対されない。なぜなら、どの理を優先し、何を捨てるのかがまったく見えないからです。「頑張ります」と言われて反対する人はいません。言っているほうも気持ちいいし、聞いているほうもいい。とりあえず、なんとなく「やる気」を感じさせて、その場をしのぐ。実に姑息です。

このところ政治家が連発する「なんとしてでも医療崩壊を回避しなければならない」──かけ声以外の何物でもありません。コロナ騒動で感染者が急増するたびに「医療崩壊」という言葉を耳にしました。しかし、それが何を指すのかを多くの政治家は明らかにしません。

大雑把に言えば、医療崩壊とは「医療リソースが不足して十分な医療行為を行えない」ことです。それはわかる。だとしたら、不足しているのは具体的に何なのか。病床という空間なのか、人工呼吸器をはじめとする医療機器なのか、感染防護服などの消耗品なのか、お医者さんや看護師といった人的資源なのか、あるいは単純にカネがないのか。どこにボトルネックがあり、どこに資源投入を集中し、何を得て、何を捨てるのか。二言目には「国民的な議論を」と言うのですが、ここをはっきりしてもらわないことには議論になりません。

「かけ声をかける」──リーダーが絶対にやってはいけないことの一つです。かけ声は何の構想も戦略も実行もない人の逃げ場に他なりません。かけ声をかけているうちは二流経営者です。

２０２２年11月

第 2 部

経営論

楠木建の頭の中
戦略と経営についての論考

「遠近歪曲」の罠——「日本が悪い」と叫ぶ経営者が悪い

パンデミックのような大きな外的ショックに直面すると企業の地力が鮮明になる。洋服業界にとってコロナ禍は逆風だが、ZARAやH&Mなどファストファッション企業の業績が悪化する中で、ファーストリテイリングのユニクロはグローバル競争における地位を相対的に高めた。一方の家電や家庭用品の業界では「巣ごもり需要」の追い風が吹いたが、その中でもアイリスオーヤマは競合他社に比べてひときわ高い成長を実現した。

ファストファッションの逆を行くユニクロは、普通の人々の日常生活を快適にする「ライフウェア」というコンセプトの下に、素材の開発から店頭まで一気通貫で価値をつくり込む。この独自の戦略がコロナ禍の新しいライフスタイルの需要を惹きつけた。アイリスは、マーケットインでもプロダクトアウトでもない「ユーザーイン」（ユーザーの特定の使用文脈にフォーカスして価値を打ち出す）を旗印に、企画から量産、物流までの商売全体を短サイクルで回す。この戦略が人々の生活の課題解決を果たす商品開発に結実した。企業向けソリューションでも素早い商品投入で業績を大幅に伸ばしている。

この2社は底力を見せつけた例だが、ポイントはパンデミックへの「対応」の巧拙ではない。コロナ以前から練り上げてきた戦略が図らずも真価を発揮したというのが実相だ。コロナ対応だけを見ていては競争優位の正体は分からない。優れた戦略は様々な打ち手が蓋然性の高い論理でつながった「ストーリー」になっている。個別の商品や施策は戦略ストーリーの構成要素に過ぎない。

環境変化が激しいときほど、競争力の本質を見据えることが大切だ。本質とは何か。「そう簡単には変わらないもの」、ここに「本質」の本質がある。ビジネスは変化の連続だ。しかし歴史に目を凝らすと、一貫して変わらないものが見えてくる。両社とも、基軸となる戦略ストーリーはコロナ騒動のずっと前から変わっていない。変化を追うことではじめて不変の本質が浮き彫りになる——変化の逆説だ。

「遠近歪曲」という思考バイアス

「タイムマシン経営」という言葉がある。先進的な国や地域で萌芽している技術や経営手法を日本に持ち込むという考え方だ。筆者は、この発想を逆転した『逆・タイムマシン経営論』という本を2020年に出した。メッセージを一言で言うと、「新聞・雑誌は寝かせて読め」。情報は鮮度が高いほど有用だと思われがちだが、近過去の歴史こそ大局観を獲得するのに役立つ。

過去の言説を振り返ると、同時代の人々の認識には「遠近歪曲」――遠いものほど良く見え、近いものほど粗が目立つ――というバイアスがあることに気づく。米国ではGAFAに代表される巨大企業が生まれ、中国では「デ一タ財閥」が台頭している。それに対して日本企業は時代遅れの日本的経営から脱却できず、イノベーションから取り残されている――こうした議論がその典型だ。

「日本の経営者は内向きで大胆な変革ができない」「日本的経営は硬直的で時代遅れ」といった企業経営の問題から、「少子高齢化の閉塞感の中で日本には展望がない」というマクロな言説、はたまた「このままでは日本は崩壊する」という憂国的な全否定まで、「日本（人、企業、社会、政府）はダメ」という主張が毎日のようにメディアから発信されている。こうした主張は相対比較に基づいている。「米国（とか中国とか北欧）では……」で始まり、「ところが、日本では……」と問題や欠点を指摘し、「だから日本はダメなんだ」という議論の構造だ。

当然のことながら、日本には問題が山積している。ビジネスや経営の分野でも、先進国や新興国に比べて「遅れている」「劣っている」ところが多々ある。ただし、比較対象の米国や中国や北欧に問題がないかと言うと、もちろんそんなことはない。

「日本人は画一的で同調志向でリスク回避的で創造性がない」――確かにそうした面があるだろう。しかし、アドビ社が米国、英国、ドイツ、フランス、日本の5か国で実施した創造性に関する2016年の意識調査では、「世界で最もクリエイティブな国」は日本、「世界で最もクリエイティブな都市」は東京だった。この調査に限らず、これだけ問題満載の日本の経済や社会や企業にしても、遠くにいる欧米の人々には、いまだに「日本製品の品質はすごい」「治安が素晴らしい」「清潔で秩序だった社会」と見えているのが面白い。遠近歪曲は日本に限らず普遍的に見られる人々の思考バイアスだ。

シリコンバレーの遠近歪曲

この四半世紀の日本における「シリコンバレー礼賛」は遠近歪曲の典型だ。1990年代にインターネット産業が勃興し、米国のシリコンバレーで次々とベンチャー企業が誕生した。2010年代には、巨大プラットフォーマーのGAFA（グーグル、アップル、フェイスブック、アマゾン）のうち、アマゾン以外の3社がシリコンバレー出身ということもあり、「シリコンバレーはすごい」↓「それなのに日本は……」↓「だから日本はダメなんだ」というロジック（?）が議論のテンプレートになった観がある。

しかし、こうした圧倒的な成功を収めた企業はごく一部に過ぎない。当たり前の話だが、シリコンバレーも実際は玉石混交、他の国や地域と同じように、良い経営もあれば悪い経営もある。日本ではセラノス（Theranos）という企業はあまり知られていない。しかし米国でこの会社の名前を聞いたことがない人はほとんどいないだろう。2003年に創業したセラノスは、非公開企業ながら最盛期には株式の評価額が90億ドル（約1兆円）を超えた気鋭の「シリコンバレー発のテックベンチャー」だった。

創業者はスタンフォード大学を中退した当時19歳の女性、エリザベス・ホームズ。彼女は血液検査という分野に着目した。当時の血液検査のコストは非常に高く、医療費の高い米国では、低コストの血液検査への強いニーズがあった。セラノスは、被験者の指先から採取したごく少量の血液を診断センターに輸送し、自社開発の診断器を使って迅速に検査結果を出すという事業プランをぶち上げた。2014年にセラノスは3億5000万ドルを調達、株式の過半を所有するホームズは「自力でビリオネアになった最年少の女性」として話題を集めた。米フォーチュン誌は、「ヘルスケアの革命を目指す」女性ＣＥＯ（最高経営責任者）として、ホームズを表紙に取り上げた。

ところが、セラノスには重大な問題があった。大々的に発表した「新技術」がまったくの虚偽だったのだ。米ウォール・ストリート・ジャーナルの告発記事をきっかけにウソが露呈した。信用を失った同社は２０１８年に経営破綻、創業者のホームズは米証券取引委員会（ＳＥＣ）から詐欺罪で訴えられる結果となった。

シリコンバレーというと、グーグルやアップルなどの巨大企業や急成長のスタートアップにばかり目が行く。ところが「業績がパッとしないシリコンバレーのポンコツ企業は？」という問いに対してすぐに答えが出てくる人はあまりいない。つまりは遠近歪曲だ。

シリコンバレーという特異な生態系全体の文脈を理解せず、その時々で注目を集める技術やベンチャー企業や起業家にばかり目を向けてしまう。これが遠近歪曲を引き起こす。セラノスは極端に派手なケースだったが、こうしたインチキ企業が次から次へと出てくるのは、もはやシリコンバレーの風物詩といってよい。華々しい成功企業よりも、セラノスの事例を検証するほうが、シリコンバレーの文脈理解にとってよほど役に立つ。逆説的に聞こえるが、セラノスのようなスタートアップが出てくるということが、シリコンバレーの「強さ」だからだ。

シリコンバレーという生態系の本質は、その内部で異様にヒト・モノ・カネ・情報の流動性が高いということにある。技術者だけでなく経営やファイナンスのスペシャリストが一挙に起業家のもとに集結する。そこに多大なリスクマネーが注がれる。うまくいかなければ早々に見切りをつけ、ヒト・モノ・カネは次の「未来のユニコーン」へと移っていく。２０１１年にフェイスブック（現・メタ）が本社として購入したのは、ワークステーションで一世を風靡した米サン・マイクロシステムズが拠点を構えていた土地だった。こうした新陳代謝の上に、シリコンバレーは成立している。セラノスのような企業がしばしば出てくるのはシリコンバレーの「イノベーティブな生態系」の１つの側面と言ってよい。

良くも悪くも「超多産多死による高速の新陳代謝」、ここにシリコンバレーにユニークな生態系の特質がある。それは良くも悪くも「ワン・アンド・オンリー」のもので、別の空間に再現することはほとんど不可能だろう。この四半世紀にわたって日本で「シリコンバレーに学べ！」と言い続けていることそれ自体が、シリコンバレーの再現性のなさを逆説的に証明している。

もちろんシリコンバレーに学ぶことは多々ある。しかし、それを自国や自社の文脈にうまく移植できなければ成果は生まれない。そもそも超多産多死の生態系は万能ではない。インターネットのような変化の激しい、しかもオペレーションの蓄積をそれほど必要としない情報技術には完璧にフィットしても、それとは異なる性格を持つビジネスにとっては、かえって仇になる面もある。

米国の中でもシリコンバレーはごく特殊な地域だ。当然のことながら、シリコンバレー以外にも優れたアメリカ企業はたくさん存在する。アマゾンはひたすらリアルなオペレーションに投資をし、サプライチェーンをぶん回すド商売の会社だ。アマゾンがシリコンバレー発の会社でないことは象徴的だ。

人口は増えても減っても「諸悪の根源」

遠近歪曲は時間軸上でもしばしば起こる。つまり、「昔のことほど良く見え、現在進行中のことは深刻に見える」というバイアスだ。

明治維新期に３４００万人程度だった日本の人口は、終戦時にはおよそ７２００万人と倍以上になった。その後さらに増加を続け、２００４年には約1億２８００万人となったが、この年をピークに減少に転じ、現在までおおむね年率０・２％程度で減少が続いている。少子高齢化に伴う人口減少は日本の最大の課題として認識され、ありとあらゆる社会的、経済的な問題が人口減と関連づけられて論じられるようになった。「人口減少＝諸悪の根源」の観がある。ようするに、人口が増え続けていた昔は良かった、それに比べて人口減少に直面している今は大変だ、という話だ。

これにしても、タイムマシンに乗って過去に遡ると、面白いことに気づく。それほど遠くない昔、日本では「何とかして人口増加に歯止めをかけなければならない」という、今とは正反対の議論をしていた。歴史を振り返れば、「人口増が諸悪の根源」という期間の方がはるかに長い。かつては社会の敵だった人口増加が今では最上の友となり、かつては実現すべきゴールだった人口抑制が、今では全力で克服しなければならない課題となる。人口は増えても減っても「諸悪の根源」なのだ。

現在では、「移民」というと人口減で労働力不足の日本に外国人を受け入れるというインバウンドをイメージする。ところが、かつては移民といえば100%日本から海外に移住する人々を意味していた。明治から大正初期にかけての日本では人口増加による食糧難が喫緊の課題だった。

大正時代の後半に入ると、移民という事後対処ではなく、「産児制限」で人口増を未然に防ぐべきだという発想の転換が生まれる。子供が次々に生まれてしまうから、女性はいつまでたっても育児に追われることになる。女性の負担が過大になり、一生家庭に縛りつけられるため社会進出も進まない――産児制限活動の先頭に立ったのは女性解放運動だった。

今日では「仕事をしながら子育てしやすい環境と社会制度の整備」が女性の社会進出を促進するというコンセンサスが形成されている。しかし、当時は人口抑制こそが「働き方改革」の一丁目一番地だった。女性の社会参画を進め、生産性を上げるためにはとにかく出生児数を減らさなければならない――これが最も「リベラル」で「先進的」な考え方だった。

戦後になっても「人口増で日本は行き詰まる」という危機感は続く。「人口増加が高度成長をもたらした」という意見はもっともに聞こえるが、当時はまったく逆の議論がなされていた。1962年の英エコノミスト誌の特集記事「驚くべき日本」は「(a)甚だしい人口の過剰、(b)どうにもならぬ耕地の不足、(c)天然資源の極端な貧しさ、これらは日本の伝統的な不利とされ、この弱点の故に、島国日本は永遠の貧困を宿命的に負わされていた」にもかかわらず、日本が戦後復興を果たしたことに驚嘆している。

１９６０年代を通じて日本は経済的に豊かになったものの、依然として「人口増が諸悪の根源」だった。その典型が「住宅難」だ。人口増による住宅不足は１９６０年代以降の人口増加問題の最大の論点だった。全国各地に「ニュータウン」が相次いで出現し、増加する人口の受け皿となった。

要するに、明治時代から１９８０年ごろまでの１００年以上、人口増加は一貫して日本の課題であり続けた。食糧難を解決するための移民、人口抑制のための産児制限、住宅難を解決するための宅地開発――その都度「切迫した事態に対する喫緊の対応策」が叫ばれた。

ところが、１９９０年代にようやく人口減少の兆しが出てくると、人々は手のひらを返したように「人口減少は諸悪の根源」「少子化対策は喫緊の課題」と言い始める。それまで「人口さえ減れば問題は解決する」と言い続けてきたのだから、人口減少がいよいよ実現した今、国民をあげて人口減少を寿いでもよさそうなものだが、「人口減少が問題だ。人口さえ増えれば……」となる。現在進行形の状況については問題ばかりが目立ち、過去については悪いことが視界から消え、あたかも問題がなかったかのように思い込む――遠近歪曲の典型だ。

人口7000万人の日本のビジョン

少子化に歯止めをかけることは大切だ。しかし、せいぜい「マイナスを少なくする」ことにしかならない。対症療法的に少子化対策を列挙しても、そこにはビジョンはない。遠近歪曲に嵌ると、視野狭窄を起こす。目先の問題解決に明け暮れて、骨太の戦略構想が出てこない。

確かに人口減少は様々な問題を引き起こす。「国力が衰退する」という漠然とした危機感が共有されている。本当にそうだろうか。事実として、過去の日本においては「人口増が諸悪の根源」「人口増を抑制しなくてはいけない」と真剣に論じていたのである。考え方によっては、少子高齢化は新機軸を打ち出す絶好のチャンスだ。まったく知識がない人に、「こういう面積の日本という島国がありまして、国土の7割は山で耕作ができない上に、天然資源もほとんどないのですが、人口はどれぐらいが適正でしょうか?」と聞いたら、「うーん、ま、多めに見積もって1000万人ぐらいかな……」と答えるのではないか。1億2000万人という人口は、成熟した日本で人々が創造的で穏やかな暮らしをしていくにはそもそも多すぎるのかもしれない。

日本の人口が7000万人になったとする。これは敗戦時の満州も合わせた日本の総人口だ。大変なのは人口が減った末の日本ではなく、定常状態になるまでの過程だ。社会保障費が増大する。生産人口が減り、社会保障費を担う納税者への負担はますます大きくなる。人口が急速に減少する過程ではさまざまな苦しいことが起きる。それは確かに大変なのだが、前から分かっていたことだ。戦時の空襲よりはマシだろう。

だからこそ、リーダーにはビジョンを描く力が求められる。聞こえの良い対症療法は問題を先送りするだけだ。人口減少を受け入れて、その先に豊かな未来のビジョンを描いた方が得策だと考える。人口減少で国が衰退すると言うが、ドイツは人口8300万人、スウェーデンは1000万人、スイスに至っては850万人だ。人口は繁栄の必要条件でも十分条件でもない。人口減少を前提に、将来の7000万人の日本のポジティブなビジョンを描く。そこにリーダーの役割がある。人口減の先にある日本に希望が持てれば、人々はついてくるはずだ。

「マクロ環境他責」の愚

『日経ビジネス』1976年9月25日号の特集記事には、「揺らぐ日本的経営」という見出しが躍っている。「『日本的経営』の中で醸成されてきた企業倫理が、全く異質の論理による挑戦を受けている」「日本的経営の根本を成り立たせてきた終身雇用などのシステムが崩壊しつつある」──言っていることが今とほとんど変わらない。半世紀を経た現在でも「日本的経営」は着実に崩壊を続けている。裏を返せば、50年かかってもまだ崩壊しきっていない。「日本的経営」の盤石さ（?·）に驚く。

なぜこういうヘンな話になるのか。議論の設定に問題がある。「日本的経営」とは何を意味しているのか。概念があまりに緩い。そもそも「日本企業」という主語には錯誤がある。個別の企業が競争の中で勝ったり負けたりしているわけで、ここを見なければ競争力の正体は分からない。「日本」とか「日本企業」というマクロの集合名詞ではザルの目が粗すぎる。

本来的にミクロの次元にある個別企業の競争力の優劣や経営の巧拙が、無意識のうちに「日本企業」「日本的経営」というマクロ次元の問題にすり替わり、問題の所在があたかもマクロ要因にあるかのように思い込んでしまう。1980年前後の「Japan as No.1」に代表される日本的経営礼賛論の全盛期でも、すべての「日本企業」が強かったわけではない。日本のごく一部の企業が国際競争力を持ったというのが本当のところだ。逆に現在の「停滞した日本」にあっても、独自の戦略に磨きをかけ、競争力を強めている企業も少なくない。

企業経営についての評価や議論で「マクロへのすり替え」が頻発するのはなぜか。私見では、その最大の理由は「他責思考」にある。どうもうまくいかない。不満や鬱屈がたまっている。もちろんその多くが自分の責任なのだが、責任をおっかぶせる犯人を探す。このときに一番都合がいいのが、「日本」というマクロシステムだ。

経営者が「会社の経営が悪い」と結論してしまえば、「お前のせいだろ！」となる。これが面白くない。「日本が悪い」としておけば、自責に戻ってくる心配はない。生まれた国は選べないからだ。マクロへのすり替えは他責性能に優れている。気分安らかに思考停止できる。

「時代が悪い」という環境他責も相似形にある。上場企業が提出する有価証券報告書に頻出する定型句に、「少子高齢化による国内市場の縮小によって……」という文言がある。それは事実なのだが、いつの時代なら「良い」のか。高度成長期は確かに元気な面もあったのだが、それでも問題は山積していた。さらに古い時代と比べれば、今は相当にマシなはず。「戦国時代だったら、どう？　仕事で失敗したら比喩でなく詰め腹を切らされるよ」とか

「縄文時代だったらいいの？　竪穴式住居の冬はけっこう寒いらしいよ」――いくらでも突っ込み可能だ。

何かにつけて「マクロ環境他責」へと流れた揚げ句に思考停止に陥る――二流経営者の特徴だ。すべてが都合良くお膳立てされているような状況はあり得ない。いつの時代であっても、どこの国でも、企業経営を取り巻く環境には機会と脅威が混在している。

夏になると「暑い暑い」、冬になると「寒い寒い」と言う――人間はそういうものだ。しかし、経営者までも一緒になって「暑い」だの「寒い」だの言っていては話にならない。夏に人々が「暑い暑い」と言っているときに「今は寒くはないぞ……」と機会を見出す。寒い冬に「それでも暑くないのだから、こういうことができるはずだ」と戦略を構想する。ここに経営者の本領がある。

「日本企業」という企業は存在しない

為替変動のようなマクロレベルの経済現象であれば、「日本企業」への影響を論じてもいい。ラグビーのワールドカップであれば、「頑張れ、ニッポン！」というかけ声には論理的な齟齬はない。国別対抗戦だからだ。しかし、「日本企業」はフィクションに過ぎない。戦っているのはあくまでも個別の企業である。

筆者が所属している一橋ビジネススクールは、優れた戦略を表彰する「ポーター賞」を運営している。この20年間の代表的な受賞企業を見ると、日本電産（現・ニデック）、良品計画、プラン・ドゥー・シー、ファーストリテイリング、リクルート、星野リゾート、丸井グループ、カチタス、ワークマン、ミルボンといった名前が並ぶ。それぞれに独自性を研ぎ澄ませた戦略で業界平均を大きく上回る長期利益を実現している。こうした優れた企業の経営は、昭和時代にモデル化された「日本的経営」とは異なる。さらに重要なこととして、こうした企業のなかにも大きな違いがある。いずれも日本の企業だが、それぞれに異なった経営で成果を出している。

このことは米国にも当てはまる。ＧＡＦＡや、ネットフリックス、テスラといった成長企業、デュポンや３Ｍ、

GEといった老舗、ナイキやマクドナルド、スターバックスなどのコンシューマーブランド――日本ではこのような超有名企業をイメージして「米国企業」「米国式経営」が語られる。しかし、こうした企業は米国でもごく一部にすぎない。

日本の『会社四季報』と同じ体裁で全米の上場企業を一覧できる『米国会社四季報』という本が出ている。ざっと眺めてみるだけで、「米国企業」の実像が概観できる。試みにある見開き2ページを開いてみると、「ドーバー」「フローサーブ」「ザイレム」「スナップオン」の4社が掲載されている。その業界で仕事をしている人は別にして、ほとんどの人は社名も聞いたことがないだろう。ドーバーは工業製品・設備メーカー、フローサーブは流体制御機器メーカー、ザイレムは浄水システムメーカー、スナップオンは業務用工具メーカーで、いずれも数千億円規模の売り上げの大企業で、なかなかの高収益を上げている。それぞれに優れた経営をしているのだろう。そしてその経営スタイルはGAFAやテスラのそれとは大きく異なるはずだ。「アメリカ的経営」というのもまた幻想だ。米国でも日本でもどこの国でも、多種多様な企業の集積で一国の経済が成り立っていることには変わりない。「ダイバーシティが大切だ」と言いながら、企業の多様性を無視し、存在すらしない「日本企業」を主語にして企業や経営を論じる。いかにも矛盾している。

なぜメディアでは相変わらず「日本企業の競争力」「日本的経営の崩壊」といった頓珍漢な議論が横行するのか。私見では、その理由は、この日本という国がいまだに（無意識のうちに）高度成長期の幻影を引きずっていることにある。確かに日本の戦後復興と経済大国への高度成長は世界史的にいっても奇跡的な出来事だった。それだけ成功体験が強烈だったのかもしれない。

国や地域にある条件がそろうと、高度成長が訪れる。ずっと昔の英国、次に米国、戦後になって日本が高度成長を経験した。その後、韓国が「漢江の奇跡」と言われる高度成長を遂げ、今世紀に入ってからは中国が台頭した。いずれにせよ、一国の高度成長期は人の一生でいえば青春期のようなものだ。いつまでも続かない。いつかは必ず大人になり、やがて成熟する。中国も例外ではない。この20年の高度成長期もいよいよ終盤に近づいてきた。

船に例えれば、高度成長期の主役は巨大帆船のような企業だ。太く高いマストに大きな帆をかければ、強力な追い風を受けてグイグイと前に進んで行く。船の推進力はひとえに帆の面積とそれを支える船体の大きさにかかっている。「大きいことは良いことだ」となる。

ただし、帆船は皆同じ方向に進んでいく。目指す方向や戦略にさほどのバリエーションはない。高度成長期には、本来は個別特殊的な企業経営であっても、そこに一定の共通したパターンを見出しやすかった。昭和の高度成長期であれば、「日本企業」を主語にして「日本的経営」を論じる意味はあったかもしれない。

成熟期に主役となる企業は高性能のクルーザーだ。船体はそれほど大きくなくても、追い風に頼らなくても進んでいける強力なエンジンを積んでいる。帆船との最大の違いは、キャプテンである経営者が自ら進む方向を決めるということだ。それぞれが各自の意思で違った方向に進んで行く。

成熟は多様性をもたらす。高度成長期が終わってすでに半世紀を経た今、「日本的経営」というモデルは幻想にすぎない。「日本企業」という大雑把な集合名詞はもはや意味を喪失している。いい加減この辺で「日本企業」を主語にした思考と決別すべきだ。

「日本企業」という企業は存在しない。この当たり前の事実を改めて確認しておきたい。

２０２１年12月

みにくいアヒルの子を白鳥に

兄弟と異なる姿に生まれたアヒルのひな鳥は、周囲から辛く当たられ家を出る。放浪生活に疲れ切ったひな鳥は死を覚悟して水辺に行く。ところが、水面に映る自分の姿はアヒルではなく白鳥だった。悲しみから解放されたひ

図6　3つのステークホルダーの関係

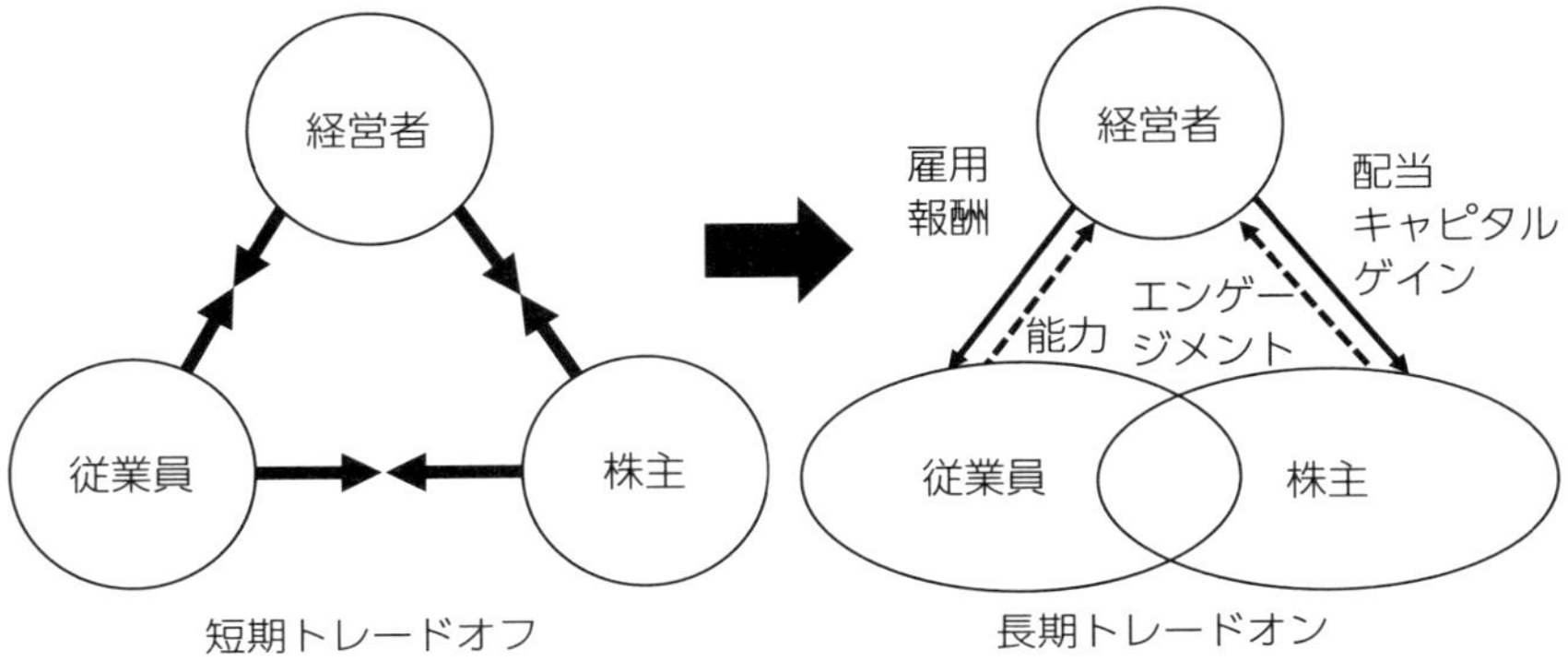

な鳥は言う。「ぼくがみにくいアヒルの子だったときには、こんなに幸福になれようとは夢にも思わなかった！」――アンデルセンの童話『みにくいアヒルの子』だ。

取引関係の維持を目的に保有されている政策保有株は、企業統治の規律を歪めるとして批判の的になってきた。しかし、株主によるエンゲージメント（投資先企業の経営に対する積極的な関与と助言）という補助線を引くと、違った景色が見えてくる。政策保有株は「みにくいアヒルの子」であり、日本にユニークな「白鳥」となる可能性がある。金融機関が持つ政策保有株が5割以上を占める。金融機関が政策保有株を再定義し、エンゲージメント投資家に脱皮すれば、企業統治に健全な規律を与え、ひいては上場企業の成長力や収益力の回復に貢献し得る。

株主のみならず幅広い利害関係者を取り込んだ企業統治が求められている。しかし、これは「シェアホルダー（株主）資本主義対ステークホルダー資本主義」といった体制選択の問題ではない。「短期対長期」という時間軸上のスタンスに帰結するというのが著者の見解だ。

図にある3つのステークホルダーの関係で説明しよう。短期的には三者の利害はトレードオフの関係にある（左の図）。賃金を増やせばその分利益が圧迫される。配当を増やせ、自社株を買えと要求してくる株主に対して、経営者は防御的な姿勢を固める。株主は合理化のためのリストラを歓迎するが、従業員にとっては迷惑な話だ。こうした中で株主の力が過大になり、それに経営者が追随すると「株主至上主義」となる。

しかし、こうした三者対立は短期視点に立脚した構図に過ぎない。時間軸を十分に長くとれば、鼎立は自然に解消する（右の図）。経営者が長期的に稼ぐ力がある商売をつくり上げれば、雇用が生まれ、賃金も増える。従業員が力を合わせて能力を発揮すれば、稼ぐ力はますます強まる。その結果として株価は上がり、配当原資も増え、株主も果実を手にできる。さらには、従業員が株の一部を保有していれば、長期的な資産形成にもなる。短期のトレードオフは解消され、みなが豊かになるトレードオンの関係に変容する。これは何も「ステークホルダー資本主義」というような新しいモデルではない。今も昔も変わらない経営の王道だ。

「長期」とは物理的な時間の長さではない。長期の本質はトレードオフをトレードオンに転化することにある。短期的には矛盾であっても、長期で構えれば矛盾を矛盾なく乗り越えることができる。とかく短期視点に流れがちな世の中だ。本来の長期視点を取り戻すのは誰か。ここに問題の中心がある。長期トレードオンのカギは、従業員でも株主でもなく、一にも二にも経営者が握っている。すべての起点は持続的な競争優位を持つ事業開発にある。

しかし、である。言うは易く、行うは難し。四半期ごとの業績開示をはじめ、上場企業の経営者はさまざまな「短期の誘惑」に取り囲まれている。しかも長期の成り行きは誰も予想できない。見通しが利く短期へとなびいていくのは人間の本性だ。だからこそ、経営者と長期株主との対話が重要になる。

アクティビスト（物言う株主）と言うと、長期的な企業価値を破壊しても目先の利益を得ようとする「ハゲタカ」のイメージが強いかもしれない。しかし、個別企業の存在意義と成長性・収益性を見据えるエンゲージメント投資家も一部には存在する。彼らの行動を支える論理は「複利」にある。長期であるほどリターンも大きくなる。自己規律や倫理観ではなく、自らの利益のために長期視点で投資先企業の将来を真剣に考えざるを得ない。広い視野と深い知見を持つ長期株主は長期経営の友と言ってよい。株主に「使われる」のではなく、株主を「使いこなす」のが優れた経営者だ。

将来に向けた顧客と市場の創造や、持続的な競争優位を持つ事業の開発には、大きなリスクとコストが伴う。目先の業績維持に傾くと、経営者は果断な意思決定に踏み切れなくなる。こうした成り行きでポテンシャルを十全に発揮できずにいる上場企業は少なくない。最終的な意思決定をするのは経営者であるにしても、エンゲージメントによって株主は経営者の背中を押すことができる。

長期を見据えた戦略ほど、客観的なエビデンスやファクトでは説明が難しくなる。長期的な成長や収益拡大の大勝負に打って出る経営者の戦略構想は、一般の株主から理解を得られないことが多い。こうした局面で、経営者と戦略意図を共有し、その実行を側面支援する「エンカレッジメント投資家」は経営者にとってまたとない力になる。

銀行は死蔵する政策保有株を再定義し、長期エンゲージメントを通じたエクイティ・ガバナンスの担い手へと脱皮するべき時にある。その理由はいくつもある。第1に、低金利が続く日本においてはデットを軸にした従来の企業金融の価値が薄れている。第2に、すでに大量の株式を保有している。活かしていないだけだ。第3に、株式を持つ個別企業の経営の中身について、他の株主よりも圧倒的に豊かな知識の蓄積がある。最も重要なこととして第4に、長年にわたる取引を通じて形成された一定の信頼関係を基盤に、経営者との対話を進めやすい。企業の経営者側から見れば、エンゲージメントを受け入れやすい。これは短期的な利益の最大化を目指すアクティビストはもちろん、他の長期投資家にもない強みだ。

ただし、政策保有株を真の「白鳥」にするためには、少なくとも3つの課題がある。第1に、仕分け。長期エンゲージメントに値する企業とそれ以外の企業とに保有株を仕分けする作業がまず必要になる。後者はただの「みにくいアヒル」でしかない。保有株は前者に集中するべきだ。第2に、仕切り。政策保有株は通常の金融サービス取引を獲得・維持する手段として定着している。仕分けには銀行内部で相応の抵抗があるだろう。内部のコンフリクトを乗り越えるためには、従来の取引業務のラインとエンゲージメント部隊をはっきりと仕切る必要がある。第3

に、人材。投資先についての知識や情報があるだけでは不十分だ。長期エンゲージメントの実行は、従来の金融業務と異なる能力を必要とする。実効性のあるエンゲージメントの担い手を育成しなければならない。

こうした課題を克服すれば、銀行には長期エンゲージメント株主としての条件がそろっている。短期リターンを目指して無理難題を押しつけるアクティビストとは一線を画した存在になれるはずだ。スチュワードシップ・コード（責任ある機関投資家の行動規範）にあるように、本来機関投資家は企業経営をサポートする執事（スチュワード）だ。

アンデルセンの童話のエンディング部分にはこうある。「白鳥はとても幸福でしたが、少しもいばったりはしませんでした。心の素直なものは決していばったりしないものです」――銀行が白鳥となった政策保有株を活用し、真摯な企業統治の担い手へと進化する。これがあるべき進化の方向だと考える。

２０２２年５月

競争戦略の視点から見たＥＳＧ

企業の社会貢献の本筋

ＥＳＧ（Environment, Social, Governance）やＳＤＧｓ（Sustainable Development Goals）、サステナビリティといった言葉がよく使われるようになりました。一言でいえば、企業経営についても社会性が求められるようになってきたということです。競争戦略の観点から見たＥＳＧについての僕の考えをお話ししたいと思います。

大前提として、企業経営にとってのＥＳＧやＳＤＧｓは、政治や行政やＮＰＯにとってのそれとは意味が異なります。企業にとっての最終ゴールは「長期利益」です。ＥＳＧやＳＤＧｓの時代になっても、この原理原則は変わりません。

僕は目標と目的を分けて考えるようにしています。企業には、顧客に対して価値を提供するという目的、もう少し大きな言葉でいえば志、最近の言葉遣いでいえばパーパスがあります。長期利益は目的それ自体ではありません。しかし、成果指標という意味での目標は長期利益であるべきです。

目的と目標はコインの両面です。長期利益が出ているということは、お客さまに対して独自の価値が提供できているということです。きちんと儲かり続ける商売があるからこそ、雇用が守れて給料が払える。長期利益が出ていれば株価が上がるし、株主に配当も支払える。「短期的な利益」であれば、客をだまして儲ける、従業員を泣かせて儲ける、株主に嘘をついて儲けることもできます。しかし、こんな経営は続きません。長期利益――資本コストを上回る利益である超過利潤を出し続ける――が企業経営の優劣を測る物差しだということです。

そもそも「納税」が企業の最大の社会貢献だというのが僕の考えです。顧客、従業員、株主という直接的なステークホルダーを差し引いた剰余部分を「社会」と考えれば、いちばんインパクトのある社会貢献は納税です。ばんばん儲けて、ばんばん納税――これが企業による社会貢献の本筋のはず。その点で企業という経済主体による社会貢献は政治や行政、ＮＰＯとは大きく異なります。

この点でトヨタは尊敬に値します。もちろん競争戦略という視点から見て優れているところはあるのですが、それ以前に日本の国民としてトヨタに感謝しています。税金をしこたま払ってくれるからです（６６００億円／２０１９年３月期）。しかも、払い続けてくれる。それができるのは、長期にわたって持続的な利益を上げているからです。トヨタ砲一発でかなりの社会福祉が支えられている。もしトヨタクラスの稼げる会社が日本にあと30発あったら、一体何が起こるでしょうか。法人所得税収20兆円増――多くの社会的問題を解決できます。

法人所得税によって創出された原資を使うのは政府です。政府は極めて非効率です。政府のおカネの使い方には大いに問題があります。「もっと政府が効率的にお金を使わないと税金を払う気になんてならない」「せっかく汗水垂らして稼いだお金が、こんなに無駄遣いされている」――その通り。

しかし、です。これまで「うちの政府の税金の使い方、最高だな！」と言っている国民は、日本に限らず、歴史上存在したためしがありません。これは民主主義のコストです。改善の余地はふんだんにあるにせよ、どうしても政府は非効率になる。抜本的に克服するとしたら、民主主義をやめるしかない。それはそれで大問題です。

非効率であればあるほど「貧すれば鈍す」に陥りやすい。税収が細くなるともともと非効率な政府による資源配分がますますヘンなことになる。コロナ騒動下でも今年（２０２１年）の税収は少し増えました。不幸中の幸いです。ワクチン一本打つにもおカネがかかる。税収をさらに太くしていくということが企業経営の役目です。

その一方で、えげつない租税回避をする経営者がいます。これこそ反社会的行為です。私見では、過剰な租税回避の禁止こそESGやSDGsの一丁目一番地です。最近は機関投資家が投資先の企業に対してきちんとした納税の責任を求めるようになってきました。特にヨーロッパでは、過激な節税策をとる企業への投資を見送る大規模機関投資家が出てきています。例えばノルウェー政府年金基金の運用を担っているノルウェー銀行インベストメント・マネジメントは、「これからは適切で透明性のある税務を期待する」という宣言を出しています。実際に基準に合わない租税回避をしている7社を投資対象から外しています。オランダのある運用企業は税務責任の原則を定め、これを２０２5年までにすべての投資先に適用するという方針です。

なぜヨーロッパなのか。ヨーロッパには租税回避をする企業が多いからです。ヨーロッパの投資家の集まりであるシェアホルダーズ・フォー・チェンジという団体の調査では、上場企業の租税回避額はアメリカが５００億ドル、ドイツが２４０億ドル、フランスが１４０億ドル、イギリスが１００億ドル。経済規模を考えれば、ヨーロッパには租税回避する企業が相対的に多い。日本は40億ドルです。アメリカやヨーロッパよりはかなり少ない。これは日本が誇るべきところです。例えばロームは、対外的な税務方針でタックスヘイブン（租税回避地）は利用しないと表明しています。ESGの観点から見ても素晴らしいことで、もっと注目されるべきだと思います。

商売がめざすのは長期利益。勝利条件がシンプルでスカッとしている。ここが政治や行政、ＮＰＯとは違うところです。余計なことを考える会社ほどヘンなことをする。ＥＳＧやＳＤＧｓは誰がどう見ても正論ですが、経営を枝葉末節に向かわせてることになりかねません。経営者が長期利益を真剣に考えて突き詰めることが、結果的にＥＳＧやＳＤＧｓを満足させる最善の道だというのが僕の見解です。

すでに強調したように、長期利益の創出による納税こそが企業の社会的貢献のど真ん中、本筋中の本筋です。ただしこの場合、使途を決定するのは政府です。企業の側から見れば納税はあくまでも間接的な貢献です。政府による徴税と再配分というメカニズムを通すことになる。これがどうにもまどろっこしい。もっと企業が直接的に社会に貢献することが可能ではないか。こうした考え方は、かつてはＣＳＲ（Corporate Social Responsibility：企業の社会的責任）というコンセプトで論じられてきました。

マイケル・ポーター先生は僕が仕事をしている競争戦略という分野を作った方です。彼が10年ほど前にＣＳＶ（Creating Shared Value：社会共通価値の創造）という概念を提唱しました。社会共通価値をつくることが企業の使命であるという議論です。ポーター先生は昔からストレートな資本主義者です。そういう人がＣＳＶを提唱した――「宗旨変えじゃないか」と多方面から突っ込まれました。そのころ、ポーター先生と議論する機会がありました。「どうしてＣＳＶなんですか」と聞くと、「これからはＣＳＶが最強の利益ドライバーだからだ」と即答されました。論理はまったく変わっていない。

これがまさに競争戦略的な視点の本質です。フィランソロピーとか寄付とかＣＳＲというのはもちろん大切なことです。ただそれは、商売をいったん横に置いた上でやること。一方のＣＳＶは、商売のど真ん中で社会貢献をする。実際の社会的問題の解決を、商売そのものとして実行する。こうなると公的な部門がやるのとはまったくスケールが違ってきます。実行の当事者となる企業の真剣味も違います。民主主義政府に不可避の非効率からも解放される。つまり、より社会課題の解決が進み、商売としても儲かる。これがＣＳＶの考え方です。

逆に言えば、社会課題の解決を商売そのものの中にきちんと取り込めないと、大したインパクトにはならない。

「もしかしたら、それ政府がやったほうがいいんじゃないの？」「それを支えるのに税金を払っていたほうがいいんじゃないの？」ということで、間接的な社会貢献に戻ってしまいます。

「E」は実需

まずはESGのE、環境について。

サステイナビリティについて「これをしろ」「あれをやれ」「これはだめ」と風紀委員が指導してくるような社会的圧力があり、それを受けて企業が「やらざるを得ませんな……」という対応をする。これではタダの規制です。

Eは大きなビジネス上のチャンスだと考えた方がイイ。特にヨーロッパでE問題は政治世論として極めてシリアスで、文字通り社会の共通的な価値観になってきています。その最大の理由は、ヨーロッパの気候変動が今世紀に入ってからいよいよ深刻になっていることにあります。2003年の猛暑では約7万人の人が亡くなりました。2007年もヨーロッパ全体で5万人以上が熱波で亡くなっています。つい最近も、2019年6月の熱波でフランス南部の気温が45度を超えて多くの人が亡くなった。こういう現実を目の当たりにして「本当にCO_2を削減しなければいけない」という価値観が醸成されました。

今やEは単なる規制やルールではなく、「実需」です。産業財で言えば、CO_2削減に関わるさまざまな技術、装置、サービス、プロセス、こういうものが広範かつ大きな需要として広がっています。環境負荷を減らしていく活動は、ターゲットを決めて長い時間をかけた改善がカギになります。現場で毎日動いているいろいろな人を巻き込んだオペレーションを総動員して、取り組むべき問題です。相対的に日本に向いている分野かもしれません。

そもそも、日本人のライフスタイルがもともとE志向です。このことは相当に大きな意味を持っている。「何で真夏にこんなに冷房効かせてセーター着てるの？」――シンガポールに行くたびに疑問に思います。Eは自然と共生していくという日本人の価値観がストレートに生きる分野のはずです。

消費財の世界でも、Eはいよいよ実需になってきました。ファーストリテイリングのお手伝いをしていて深く感じるところです。例えばユニクロは、ペットボトルのリサイクルで作った糸でできた商品を以前から売っています。洋服のリサイクルをはじめ、ジーンズの製造工程で大量に使う水を99％削減する「ブルーサイクルジーンズ」など、社会課題に対して継続的に投資をし、商品を開発し、販売している。

30年前であればこういう商品を買う人は、社会に対する意識が特別に高い一部の人に偏っていました。ところが今やヨーロッパの消費者を見ると、普通の人々がユニクロに共感している。毎年流行の洋服を買って、ばんばん捨てるというこれまでのファストファッション的な消費はカッコ悪い。むしろ社会課題と向き合っているメーカーのものを長く着る方がクール――特に若い人々の間で意識が変わってきています。

日常の消費においてもEが価値基準になっている。これがEが実需になっているということの意味です。裏返して言えば、真剣に長期利益を突き詰めれば、必然的にE条件を満たさなければいけないということになります。

「S」は経営規律

次はESGのS、社会についてです。Sにはいろいろな切り口があります。ぱっと思いつくのはダイバーシティです。女性の活躍推進や働き方改革が論点となってきました。

もっと女性が活躍できる世の中になるべきだと僕も思います。フェミニズムのような思想もあれば、これまでの歴史で女性が理不尽な犠牲を払ってきたという事実もあります。それはそれとして、僕の考えは、女性が活躍した方が単純に「商売として得」だというものです。普通に考えて女性、男性それぞれにいろいろな人がいる。能力も同じように分布しているはずです。人口の半分は女性です。これを母集団から外すのは、とんでもない損失です。長期利益を上げるための人的能力を合理的に獲得しようと思えば、女性の活躍という伸びしろのある分野に着目するのは自然にして当然です。LGBTにしても、性的なマイノリティーをどんどん包摂していったほうが、商売としても大いに得であるはずです。

ＳＤＧｓはどうか。貧困の撲滅とか飢餓をゼロにといった17個のターゲットが設定されています。誰が聞いても間違いなく「正しいこと」「良いこと」です。誰も反対しない正論なのですが、スーツやジャケットの胸にあるＳＤＧｓのカラフルな輪のバッジを見るたびに、思うことがあります。

行政官とか公務員、政治家がＳＤＧｓバッジを付けているのは理解できる。しかし企業の経営者がしたり顔でバッチをつけているのを見ると、「その前にやるべきことがあるのでは」と思います。なぜか。ＳＤＧｓのイの一番に出てくる目標は「貧困の撲滅」です。ＳＤＧｓバッジの経営者を見るたびに「もっと儲かる商売をつくって、自分の会社の従業員の給料を増やすのが先決ではないですか」と言いたくなる。従業員が納得する給料も払えない企業が、アフリカの貧困を撲滅できるわけがありません。

日本の上場企業の平均値を見てみますと、財務的な成果指標であるＲＯＡ（総資本利益率）やＲＯＥ（自己資本利益率）は、この10年間で改善傾向にあります。ところが、労働分配は減っている。つまり財務指標を改善する背後で、賃金が犠牲になっている。

最低賃金を上げろという議論に僕は大賛成なのですが、それはあくまでも政治レベルの意思決定です。それはそれで大切なことですが、もっと大切なのは経営者が労働分配を増やすということです。原資がないと分配できません。きっちりと儲かる商売を経営者がつくることが賃上げの大前提です。Ｓを良くしようと思ったときに企業ができることを突き詰めると、儲かる商売に行き着く。つまりここでも結論は長期利益ということになります。

企業が評価される場としては、３つの市場があります。１つが資本市場。ここで株主や投資家から評価される。２つ目が製品やサービスの競争市場。ここでお客さまから評価される。３つ目が労働市場です。労働市場で働き手から評価される。過当競争になりがちの日本では、以前から競争市場からのプレッシャーは効いていました。この10年間で、資本市場からの規律が効き出しました。所詮人間がやっていることです。規律が働かないと、どうしても緩む。資本市場での株主からの規律が効いて、ＲＯＥは向上しました。

ここへ来て人手不足という課題がいよいよ前面に出てきました。ついに日本でも労働市場からの規律が効いてきた。これは日本にとってひとつの希望です。人手不足は21世紀の日本に降り注いできた恵みの雨とすら思います。

例えば「働き方改革」。理不尽な職場をなくしてもっと働きやすい環境をつくることで生産性を上げる。30年前はただのかけ声として受け流していた経営者が多かった。ところが今となっては、働きたくなる職場でないと働き手が来てくれない。これは素晴らしい変化です。Ｅが競争市場での実需になってきたのと同様に、Ｓが労働市場における実需になってきたということです。

労働市場から評価されない企業は、淘汰される時代になりつつあります。Ｓがちゃんとしていない企業は持続的に儲けることができないという成り行きです。Ｓ問題も結局のところ長期利益に収斂するというのが僕の見解です。

「Ｇ」は対話

最後はＥＳＧのＧ、ガバナンスです。

２０２１年の株主総会の時期に、２０２０年の株主総会においてもの言う株主、アクティビストを排除しようとした企業の事件が取り沙汰されました。上場した以上、きちんと株主と正面から向き合うのは当たり前です。経営の原則は自由意志。アクティビストがイヤであれば上場をやめればいい。誰も上場してくださいなんて頼んでいません。自分たちの意志で上場しているのに株主と正面から向き合えないような会社は、資本市場からの規律が高まる中でもはや立ち行かないことになると思います。

上場企業である以上、高いＲＯＥ（自己資本利益率）が求められる。ＲＯＥというのは分母がEquity（自己資本）で分子がReturn（利益）、自己資本の上に利益が乗っているという指標です。株主が自分の投資したお金でいくら利益が出るのかを気にするのは当たり前です。「ＲＯＥなんて気にするな」というのは、蛇に「クネクネするな」

というのに等しい。

昔の話ですが、デュポンという会社がＲＯＥを３つの要素に因数分解するという分析手法を思いつきました。これが今でも財務分析でよく使われている「デュポン分解」です。１つ目は売上高純利益率。どれくらい儲かっているのかという指標です。２つ目が総資産回転率。会社の総資産がどれだけ効率的に売上高を生み出したかを示す指標です。３つ目が財務レバレッジ。自己資本と他人資本を合わせた総資本を自己資本で割ったもので、つまり借金の比率を意味します。売上高純利益率×総資産回転率×財務レバレッジは自己資本利益率に等しくなります。

６月３日（２０２１年）の日本経済新聞に、アメリカとヨーロッパと日本における上場企業のＲＯＥ上位10社のランキングについての記事がありました。この記事が面白いのは、ＲＯＥ順に並べるだけでなく、デュポン分解した３つの指標をあわせて比較しているところです。それによると、日本のＲＯＥ第１位は川崎汽船でＲＯＥが68・１％。りっぱな数字ではありますが、このところの海運の需給のひっ迫と株式売却益で利益率が上昇しているので、追い風参考記録と考えたほうがいい。

第２位がソフトバンクグループ。ＲＯＥが61・９％ですが、分解すると純利益率が88・６％というとんでもないことになっています。ＳＢＧは投資会社ですので、瞬間風速的に投資益が出たことが大きい。普通の事業会社にとってはあまり参考にはなりません。

４位はアドバンテスト、５位は東京エレクトロン、以下日本郵船、三井金属鉱業、ソニーグループ、中外製薬、エムスリーとなります。アドバンテストや東京エレクトロン、エムスリーあたりが商売として理想的な状況です。アドバンテスト、エムスリーは純利益率が22％以上。ただし、レバレッジはそんなにかかっていない。アドバンテストで１・５倍、エムスリーが１・４倍。分母操作に頼らなくても、分子である儲けがしっかり出ている。結果的にＲＯＥも上がり、株主も利益を得るという成り行きです。

一方でアメリカの上場企業のＲＯＥ第１位の会社はどこかというと、コルゲートです。僕の世代にはおなじみの歯磨き粉とかオーラルケアが主力事業の会社です。コルゲートのROEは626％。驚きの数字なのですが、財務レバレッジは実に36倍。強烈にレバレッジがかかっている。それはそれで一つの経営判断ですが、分母でやり過ぎだという感じがします。

8位のアップルのROEは73・7％。これもすごい数字ですが、レバレッジは4・3倍にとどまっています。それでも純利益率が20・9％と高いのでROEが上がる。ようするに、分子のRを大きくするのが経営の王道だということです。Gの視点から見ても、結論は「長期利益の創出」という原理原則に行きつきます。

アップルとまではいかなくとも、営業利益率10％以上を長期的に維持できるかどうか、大雑把な話ですが、この辺が商売の最低の基準になると思います。日本電産（現・ニデック）もファーストリテイリングも、しっかり利益率10％を持続しています。独自の価値を顧客に提供し、株主に利益貢献をし、従業員にもちゃんと給料を払える。

ESGのGに関しては、経営者が投資家に対して食わず嫌いなところがある。もちろん理不尽で強欲な株主、投資家は存在します。それでも、全部の株主を同じように相手にする必要はない。経営者はターゲット株主を決めるべきだというのが僕の意見です。ターゲット株主は長期厳選投資家です。彼らは自分たちの存在意義を懸けて本気で長期視点に立つ人たちです。内部からのしがらみでできない改革を外から後押ししてくれるかもしれません。

男の中だけでどうやったら女にモテるかを話していても埒があかない。女性に「どういう男がモテるの？」と聞いたほうが早いに決まっています。投資家との対話にはこういう面があります。投資家の思考様式や行動パターンは投資家がいちばんよく分かっている。投資家に使われるのではなく、こちらから使う。投資家と対話し、彼らの知見を経営に取り込む。日本の多くの企業にとって、投資家との対話は大きな伸びしろのあるところです。

以上で見てきたように、結局のところESGは長期利益に向かっていく道筋の上に自然と乗ってくる話だというのが僕の見解です。ということは、すべては経営者にかかっている。ESGやSDGsの担当者を置いて一生懸命PRしたり、「うちはこんなにやってます」「この数値を見てください」といった優等生の通信簿のような報告書を作ることにかまけている会社があります。これでは本末転倒です。ＥＳＧを長期利益を実現するための機会だと考える。これが経営の王道です。

２０２１年９月

アクティビストにどう構えるか

先週こういうニュースがありました（日本経済新聞２０２３年４月３日付）。

投資ファンドの米バリューアクト・キャピタルは3日、セブン&アイ・ホールディングスに対し質問状を送ったと発表した。コンビニエンスストア事業の分離など9つの項目があり、セブン&アイが6日に予定する２０２３年2月期の決算発表に合わせて回答するように求めた。バリューアクトはかねて不採算事業の整理やコンビニ事業のさらなる効率化を求めていた。

質問状では「現在のコングロマリット（複合企業）構造に関する株主の不満を認識したのか」や「セブン――イレブン・ジャパンと米セブンイレブンを統合して分離を進めないのか」といった内容の9つの質問を提示した。

セブン&アイは3月9日、イトーヨーカ堂のアパレル事業の撤退などの構造改革案を示したが「現状維持で市場に混乱と失望を与えた」と指摘した。その上で「セブン&アイの取締役会が行ったグループ戦略の再評価について、独立性と有効性に疑いを持っており、その結果にはわずかの信頼性しかないと考えている」とした。

本件はこれからの企業のガバナンスを考えるうえで重要で示唆的な事例で、以前から注視していました。先週木曜日（注・2023年4月6日）にセブン＆アイの決算説明会があり、テレビ東京のWBS（ワールドビジネスサテライト）が速報ニュースで取り上げました。

僕も番組から取材を受けて番組の中でコメントをしました。この件についてはいろいろと言いたいことがあるので30分以上話したのですが、例によってテレビではほとんど取り上げられないので、以下に僕の考えを書いておきます。

その背景

バリューアクト・キャピタル（VA）はいわゆるアクティビスト。2021年5月の時点ではセブン＆アイ株式の4・4%を保有していました。大株主ではありますが、セブン＆アイのウェブサイトによれば現在の持ち株比率は2%程度。創業家はもちろん、もっと多くの株を持つ株主は他にもいます。

VAはリード株主の役割を自任しています。今回もセブン＆アイ・ホールディングスに公開質問状を出すだけでなく、他の株主に対してVAのグループ再編案に賛同するように要請する書簡を出しています。

一口にアクティビストといってもピンキリです。かつてはハゲタカのイメージがありました。乗り込んできて大暴れ、長期的な企業価値を毀損してまでも短期的な株価上昇で売り抜けるというタイプです。以前はそうした輩が多かったのですが、この業界もそれなりに成熟しています。経営への関与を通じて長期的な企業価値の向上を狙うまともなアクティビストも存在します。

いつも言っていることですが、つまるところすべては時間軸の取り方に帰結するというのが僕の考えです。短期の売買なのか長期エンゲージメントなのか——これがアクティビストの質を決める基準です。

VAはどうか。相対的に真っ当な長期エンゲージメント投資家だというのが僕の判断です。口ではみんな上等なことを言うのが投資ファンドの習性。それでも過去の行動を見れば正体がだいたい分かる。今回は公開質問状を送るというわりと派手なアクションに出ていますが、過去の行動を見るとＶＡはあまり攻撃的な手法をとらないアクティビストです。エンゲージメントの中身はボードに入ったり（50社以上の実績あり）、コミッティー（本件の「戦略委員会」のようなもの）へ参加（１００社近く）して、経営そのものに入り込んで助言や提言をするというスタイルが基本です。例えば、マイクロソフトやアドビなどの投資先に取締役を派遣し経営改革を後押ししています。本件のように公開書簡を出すという手に出るのは例外で、二十数年のＶＡの歴史の中でも6件しかありません。

ＶＡが本領を発揮したのはオリンパスの事例です。社外取締役にバリューアクトのパートナーが就任し、カメラ事業や顕微鏡など科学事業の売却を通じてポートフォリオの入れ替えを加速しています。

オリンパスはガバナンスの見直しで再生した企業の典型です。２０１１年に経営陣による粉飾決算が起きて大問題になりました。当時の取締役会を見ると、社外取締役は15人中３人だけ。監視の目が働きにくい構造でした。現在では取締役12人のうち９人を社外が占め、取締役会議長も社外取締役が務めています。高収益の内視鏡など医療分野に特化する構造改革を進め、23年３月期の連結純利益は前期比3倍強の３７６０億円と、２年連続で過去最高になっています。現在の時価総額は約３兆円、粉飾決算で経営陣が総退陣した12年４月末の９倍にまでなりました。

その中身

ＶＡがセブン＆アイ・ホールディングスに対して突きつけている公開質問状は９つの質問で構成されています。以下、公開質問状の論点ごとに僕の考えを記しておきます。

Ｑ１と３はいわゆる「コングロマリット・ディスカウント」に対する経営陣の認識を問うものです。さまざまな事業を内部に抱えていると、投資家から見て評価しにくいというのは確かです。

ただし、僕はコングロマリットであることそれ自体を否定するわけではありません。まったく関連のない事業をばらばらに抱えているのはどうかと思いますが、セブン&アイのように相互に関連している事業群を保有するというのは十分にあり得る。

コングロマリットだろうと専業企業だろうと、要するに長期利益を実現し、今後も成長していけるかどうかが問われるのが筋です。コングロマリットであることがセブン&アイの問題なのではなく、スーパー事業（イトーヨーカドー）に代表される稼げない事業を抱え、（VAに言わせれば）その収益改善を示していないことに問題の本質があります。２０２２年のセブン&アイの利益の１０４%はコンビニ事業によるものでした。つまり、収益の点では実質的にコンビニ一本足の専業企業で、その他の事業が足を引っ張っているという構図です。

Q２、４、８、９は具体的な提案というよりも、経営陣の資本市場に対する姿勢を問題にしています。いわく「透明性がない」「内部の視点で閉じていて広範な戦略オプションの検討がない」（↑Q６では「会社丸ごとの売却を検討するべき」とまで言っている）「フィナンシャルアドバイザーを入れた定量的な企業価値予測がない」――よくある問題提起が並んでいます。つまるところ、株主に対してオープンでないということを繰り返し強調しています。

VAの気持ちはまあ分かる。というのは、今に始まった話ではないからです。２０２０年からエンゲージメントを始めて以来、VAは基本的にずっと同じことを言い続けている。VAだけではありません。多様な業態を傘下に持ち、横に長く戦線が広がっているセブン&アイはこれまでも投資家から構造改革を迫られてきました。15年には5%未満の株を取得した米サードポイントが早くもイトーヨーカ堂の分離を求めています。記憶に新しいところでは、22年にVAが構造改革を迫る書簡を送付し、これを受けてセブン&アイは百貨店事業（そごう西武）の売却方針を決めています。

このような経緯を経て、２０２２年9月からグループ戦略再検討が社内で進められ、3月9日にはイトーヨーカ堂のアパレル事業の撤退などの構造改革案が発表されました。これに対するVAの評価は「現状維持で市場に混乱と失望を与えた」。実際に株価は低下しており、Q８は「ボード全員が3月9日に発表されたプランに合意しているのか」と問いただしています。

ここまでは経営陣の認識や基本姿勢についての質問なのですが、質問状のキモは具体的なアクションに触れているQ5です。コンビニ事業をタックスフリー・スピンオフによって分離しろ――ごくストレートな提案です。

タックスフリー・スピンオフは成熟した大企業の構造改革によく使われている手法です。イーベイが決済のペイパルを切り離した例が有名です。米化学大手のダウ・デュポンはこの手法を使って部門ごとに3社に分割しました。日本でもカラオケ事業を展開するコシダカHDがフィットネス事業を展開する子会社のカーブスホールディングスをこれで切り出しています。

「スーパー事業のスクラップ&ビルドを進め、アパレルをやめるなど商品構成を絞り込む」という3月9日の経営陣の提案がスーパー事業の収益を改善するのは間違いない。ただし、問題は「現状と比較しての改善」ではありません。それがコンビニ事業とそれ以外の事業の分離という選択と比べて長期利益の点で本当に優れているのか、ということにあります。「改善策」ではなく「より優れたオプション」の提示をしなければ株主は納得しない。ところが経営陣はとりあえず「改善策」を示そうとする。よくあるすれ違いです。

「シナジー」はおまけ

もうひとつのキモは「グループシナジー」を問題にしているQ7です。井阪隆一社長は「グループ各社が連携して生み出される食を柱としたグループシナジーを活用することで、変化に迅速に対応できる」と言います。

僕はこういう考え方に懐疑的です。シナジーはあるとかないとかいうものではなく、経営が自らの意思でつくるもののはず。「シナジー」という言葉を一切使わずに戦略を説明した方がよかったのではないかと思います。ようするに、順番の問題です。シナジーは競争力の原因ではなく、ほとんどの場合は結果です。シナジーという結果に到達する道筋を論理的に示す。これが戦略であり、そうした戦略を創ることに経営者の本領があります。

好例がソニーです。アクティビストのサードポイントが何度かにわたり映画・音楽や半導体、金融事業などの分離を求めていました。当時の吉田社長（現在は会長）はこの要求をはねつけ、切り離しではなく、複数事業を一体経営する体制を強化し、社名も「ソニーグループ」に改めました。

ポイントは、ソニーの業績回復が事業間の「シナジー」によるものではないということです。シナジーも多少はあるでしょうが、それ以上に個々の事業がそれぞれに稼ぐ力をつけたからこその業績回復です。その背後には、稼げない事業を整理縮小し、稼げる事業に積極的に投資をするという明確な基準に基づいた経営陣の意思決定がありました。

「シナジーはおまけ」というのが僕の基本的な考えです。まずは個々の事業が競争力を持たないことには話にならない。それぞれが強い事業だからこそ結果的にシナジー（のようにみえるもの）が生じるというのが本当のところだと思います。

翻って、セブン&アイのスーパー事業は競争の中で往時の収益力を回復できるのか。食品スーパーに業態を絞り込むといっても、成熟した過当競争の業界であることに変わりはありません。首都圏では、ヤオコーや成城石井など独自性のある食品スーパーがしのぎを削っています。「シナジー」で勝てるわけがない。シナジーという言葉を使わずに、ヨーカドー事業の競争戦略を示してもらいたいところです。

コンビニ事業に集中し、そこでグローバルリーダーになるべきだというのがVAの提言です。セブンのコンビニの事業は極めてよくできています。長い年月をかけて練り上げられたオペレーションは世界一の水準にある。そんなことは当のセブン&アイの方がよく分かっている。その道のプロ中のプロであるセブン&アイのコンビニ事業の競争戦略についてVAはとやかく言っていません。

結論として、VAの提案（コンビニ集中→グローバル成長）は筋が通っているというのが僕の評価です。現にセブン&アイは18年前からスーパー事業の「構造改革」を進めてきました。にもかかわらず、いまだにグループの足を引っ張っている。確実に稼げるコンビニ事業があることが、かえって果断な意思決定を阻害しているように見えます。

いずれにせよ、ＶＡは限られた株数しか保有していません。もっと大口の株主が他にいます。3月9日に出したプランがＶＡのコンビニ分離案よりも長期利益創出において優れていると経営陣が信じているのであれば、その論拠を全株主に対して次の株主総会で大演説してもらいたいところです。

その含意

もう一段俯瞰的な視点に立って、本件の一般的なインプリケーションを考えてみます。

大前提として、セブン＆アイはずいぶんマシだということです。目先の現状維持に終始する防戦一方の経営をずるずると続けている会社は他にいくらでもあります。経営は将来に向けた攻めの仕事です。アクティビストがなんだかんだと言ってくる以前に、経営者自らが積極果敢に投資して事業を育てていかなければならないはず。存続が自己目的化している企業が少なくありません。存続が目的になった時点で企業は終わりです。二言目には「生き残りのため」と言う経営者は信用できません。

セブン＆アイも手をこまねいていたわけではありません。グループの構造改革やガバナンス改革に取り組んできました。22年には取締役会の過半数を社外取締役として、資本市場から見たときの透明性は確実に高まっている。ＶＡの提言を受けて傘下のそごう・西武を米ファンドに売却する手続きも進めています。今回の決算でも増収増益です。

セブン＆アイはこれまでもコンビニ事業に経営資源を積極的に投入してきました。18年に約３４００億円を投じて北米のコンビニ約１０００店を取得。これは賛否が分かれるところではありますが、21年には米スピードウェイを2兆円超で買収し、全米で約３９００店を獲得しています。23年2月期は、日米を中心としたコンビニ事業で連結営業利益の9割超を占める見込みです。

セブン&アイの経営陣の考えとVAのそれは180度異なるわけではありません。むしろ方向性は一致しています。踏み込み方の程度やスピードでズレがあるということです。

スーパー事業は長年にわたって小出しのリストラを長く続けています。期待していた百貨店事業（そごう・西武）との「シナジー」も発揮できませんでした。それでも中核事業のコンビニが稼げるので全体としては増収増益になっている。今後もスーパー事業に本腰を入れにくいように思います。

セブン&アイの経営陣もみんな同じ考えというわけではないでしょう。さらにアクセルを踏み込むべきだという考えの人もいるはずです。こうしたアンビバレントな状況で、取締役会の決断の背中を押す――ここにアクティビストの重要な役割がある。

現在の資本市場ではパッシブ投資の株主が支配的です。彼らは個別企業の経営の中身に一切関心を持ちません。繰り返しますが、セブン&アイは依然として優良企業です。もっと資本市場からの規律が必要な日本企業はいくらでもある。経営者と（長期保有の）アクティビストの対話は日本においてますます重要になっていると考えます。

長期エンゲージメント志向のアクティビストに限定すれば、アクティビストと経営者の関係は敵対的というより補完的です。アクティビストはさまざまなヤマを踏んだ経験でそれなりの知見と技術を持っています。だいたい投資先の成功が自分の利害と深くかかわっています。短期の売買に走らない長期エンゲージメント投資家にとって、投資先企業の実質的な価値が上がることが絶対の目的であります。彼らが真剣に仕事をするのは当然のことです。

アクティビストに対して防御的な姿勢を固めるのではなく、長期エンゲージメント投資家を厳選して、うまく使うことが大切です。これからの日本の企業の経営にとって、良質なアクティビストとの対話は、単にガバナンスを整備するというだけでなく、長期的な利益獲得とその成長にとって重要な手段となり得ます。

何よりも彼らは資本市場とそこで棲息する投資家の心理と行動を知悉しています。僕はいつも言っているのですが、「どうやったら女性にモテるか」を男だけで話し合っていてもラチがあきません。女性に聞いたほうが話が早い。株主との対話はそれと同じことです。

2つのT

ソニーグループ会長の吉田憲一郎さんは非常に優れた経営者です。当時ソニーの社長でいらした出井伸之さんのアドバイザーを2000年前後にしていたとき、僕は吉田さんとしばしば仕事でご一緒していたのですが、実に率直で誠実。しかも胆力がある。

アクティビストのサードポイントにああだこうだ言われていたとき、吉田さんは正面から向き合いました。アクティビストの存在は相当なプレッシャーになったと思うのですが、吉田さんは「ソニーは株主によって鍛えられた」と言っています。株主と向き合い、真摯な対話を続けたことが経営と意思決定の質を高めたわけです。

すでに触れたように、ソニーはサードポイントの提案を受け入れたわけではありません。ここがポイントです。ついつい目をそらしがちな問題を直視し、長期的かつ広い視野に立って意思決定をするための手段として、アクティビストを使いこなしています。

株主の声を聞き、言うべきことは言い、さらに反応に耳を傾ける。要するに対話です。「株主に対する透明性」はガバナンスの基本ともいえる重要な要素ですが、情報開示をしてそれでおしまい、では「仏作って魂入れず」です。オープンな姿勢で率直に株主と対話する――これこそが資本市場で求められている透明性の正体だというのが僕の見解です。

日立がよい例です。日立製作所の東原敏昭会長は「2つのT」――Trust（信頼）とTransparency（透明）――がすべてだという基本姿勢を投資家に対して繰り返し表明しています。コロナ初期で先が見通せない20年5月、「もうわからないから全部出しちゃおう」――感染のシナリオを立てて収益への影響を事業ごとに公表しています。

するとリスクを取る投資家も現れて、結果的に株価は上昇しました。

日立が大きく変わったきっかけは２００８年の金融危機でした。日立は09年度以降、市場との対話をヒントにM&A（合併・買収）を繰り返し、収入の50％以上の事業を入れ替えました。コロナ騒動を契機に、ますます市場との対話は進化させています。

２つのTは並列するものではありません。手段と目的の関係にあります。最終的に大切なのは信頼です。透明性は信頼を獲得するための手段。いくらこまめに情報開示をしたところで、信頼を得ることができなければ意味がありません。信頼の基盤は対話です。株主と向き合って、経営が本当のところ何を考えているのかを率直に話す。これが対話の起点です。サーブ権は経営側にあります。

経営者はリスクをとることが仕事なのですが、投資家もまたリスクをとっている。投資はギャンブルではありません。経営者が何を考えているのか、真意と本音が分からないと投資家はリスクの取りようがありません。何もすべての株主を相手にする必要はありません。製品やサービスの競争市場でターゲット顧客を決めるように、長期株主にターゲットを定め、彼らと真摯に対話を継続するのが肝要です。

日立のような日本の伝統的大企業でもできるのです。すべては経営者の構え次第。経営はつまるところ損得の判断です。シンプルに自分たちにとって得なことをやればよい。ターゲット株主とのオープンかつ率直な対話は結局のところ経営者側にとっても長期的には大いに得になる――ソニーや日立の事例はそのことを示しています。

２０２３年４月

経営の本質に迫る（石井光太郎氏との対談）

石井光太郎

東京大学経済学部卒業。ボストンコンサルティンググループを経て、１９８６年に戦略コンサルティング会社、株式会社コーポレイトディレクション（ＣＤＩ）設立に参加。２００３年から２０２１年まで、同社代表取締役パートナーを務める。２０２２年3月、フィデューシャリー・エージェント事業会社、ＭＦＡ株式会社を設立し代表取締役に就任。

楠木　経営に関する意見を発信している有識者はたくさんいます。野球のピッチャーにたとえると、みんなそれなりに球は速い。その中でも傑出した人は、球速に加えてコントロール、配球の妙、球のキレと、他にはないものを持っている。中でもいちばん真似できないのが、投げる球の重さです。石井さんが投げる球は、ヒジョーに重い。初めてご著書の『会社という迷宮』を読んだとき、僕は手が痺れたのかと錯覚するほどずっしりとした重さを感じました。長年コンサルタントをされてきた石井さんは、「コンサルティングとは何か」を深く考えながらキャリアを重ねてきた。その結果、重い球を投げ込むようになったのではないか――今日はその辺のお話から伺っていこうと思います。

石井　１９８４年に大学の経済学部を卒業してすぐコンサルティング会社に就職しました。と言っても、あまり深く考えていたわけではなくて……。学部3年生の1月、滞納していた学費を払うために学内の掲示板でアルバイトを探していました。そうしたら、こんな求人を見つけたのです。「ボストンコンサルティンググループ、スプリングジョブ募集。３週間で給与18万円」。当時の国立大学の年間授業料がちょうど18万円でしたから、これで学費を稼げる、と。無事採用されて、その年の春休みにＢＣＧの日本支社でアルバイトをしました。その後、マネジャーから「うちで働いてみないか」と誘われて、勢いで「行きます」と即答し、この世界に入りました。

実際に社員として働き始めると、こんな疑問が湧いてきました。大学を出たばかりの自分が、経営者にモノを言えるのだろうか。相手は人生経験も豊富、事業にも精通している。そんなすごい人に意見して、しかもお金をいただく。そんなことができるのだろうか――。

楠木　まだ社会人になりたてで素直なだけに、本質的な疑問ですね。

石井　当時のBCG日本支社で業績の優れていた日本人の先輩たちは、総じて変人でした。身に着けているスーツから行動パターンまで、ほかの日本人とはまるで違う。僕はこう思いました。「あ、この人たちはエイリアンなんだ」と。伝統的な大企業を率いる60代の立派な経営者に対して、脚を組んで偉そうに意見を言う30代のコンサルタント――今では見られないシーンです。彼らはまさにエイリアンであり、言わば〝黒い眼の外国人〟でした。

ＢＣＧで僕が一番カッコいいと思った人物が、日本支社の初代代表、ジェイムズ・アベグレンです。当時すでに60歳近かった彼が、モスグリーンのスーツを着てパイプをくゆらせながら悠然とオフィスを歩いている。日本の経営者とはまったく違うオーラでした。この異次元さこそ、コンサルティングが生み出す価値の源泉なんじゃないか――そう感じたのです。

その頃の日本経済は、高度成長期が終わって2度のオイルショックを経験し、成長期から成熟期にさしかかっていました。成長期には、頑張ればどの企業も伸びる。ところが成熟期には、真面目に経営に向き合った企業だけが伸びます。

楠木　投資判断や意思決定において、本当の経営が必要になる。

石井　そうです。成熟期に入ろうとしていた日本に、海外からコンサルティングというビジネスが入ってきました。「経営は科学だ。事実に基づいて分析すれば必ず正しい答えが出せる」――ある種の玉手箱を持ってやって来た〝黒い眼の外国人〟に、企業は巨額のコンサル料を支払います。自分たちとこんなにも違う彼らなら、経営を変えてくれそうだ――そう思わせるくらいの衝撃を、当時のコンサルタントは経営者に与えたのだと思います。

経営の自然治癒力

楠木　ＢＣＧの後、石井さんは株式会社コーポレイトディレクション（ＣＤＩ）に転身します。どのような経緯だったのですか。

石井　ＢＣＧに入社して1年半経った頃、同僚の先輩たちから「新しい会社を興そうと考えている」と明かされました。彼らは当時30代、コンサルタントとしての技量はすでに高い。ただ、社内では十分に評価されず、不満が溜まっていました。「おまえも来るか」と誘われて、これまた勢いで「行きます」と。10人が退職し、１９８６年にＣＤＩがスタートしました。僕のように当時20代半ばだったメンバーには、のちに株式会社経営共創基盤を設立する冨山和彦さんもいました。

楠木　ＣＤＩがやっていることは世間一般に言うコンサルティングとは一線を画しているという印象があります。ここ10年ほどでコンサルティング会社は急増しましたが、その多くが、玉手箱の引き出しを開けて「ほら、こんなソリューションが入っています」と見せるような商売になっている。

石井　本来の役割はそうじゃないと思うのです。例えば、ここにペットボトルの水があります。「この水にはこんなに優れた成分が入っていて、健康にいいんですよ」と、一方的に売りつけるやり方はコンサルティングとは言えません。目の前の人が脱水症状を起こしそうなのに、それを自覚していない。このままでは危ないというときに、「あなたに今必要なものは、水分です」と水を勧める。これがコンサルティングです。クライアントにとって今、何が必要なのかを見極める。コンサルティングにおいて一番大事な視点です。

　人間は身体に不具合が出てきても、たいていの場合は自己治癒力で治そうとします。企業も一緒です。ある方向をめざして頑張っているのに、努力が空回りして違う方向に進んでしまっている会社があるとします。そこに歯車を1個足したり、ネジを1本抜いたりすることで、その会社の自己治癒力を取り戻す。その手助けがコンサルティングなのです。

楠木　石井さんの著書『会社という迷宮』は、経営のツボを鋭く突く話の連続です。ごくごく普通に皆さんが使っている概念——戦略、価値、利益、成長、会社など、一つひとつの概念の本質を、そもそもの原点に遡ってから掘り下げる。だから、読んでいてグッと来る。この年齢になると僕なりの考え方が固まっていて、何かの衝撃でそれが変わるなんてことは滅多にないのですが、『会社という迷宮』を読んで気づかされたことがいくつもありました。

例えば、「競争」。僕は競争戦略という分野で仕事をしています。それもあって「まず競争空間が先行的に存在して、そこに企業が入っていく」というイメージを持っていました。「参入障壁」といった言葉がこうした競争のイメージを反映しています。石井さんの考えは違います。「会社は競争するために生まれてきたのではない。志を実現するために競争しなければならなくなっただけだ」——この一節には相当考えさせられました。

石井　競争は市場とも深く関係しています。市場にとらわれ過ぎると、あくまでも市場の中で一生懸命競争しているプレイヤーの1人として自社を捉えてしまい、あたかも金網で囲まれた空間から逃げられず、デスマッチを繰り広げているような錯覚に陥ってしまう。ですが、そもそもどの企業も、人間と同じようにそれぞれが違うことをやっているはずです。もちろん、近しい分野での競争は起きるでしょうが、どの会社も個性は違うはずです。最初から同じ檻の中で競争しているわけではない。

楠木　僕はマイケル・ポーター先生の影響もあって、競争戦略を分析するときに、まず「この会社はどの業界で競争しているのか」というところから入ります。で、その業界の競争構造を理解し、各社のポジショニングを把握する——もう初めから、競争というバトルフィールドが存在するという前提の上に考える癖が出来上がっている。ですが、石井さんの本を読んでそうした前提を再考するに至りました。

縁あって、『会社という迷宮』をゲラの段階で読ませていただいたのですが、読んだあと石井さんに「『経営における主観の回復』というタイトルのほうがいいのでは」と申し上げました。経営者は主観を大切にしなくてはいけない——そんなメッセージが、この本全体に通底しています。

薬剤師でも、患者でもない

石井　僕はコンサルタントとしてさまざまな企業の経営者に接してきましたが、どの会社にも適用できる「経営のベストプラクティス」なんてものはあるはずがないと思っています。自社にとってのベストプラクティスを経営者が自分で見つけられる力——先ほどもお話しした、本来持っているはずの自己治癒力を呼び覚ましたい。これが『会社という迷宮』を書いた動機です。

楠木　本にも書いてありますが、今のコンサルタントには、自分が持っている薬を売る薬剤師タイプが多い。ですが、本当の意味でのコンサルタントは医師タイプだと。いきなり薬を処方するのではなく、患者の話をよく聞いた上で病根を探り、治療法を考えていく。石井さんが考えるコンサルティングの初期段階は、総合診療内科に近いイメージでしょうか。

石井　ええ、そうですね。

楠木　いきなり手術ではなく、まずは経営者の頭の中に残る〝何か〟をコンサルタントが提供する。で、「我が社の自然治癒力が機能していない部分はここだな」と経営者が気づく。そこから2者による共同作業が始まる。本にはこうもあります——コンサルタントとは、「ガンを経験して克服した患者」ではない。あくまでも「たくさんのガン患者を診てきた医師」である。ガン経験者と医師、どちらも説得力はありそうですが、何が決定的に違うのでしょうか。

石井　ひとくくりにガン患者と言っても、病状も発症に至った背景もみんな違うはずです。心理学の河合隼雄先生がこんなことを書かれています。——あるとき、吃音症の患者Aさんが受診に来ました。丁寧に問診を重ねる河合先生に、Aさんはこう言いました、「それよりも、吃音症の治療法を早くやってください」。すると河合先生はこう答えました。「わたしは吃音症の患者さんをたくさん診てきたけれど、『吃音症のAさん』に会うのは初めてなんですよ」。この一言でAさんも、心理学を用いた治療がヒューリスティック――発見的だということを理解してくれたようだ、と。コンサルティングもまさにヒューリスティックな仕事です。河合先生はこうも書かれています。「すべての治療は、毎回毎回が未踏峰の登山なのだ」。コンサルティングも一緒です。

楠木　しかも、登った山の数がめちゃくちゃ多い。

石井　そうです。だから、さまざまな経営の共通点がだんだんと見えてくるのです。

「しじょう」と「いちば」

楠木　先ほど「経営者は市場にとらわれすぎてはいけない」というお話がありました。石井さんの『会社という迷宮』では、「市場」という章を設けて、その概念について考察しています。どんな問題意識から、「市場」をテーマに取り上げたのですか。

石井　経営者と話していると「市場」というワードがよく出てきます。「市場がある・ない」「市場の規模が大きい・小さい」「市場が伸びている・シュリンクしている」「市場に参入する」「市場競争に勝ち残る」――そういう話が出てくるたびに、「市場」っていったい何のこと?「いちば」とどう違うんだっけ?……という疑問が頭の中に浮かんでいました。

需要曲線と供給曲線が交わったところで市場価格が決まる――経済学ではそういう概念としての市場があります。コンサルティングにおいて「市場規模がどのくらいか」を考える場合の市場は、どれだけ世の中からの需要があるかという問題に近い。「市場競争」における市場は、その市場にいるプレイヤーのことを指している。文脈によって市場という言葉の意味が違うのです。

一方で、「いちば」という言葉もあります。ドイツ語のmarkt（マルクト）にしても、英語のmarket（マーケット）

にしても、もともとは実在の「いちば」だったと思うんです。そのあとに生まれた経済学の概念を表す言葉として、「市場」を当てただけなんじゃないか。

「いちば」の役割とは何か。知らない人同士が出会って、例えばこんなやりとりが生まれる。「あなたはそんな素晴らしい陶器を持っているんですね。ほかに欲しい人がいないなら、ちょっと売ってくださいよ」「いいですよ、どうぞ」。それがもっと発展すると、「この部分をもう少し大きくしてくれるともっといいんだけどさ」「じゃあそれ、つくりますよ」——ドラッカーが言う「顧客の創造」が起こる。お互いを発見し、出会いに行く場所だったはずです。

楠木　あるいは、商品を売ろうと思って「いちば」に持って行ったら、ほかの売り手から「その売り込み方、いいね。俺にも教えてくれない？」と頼まれた——みたいに、思いもしなかったところに価値があることを発見する。これも、市場が持つ本来的な役割ですね。

石井　１９９０年頃、飲料メーカーから「水やお茶をペットボトルや缶に入れて販売したら売れるかどうか、分析してほしい」という依頼を受けたことがあります。水は蛇口をひねれば出るし、お茶は家で淹れるもの。そんなものを商品にして売れるはずがない。ジュースとかコーラのような飲みものだから売れたのだ。そもそも、来客に対してペットボトルの水を出すなんて失礼なことができるか——これが当時の世間の常識でした。

ところが、実際にペットボトルの水やお茶が販売されるようになったことで、人々の意識が変わり、行動が変わっていきました。そういうことが起こって初めて、「商品が市場《しじょう》に受け入れられた」と言える。商品開発とは、実は人間の行動開発だと僕は捉えています。つまり、市場とは本来、その会社の独創なのです。

楠木　もともとある場所ではなく、買い手に何かを伝えるために、自分からつくる場所だと。

石井　ええ。コンサルタントになって間もない１９８０年代、こんな興味深い仕事を経験しました。当時、缶コーヒーの消費量がどんどん伸びていた時期でした。で、「いったいどこまで伸びるのか？」という問いをクライアントからいただいたのです。缶コーヒー消費に対する当時の論調は、総じて「伸びているけど、そろそろ頭打ちだよね」というものでした。「でも、本当にそうかな」と思い、消費者３００人を対象に飲料行動調査を行ったのです。１週間に飲んだ飲料の種類と量を毎日記録してもらうという内容です。

回答結果から、それぞれの飲料のユーザーを「まったく飲まない人」「ライトユーザー」「ミドルユーザー」「ヘビーユーザー」に分類しました。すると意外な傾向が見えてきました。緑茶や紅茶のヘビーユーザーは、その分ほかの飲料を飲む量が減る。ところが缶コーヒーのヘビーユーザーは、週に数十本も缶コーヒーを飲んでいるのに、ほかの飲料を飲む量が減らないのです。缶コーヒーって実は飲み物じゃないんだな――これが僕の結論でした。

そこで水分補給に関する過去の研究を紐解いてみたところ、1日に必要な量の水分を注射したマウスでも、水を与えれば飲むという研究結果が出てきたのです。つまり、生物が水分を取り入れようとする行動には、「一次飲水」と「二次飲水」の2種類がある。一次飲水は必要な水分を補給するための飲水であり、二次飲水は口や脳への刺激を目的とした飲水なのだと。ということは、タバコを吸うことで気持ちを落ち着かせるようなナルコチックス（向精神作用）としてのニーズが、缶コーヒーにはあるんじゃないか――この発見は個人的にも大きな経験でした。

楠木　「缶コーヒー市場」をいくら調査しても、その発見はなかったでしょうね。

フィデューシャリー・エージェント事業

楠木　石井さんは20年ほどCDIの代表取締役を務めた後、２０２２年3月にMFA株式会社を創設。フィデューシャリー・エージェント事業という、世の中にまだ存在しないカテゴリーの事業を始めました。それこそ、現時点では出来上がった「市場」がない事業です。具体的にはどんなことをする会社なのでしょうか。

石井　金融機関や機関投資家といった株主から委託を受けて、本来であれば株主が企業に対して行わなければいけない、「もっとこうしたら経営がよくなるのではないですか」といった建設的な対話、いわゆるエンゲージメント

――僕はエンカレッジメントと呼んでもいいと思っています――を代行するビジネスです。まずは最初の一石を世の中に投じようということで始めました。

楠木　きっかけは何だったのでしょうか。

石井　楠木先生がおっしゃる「経営における主観の回復」こそ、まさに僕の問題意識でした。「主観」とは、「その会社が何をやろうとしているのか」。これがないと、そもそも会社は始まりません。戦後間もない頃の日本は、食糧をつくる、住宅を建てる、洗濯機をつくるといったように、どんな事業をすれば世の中の幸せに貢献できるかがハッキリしていました。ところが今は、「やりたいことの設定」自体が難しい。

楠木　確かに発展途上国では、あらゆる事業の目的がハッキリしています。だれもが必要とするモノをつくる。で、みんなが豊かになる。理屈としてだれもがすぐに理解できるし、それで世の中がどう変わるかというイメージが、人によってずれたりしない。で、経済が成長していく。

石井　経済が成熟期にある今の日本で「これがあったらみんな幸せ」なんてモノは、もはやありません。しかも、「幸せだ」と感じている日本人の割合はここ30年間ほとんど変わっていないそうです。

楠木　最近、「日本のGDPが世界4位に転落の見込み」という新聞記事を読みました。――なぜそこまで凋落してしまったのか。日本人は現状維持の考え方が強過ぎるんじゃないか――そりゃそうだ、と。だって現状、特に問題ないのだから（笑）。一方でアメリカでは、現状を肯定できない人が結構います。その多くが移民。「アメリカでイイ生活を送れるように頑張って稼ぐぞ」というハングリー精神がある。

石井　こんな議論も起きています。――経済成長のために、日本の企業はまったく新しい事業を興さなくてはいけない。なのに、成長力がない――因果関係が逆転しているのです。「こういう事業をやったら、面白いんじゃないか」「みんながもっと幸せになるんじゃないか」――この視点が、今の日本の企業には欠けています。商品をつくり出せば新たな消費行動が生まれ、ニーズが生まれる。そういう面白い種を蒔く発想――想像力と創造力の両方が不足しています。ただ、資本主義社会全体を見ると、実はお金が余っている。投資家にとって、投資に値する面白いアイデアが企業からなかなか出てこないからです。

投資家はお金が余っている。企業は事業アイデアが不足している。ということは、アイデアが売り手市場にある。需要と供給の関係からすれば、投資家から企業に「投資させてください」となるはずです。でも現実には、若い起業家たちが懸命に頭を下げて、少額の資金をかき集めようと頑張っている。せっかく生まれた面白い発想が事業に育っていくように、投資家が起業家をエンカレッジできる環境を整えないと、日本の経済はずっと停滞したままです。

楠木　つまり、企業が本来持っているはずの自然治癒力が阻害される状況が続いている。

石井　そのとおりです。投資家サイドが企業に「○○しなさい」「○○してはいけない」と要求を突きつける一方通行になっているのです。ある程度の規律は大切ですが、十分条件ではありません。もっと、企業が持つ発想力を解き放てるよう手助けをしないといけないのに、真逆のことを多くの投資家がしている。童話『北風と太陽』で言うところの、太陽型のアクティビズムが株主に求められています。

楠木　もともと経営は内発的なものであるにもかかわらず、今の投資家は「北風型」が多いと。

石井　金融機関などからフィーをいただき、その投資先企業へのエンゲージメントなりエンカレッジメントなりを代行する――これが我々ＭＦＡのフィデューシャリー・エージェント事業なのですが、今お話しした株主と企業の関係に対する問題意識を共有できていないと、事業として回っていかないだろうと思います。「太陽型」の株主であるための条件とは何か――突き詰めていくと、そういう議論に行き着くと思います。

戦後の成長期における日本のメインバンクは、企業に対してときには厳しく接しつつも、何か起きたら助けてくれる存在でした。日本の産業振興に貢献すべく、企業のことを深く考えて判断する――「バンカー（銀行家）」の呼称がふさわしい存在でした。しかしここ20～30年の間、多くの金融機関の実態は「金融サービス会社」であり、リターンの最大化を投資の目的にせざるを得なくなっています。ステークホルダーがそれぞれの利益を考えて、企業に対して意見を言ったり議決権を行使したりすれば、市場原理に従って最善の方向に向かっていく──そんな保証はどこにもありません。「太陽型」の株主を意図的に育てていかなければいけない。

ただ、株主と言っても実に多種多様で、企業もどの株主と対話すればよいのかわからないのです。だからと言って、株主全員の意見を聞いてその最大公約数を取るという話でもない。株主全体を俯瞰して議論できる株主がやはり必要で、それを期待されている株主が金融機関だと思うのです。

楠木　極論すると、石井さんが期待している株主としての役割を金融機関が当たり前に果たせるようになったら、フィデューシャリー・エージェント事業はなくなってもいいとお考えですか。

石井　はい。そういう状況になるには、金融機関がほかの株主や投資先企業の取引先、従業員、地域社会にも目を配った上で、企業にとって何がよいかを判断できるようにならなくてはいけません。企業は何かを達成するために存在しています。だからこそ経営者は、楠木先生がよくおっしゃっている「長期視点」を持つ必要があります。それも、「終わりのない長期」です。

楠木　すべては時間軸の取り方に帰結しますからね。

石井　そうです。短期視点と長期視点の違いは、可視化できるか・できないかにあります。人間は目に見えるものに引っ張られがちなので、どんどん短期的な思考に流れて行ってしまう。そうならないよう、長期的な視点で的確に物事を判断していく役割を金融機関に果たしてもらいたいのです。

楠木　僕が考えるリーダーシップと同じです。リーダーとは、長期視点を回復できる人。もしくは、手段を目的化していく分業構造の中で、目的と手段の本来の関係を取り戻せる人です。

「決める人」に任せる

楠木　株主と企業の関係において、これからは何が大切になっていくでしょうか。

石井　どの企業にも、創業当時から持ち続けてきた夢や志があるはずです。それを体現するためには、競争に勝たなくてはいけない。ですが、ほとんどの商品はそもそもユニークなはずです。「100メートルを何秒で走れるか」という競争とは違う。人生と同じです。将来に向け、会社として何をやりたいのか、どんなふうに事業を進めていきたいか――それを経営者が語れないと、資本市場から評価されようがないのです。

楠木　目先のIRのスキルやテクニックを習得するよりも、よっぽど話が早いし、効き目もあるし、なにより自然にできるはずですよね。

石井　「我が社はこういうことをやろうとしている会社だ。支持してくれる方は集まってくれ」と、経営者が投資家に呼びかける。これが本来の株式市場のあり方です。

楠木　しかも今は、カネの供給がだぶついている。

石井　そうです。資本市場のほうから「投資させてください」と言ってくるくらいが本当はいい。現状では、企業がそれだけの力強い発信をできていません。そもそも経営に対する確固とした考えを持てていない経営者が多いと感じます。一方で株主は、どんどん短期視点に流れています。数値を重視した結果、リスク回避型の投資に偏っている。「将来の社会をよりよくするための事業」に資産を集中させることこそ、金融事業の本分であるはずです。

企業がやろうとしていることが本当に面白いのか、どんな可能性を秘めているのかを見抜く評価眼、鑑定眼が必要です。かつてのバンカーたちは、事業の意義に価値を認めた上で、リスクを取る企業に投資していました。資金が供給過剰にある今こそ、数値にとらわれない評価眼を磨くべきです。

楠木　アメリカではここ20年間、ベンチャーキャピタル（VC）が存在感を高めています。初期は山師の集まりのようだったVCですが、今や投資のプロフェッショナルとして高度な評価眼――まさにバンカーの意識を持ち、経済のエンジンをつくるためのインフラを提供しています。VCのような役割を、日本の金融機関が果たしていくべきだと。

石井　『会社という迷宮』にはハッキリと書かなかったのですが、株主や経営者の皆さんにどうしても伝えたいことがあります。何か新しい枠組みをつくろうとなったとき、日本では「まず、公的な機関を設けよう」となりがちです。公的な機関では、何を判断するにも全員の意見を聞いて平均値を取るとか、総意の最大公約数を取ることから始めようとしがちです。そんなところからは「リスクを取る」発想は生まれません。

日本とアメリカの企業の本質的な違いは何か。それは、「決める人」をリーダーに選んでいるかどうかです。日本では、リーダーになると必ずこう求められます。「一つひとつのプロセスを透明化してください」「どんなに小さなことでも説明責任を果たしてください」――。要するに、「決める人」を選ぶ仕組みになっていない。

アメリカのようにリーダーに大きな決定権を持たせないと、「リスクを取って挑戦する」世界を体現できません。「俺はこの事業に懸けているんだ。これがいいと思うからやるんだ」――主観を持った経営者こそ、リスクを取って挑戦できます。「決める人」をトップに選ぶ。一旦決めた以上は、その人の好きなようにやってもらう。もし「この社長、まずいな……」と思ったら、ほかの人に替えればいい。この割り切りが、日本ではできていません。

株主が企業を評価する際には、経営者が頭の中で描いている将来像をしっかり見定めなくてはいけません。同時に株主には、中立的な視点――「公的」ではなく、「無私」に近い観点が必要です。

楠木　「本来の存在理由からして、もっと太陽になりませんか」――これが石井さんから株主へのメッセージだと。その新しい潮流を生むために最初に漕ぎだすのが、フィデューシャリー・エージェントとしてのMFAだと。

石井　そうです。MFA自体は捨て石になるかもしれない。でも、やってみようと。

楠木　企業は株主に使われるのではなく、使っていくべきだと僕は思います。で、建設的な対話が必要となったら、フィデューシャリー・エージェントの助けを借りればいい。もし将来、株主だけでなく企業からもエンゲージメントの代行を依頼されたら、MFAは受けるのですか。

石井　やろうと思っています。あくまでも経営者個人ではなく企業にとって、何が善いかを考える仕事がコンサルティングです。フィデューシャリー・エージェントも、そのスタンスでやっていきます。

楠木　石井さんの経営の本質についての考えがよくわかりました。今日も重い球を投げ込んでくださいまして、どうもありがとうございました。

２０２４年１月

ベストセラーよりロングセラー

――経営学と実際の経営に違いはあるのでしょうか。あるいは経営学は実際の経営にそのまま使えるのでしょうか。

楠木建（以下、楠木）　経営学者にもいろいろな考えがあります。ここでは私のスタンスに限定してお話しします。結論から言えば、経営学は「科学」ではないと考えています。これは科学をどう定義するのかによります。科学とは再現可能な法則の定義を目的としています。自然科学によってデカルト以来確立されたパラダイムです。例えば物理法則。いつどこで誰がどういう気分で観察しても物理法則は変わりません。自然科学の本質は「人によらない」ということにあります。ところが、もし経営の世界に再現可能な法則があれば、「こうすれば期待された成果が出る」ということになります。そんなものがあれば誰でも経営できる。しかし、実際には会社は経営者次第。経営者によって業績は大きく変わります。つまり、経営は「人による」――ということは本質的には科学ではないというのが私のスタンスです。

社会科学にしても自然科学のアナロジーでできています。自然科学のマナーにのっとった研究が王道です。ある種の条件や前提の下でできるだけ一般性の高い再現可能な法則を目指します。これはこれで意義がありますが、現実の経営は自然科学のように「法則を適用する」というわけにはいかない。私は「科学的な法則を提供する」といった立場を取っていません。私が仕事にしているのは経営学のうち競争戦略という分野ですが、法則の定立ではなく論理の提供を目的としています。経営がサイエンスだとはどうしても思えません。自然科学との違いは、経営現象のほうが対象として複雑だということにあります。一人の人間ですら複雑なのに、それが集まって何かしようというのは極めて複雑な営みであり、しかも状況は刻々と変わっていきます。

私のようなスタンスの経営学に何ができるのか。実際に経営をしている人に「どうしたらうまくいくか」と言われても「分かりません」としか言えません。法則がないからです。具体的に「どうしたらいいか」は、それぞれビジネスに携わる人が、自分自身の状況や文脈で考えて判断して実行するしかありません。

それでも「要するにこういうことではないでしょうか」「こう考えてみたらどうでしょうか」とはアドバイスできます。それは論理です。競争がある中で、なぜある会社はもうかるのに別の会社はもうからないのか。その背景にある論理を考えて提供すれば、「どうすればうまくいくか」を言えなくても、ビジネスを実践している人に、役立ててもらえるのではないか。そこに私の仕事があると心得ています。

――論理を学ぶことは、実際の経営にとってどういうインパクトがあるのでしょうか。

楠木　例えば「人は期待されると頑張る」――これは論理です。「期待」と「頑張る」の2変数の関係をがっちりと制御する法則はありませんが、論理的には人は期待されると頑張るものです。こうした本質はコロコロ変わることはありません。変化する現象を追いかけているだけだと目が回ってしまいます。目が回っている人に意思決定はできません。

二流の経営者ほど「激動の時代」と言いたがるものです。だからこそ、変わらない軸足が必要になります。論理はそう簡単には変わらない本質をとらえるものです。論理を押さえているほうがいい経営ができるはずです。

競争戦略という分野そのものをつくったのは米国の経営学者、マイケル・ポーター氏です。よく知られている『競争の戦略』はポーター氏の研究に基づく論理集です。この本を読んだからといって、すぐに優れた競争戦略が策定できるわけではありません。それでも、競争とはようするにこういうものであり、なぜ収益が出るかと言えば独自のポジションがあるからであり、独自のポジションとはようするにこういうものだ、といった論理の体系はつかめます。同書が出たのは１９８０年ですが、今でも十分に役に立つ。なぜかと言えば論理だからです。論理はそう簡単に変わりません。

――すると、経営者やマネジメントに関わる人は経営学にどう臨むべきでしょうか。

楠木　法則や方法を知ろうとするのではなく、ぶれない軸足としての論理を獲得する。こういう目的で経営学の本を読むことをお勧めします。

――実際の課題に直面したとき、どう経営学と向き合ったらよいでしょうか。

楠木　私が考える優れた経営学の条件は、一時的なインパクトの大きさよりは、インパクトの持続性にあります。つまり、10年、20年と頼りにされることです。経営書で言えば、ベストセラーよりもロングセラーが優れた知見の証明だと思います。

経営者が経営学を生かそうとするとき、直面している状況、文脈はそれぞれまったく特殊です。法則が想定するような一般解はありません。常に特殊解なのです。特殊解は経営者が見いださなければならないのですが、そこにいたるまでにはかなり汎用的な論理がある。時間のテストに耐えた経営学の本はそうした論理を突いているはずです。

――米国などと比べると、日本の経営者やマネジメント層は経営学を生かしていない印象がありますが、いかがでしょうか。

楠木　それは分かりません。米国の経営者にしても忙しくて仕方がないわけですから、経営学の習得や応用に時間を割いている人がそれほど多いとは思いません。ただ、日本でも米国でも、優れた経営者の中には経営学が提供している論理を押さえている人が多いと思います。経営学を学ばなくても、経営経験の中で本質的な論理を獲得できるでしょう。ただし、経営者は忙しい。優れた経営学の知見を利用したほうが大幅に時間を節約できます。忙しい経営者に代わって論理を考えるのが私の仕事です。

――経営者と話す場合、どんなやり取りになるのでしょうか。

楠木　私と話すということは、その人が何らかの論理を欲しいと思っている。経営者から「自分はこう考えてこうしようと思っているが、どう思うのか」といった質問を受けて、それに対して私なりの見解をお話しします。「論理は関係ない」と、完全な肌感覚で経験主義的に経営する人もいると思いますが、そういう人は私を必要としていませんから、話す機会があまりありません。

――必ずしも論理的に考えなくても優れた経営はできるのでしょうか。

楠木　もちろんです。ただし、会社の規模が大きくなってくるといろいろな人が関わってきますから、共通で分かるものがないと難しくなります。「俺の目を見ろ、何も言うな」では限界がある。規模が大きくなってくると必然的に論理の役割が大きくなります。論理とは誰もが考えればわかることですから。

――経営学をうまく使っている経営者はどんなタイプでしょうか。

楠木　経営者は基本的に具体の地平に生きている生き物です。あらゆる問題は常に具体的に現れます。指示や意思決定をするにしても具体的でないと何もできないし、成果が出ません。ところが一方で抽象的な論理がないと、経営者は具体世界に振り回されます。環境が変化しているときほどそうです。ですから経営者には変わらない軸足が必要です。

軸足になるのが抽象化された論理です。具体的なことをいったん経営者が自分で抽象に引き上げて、「要するにこういうことだ」と理解した上で具体的なアクションのレベルに下ろす。その意味で経営とは具体と抽象の往復運動であり、経営者は日々これを繰り返している。抽象化の友として経営学を使ってもらうのがよいと私は考えています。経営学を使うというのは、生成ＡＩに聞いたらＴＯ ＤＯリストに具体的なアクションが10個出てきた、という話ではありません。

――経営者は基本的に抽象的に考えないと良いマネジメントができないのでしょうか。

楠木　そうです。経営は一回一回が新しいことばかりですから、「これはいつか見た風景」「どこかで通った道」という引き出しがある人がやはり強い。具体的なレベルでの経験は無数にありますが、それでは数が多すぎる。だから「要するに大切なのはこういうことだ」と抽象化することが大切です。優れた経営者は20か30ぐらいの練り上げられた引き出しを持っているものです。

――経営者が経営学の本を教科書として読むときにどんなことに留意すべきでしょうか。

楠木　教科書というと一般には高校の教科書のように網羅的に概説している本をイメージする人が多いと思います。もちろん経営学にもそうした教科書はあります。しかし、多くの経営者が実際に生かしているのはむしろ特定の問題について、経営学者が提供している論理であることがほとんどでしょう。ポーター先生の『競争の戦略』も経営を全般に語った教科書ではありませんが、質の高い論理を提供しているという意味で有用です。繰り返しになりますが、長く読み継がれている本を読むのがベストです。本に答えを求めないでください。答えは読む人の中にしかない。答えを出すときの視点、考え方をインストールするつもりで、論理を体得するというのが正しい構えです。

――経営学者が書いた本で経営者に読んでほしい本があれば、ぜひお願いします。

楠木　チャン・キムとレネ・モボルニュの『ブルー・オーシャン戦略』やルメルトの『良い戦略、悪い戦略』も、変わらない骨太の論理を提供しています。論理だからだれでも理解できる。言われてみれば当たり前のことばかりです。

私の書いた本でいうと、例えば『ストーリーとしての競争戦略』は「戦略はストーリーとしてつくられるべきだ」という論理を示しています。読者から「当たり前の話ではないか」と言われることがあります。まったくその通りです。当たり前のはずのことが、現実に会社の仕事になるとできなくなり、戦略がストーリーでなくてアクションの箇条書きのようになってしまう。当たり前の大切なことからついつい逸脱してしまうのが現実の経営です。それを本来の当たり前の姿に引き戻す。ここに論理の力があります。

２０２４年１月

いまそこにあるダイバーシティ

損得の問題

性別、国籍、宗教、性的指向などの多様性を重視したダイバーシティ経営の重要性が指摘されるようになって久しい。いまや多様性の包摂は普遍的な価値観になっている。経営者は「ダイバーシティ経営に取り組まなくてはならない」と言う。しかし、「ならない」と言うのが理解できない。経営の観点から見ると、多様性がないことは単純に「損」だからだ。経営にとってダイバーシティはそもそも「美味しいもの」。美味しいものを食べたいと思うのが普通で、「食べなければいけない」というのは奇妙な話だ。

経営の根底にあるのは損得勘定である。ここで言う損得勘定とは、目先の金（カネ）を追うということではない。長期利益を目指すことだ。お客様を騙したり、従業員を泣かせたりすれば、刹那的に儲けることはできる。しかし、それでは企業活動は続かない。顧客、従業員、投資家、あらゆるステイクホルダーの利得を同時に満たすためには、長期で利益を目指す以外にない。

この経営の本質を考えれば、例えば、女性活用が重要なことは言うまでもない。人口のほぼ半分は女性だ。この人手不足の時代、女性の能力を無視するということは人口の半分を見殺しにするということになる。経営にとって大損だ。

仕事の組織に重要なのは、なにより「能力」だ。「顔の美しさで採用を決める」と言えば批判されるだろう。しかし、これがモデル事務所であればどうか。ほとんどの人が納得するはずだ。つまり、仕事の場で問題にされるのはあくまでもその仕事で必要とされる能力なのである。

能力は多様だ。そこに組織が必要となる根源的な理由がある。一人の人間の能力には限界がある。さまざまな能力が必要だからこそ分業に基づく組織の概念が生まれた。三人の人がいたら、それぞれの人のやることが違うということだ。なぜ違うかといえば、それぞれが持っている能力が違うからだ。組織という概念は本来的に多様性に立脚している。

多様性の源泉は個々人の「好き嫌い」

リスキリングという言葉がよく使われるようになった。確かにスキルは大切だ。しかし、社員一人ひとりの「好き嫌い」を活かすことがもっと重要だと考えている。好きこそものの上手なれ。能力の根底にはそれぞれの人の「好き嫌い」がある。

好きなことであれば、「あの人は努力している」と言われるようなことでも、本人はなんの苦労もなく続けられる。本人にとっては娯楽に等しいからだ。つまりは「努力の娯楽化」、これが仕事の最強の論理だと考える。

能力に磨きを掛けるには、どれだけ継続的に修練できるかが鍵になる。好きなことであれば無理なく続けられる。結果的に、能力が錬成され、人から頼りにされ、良い仕事ができるようになっていく。大前提は「好き嫌いは一人ひとり違う」ということだ。この点で「好き嫌い」は「良し悪し」と異なる。

良し悪しは、たとえば、「嘘をついてはいけない」とか「時間を守る」「約束を守る」といったように、社会の中で普遍的なコンセンサスとして成立している価値基準を意味している。いくら好き嫌いが大切だと言っても、「殺人が好き」は許されない。誰がどう考えても「悪いこと」だからだ。

これに対して「好き嫌い」は、人によって異なる。内発的なもので、命令などの外からの力では変えられない。カネでも買えない。つまり、インセンティブが効かない。阪神ファンに「巨人を好きになれ」と命令しても難しい。「小遣いを５０００円やるから巨人ファンになれ」と言えば「今から巨人ファンになる」と言うだろう。しかし、おそらくそれは嘘だ。

喫煙の例で考えてみよう。副流煙で煙草の煙が嫌いな人に迷惑をかける。これは単純に悪いことだ。そういう人の近くで煙草を吸ってはいけない。しかし、喫煙所でルールを守って吸うのであれば、あくまでも個人の好き嫌いの問題だ。

会社は仕事をするための組織だ。社員が気持ちよく仕事をして、成果を出せばそれでよい。休憩の時に煙草を吸うのは何の問題もないし、会社に喫煙者がいるのなら喫煙所を置くべきだと思う。職場で喫煙を認めないことこそ多様性の否定ではないか。気分良く働ける方が仕事の成果が出るからだ。

煙草が好きな人が煙草を他人に強要すべきではないのと同様、煙草を吸わない人は、自分の好き嫌いを喫煙者に強要するべきではない。好き嫌いでしかないことを、無理やり良し悪しにすり替えるとおかしなことになる。

その典型が「選択的夫婦別姓制度」に反対する人々だ。私にはそういう人が理解しがたい。「強制的夫婦別姓制度」というものがあったとして、「同姓の方がいい」と反対するならわかる。しかし、「選択的」なのだから、別姓にしたい人は別姓にすればよいというだけのこと。私自身は同姓を好むが、うちの娘は別姓のほうがいいと言う。それぞれ好きな方を選べばいいだけの話。ようするに、「天丼・カツ丼問題」だ。天丼が好きな人にカツ丼を強要して何の意味があるのか。いやいやカツ丼を食べさせられる人が不幸になるだけで、誰も得をしない。好みが違うのだから無理に合わせることはない。そもそも好き嫌いに争いはない。どちらが正しいということはない。自分と好みが違う人がいても、気持ちよく放置する――これが成熟した社会の姿だろう。

多様性の問題にしても、無理やり良し悪しの俎上に載せず、「好き嫌い」を軸に考えるべきだと思う。好き嫌いは本来的に多様なものだ。個々人の好き嫌いこそが、経営における多様性の最大の源泉だというのが私の見解だ。

オンラインで仕事をした方が成果が出るのであれば、オンラインにすればいい。リアルで仕事をした方が成果が出るのであれば、リアルでやればいい。全ての社員をリモートかリアルのどちらかにしようとする人は、どちらが「良い」かと考える。その考え方自体が多様性を抑圧している。繰り返すが、単純に損得で考えたほうがいい。

雇用は本来「ジョブ型」しかない

仕事はそもそも「価値の交換」だ。雇用主は能力を買い、労働者は能力を売っている。経営はこの価値交換の基本に戻るべきだと思う。

「ジョブ型雇用」への転換が大切だという。しかし、仕事の組織である以上、雇用は本来ジョブ型以外にはないはずだ。ところが、「日本人は狩猟民族ではなく農耕民族だから、ジョブ型雇用は日本の文化とは合わない」「メンバーシップ型雇用（職務内容を限定しない雇用）こそが日本の文化だ」などと言う人がいる。「日本の文化」に失礼な話だ。

戦前の日本は終身雇用であるどころか、アメリカよりも労働市場の流動性が高かった。当時の日本の経済人は「アメリカで大企業が躍進しているのは家族主義で経営しているからだ。長期雇用だから技術が蓄積し、製造業が興隆している。ところが日本ではちょっと給料が安いとすぐに他の会社に行ってしまう。こんなことではいつまでたっても大企業が生まれない」と嘆いていた。当時、アメリカはデトロイトに自動車産業が出てきた頃で、それを見て「日本もアメリカのようにものづくりができる国にならなければいけない」。当時の日本は財閥支配で、「日本は金融資本が金融のロジックで商売をやっているから駄目だ」――現在とは全く逆のことを言っていた。

一度採用したら能力や年次に応じてポストを与え、給与を上げていかなければいけない――年功序列というシステムは論理的に言って無理がある。ところが、高度経済成長期には、この仕組みには大いに合理性があった。年功序列は評価の基準がオープンかつクリア。一人ひとりを評価するためにかかる莫大な経営コストが極限まで削減できる。それで社員が納得して働くのであれば、これほど効率的な経営はない。ようするに、かつての終身雇用と年功序列は得だったということだ。

ただし、この特殊な経営が成り立つには、猛烈な勢いで売上が伸びていかなければならない。終身雇用と年功序列の併用は超論理的な「戒厳令」とでも言うべき制度だが、高度経済成長期という異常な状態にはマッチしていた。しかし、その外的な条件がなくなれば、当然のことながら戒厳令は引っ込めなければならない。いまでも「戒厳令出しっぱなし」の会社は明らかに間尺に合わない損をしている。

年齢不問

多様性に話を戻す。もっとも重要なダイバーシティ経営のポイントは、「好き嫌い」とともに「年齢」だと考える。

日本の企業はこれまで、年功序列のなごりで、能力を年齢に「強制翻訳」してきた。若いというだけでポストに就けない。逆に、年をとっているだけで老害と言われる。定年になったら辞める。何かにつけて年齢という物差しに寄りかかったマネジメントになっている。

もちろん、経験は能力の基盤のひとつである。しかし、あくまでも能力の代理変数であって、年齢や社歴それ自体には実質はない。男女という性差で区別しないほうが得であるのと同様に、年齢を一切考慮しないことが経営にとっては得になる。それは結果的に多様性を高めることにもなる。

経営が本気で能力を評価しようとするならば、年齢を一切見ないようにするべきだ。年齢に拘わらず、求められている能力がなく、成果が出なければ、「あなたはいまの仕事には適性がなく調子が出ないようなので、このオプションのうちのどれかにかわってください」ということを率直に伝え、社員にも言いたいことを言わせるべきだ。どれもできないのであれば、「別の会社で働いてください」と言うしかない。

その代わり、能力がある人には65歳になっても70歳になっても働いてもらう。それに見合う報酬を支払う。それが正しい仕事の組織であり、経営だと思う。事実、こうした会社は増えてきている。そちらの方がどう考えても得だからだ。

能力を年齢にすり替える経営は、一人ひとりの能力をきちんと把握する目を曇らす。社員の能力評価は経営の根幹であるにも拘わらず、年齢という物差しに頼るあまり、個人の能力を直視することができなくなっている。能力は人によって違う。能力を直視しようとすれば、個人とその人の「好き嫌い」をよく見るようになるはずだ。

成果に対する「欲」がなければ経営者は務まらない。「ダイバーシティをやらなければ」と言っている経営者は、欲がなさすぎる。優れた経営者ほど人材に貪欲なはずだ。経営者が真剣に長期利益を追求し、成果に対する欲を持てば、多様性は自ずと高まる。多様性は目的ではない。成果を出す手段の一つに過ぎない。

２０２２年５月

文藝春秋が伝えた経営者の肉声

「タイムマシン経営」という言葉があります。「未来は偏在している」という前提で、すでに「未来」を実現している国や地域（例えばアメリカのシリコンバレー）に注目する。そこで萌芽している技術や経営手法を先取りし、それを日本に持ってくることによってアービトラージ（差分）を取る戦略です。

この論理を反転させると、面白い視点や知見が得られるのではないか――こうした発想で、しばらく前に『逆・タイムマシン経営論』という本を書きました。その狙いは、複雑に変化していくビジネスの背後にある本質を見抜き、大局観を会得するための知的作法を提示することにあります。

新聞、雑誌、テレビ、オンラインのニュース記事、ありとあらゆるメディアが最新の情報を日々大量に発信しています。そこでは「ＡＩ」「ＤＸ」「ＥＳＧ」「ジョブ型雇用」といったバズワード（流行り言葉）が飛び交っています。バズワードがバズワードになるのは確かに理由があることです。しかしその一方で、旬の言説ほどその時代特有のステレオタイプ的なものの見方に支配され、議論が表層的で浅薄なものになりがちです。情報の受け手の思考や判断にもバイアスがかかり、しばしば意思決定を狂わせます。これを「同時代性の罠」と呼んでいます。

どうすれば同時代性の罠から抜けられるのか。「潮が引いた後でだれが裸で泳いでいたかが分かる」──投資家ウォーレン・バフェットの名言です。過去の記事であれば、同時代のノイズがすっかりデトックスされ、本質がむき出しになっています。タイムマシンに乗って過去に遡るに若くはなし、というのが筆者の見解です。

『文藝春秋』には膨大な記事の蓄積があります。この100年の経営者の肉声の変遷を振り返ると、日本が経験してきた変化の大きさを改めて痛感します。

「電力の鬼」こと松永安左エ門は、1955年2月号の「世界に学ぶ日本復興」という論文でドイツと日本の戦後復興の格差を嘆いています。

敗戦後のドイツは日本よりもひどい目に遭っている。東と西に分けられ、あらゆる工場は破壊され、機械という機械はすべてロシアに持っていかれてしまった。そういう中でドイツは感嘆すべき復興を遂げている。瓦礫の中で新しい機械をつくり、破壊された工場を復活させ、経営者も労働者も一致団結して難局を切り抜けようとしている。それに対して、日本はどうか。いつまでもアメリカに頼り、経営者も労働者も再建の意識が薄い。注目すべきは、ドイツの合理主義だ。援助資金をいかに有効にドイツの復興に充てるかを「マーシャル・プラン省」で集中的に計画し、実行している。「日本が一九五五年から見返り資金で道路をつくるとか、愛知用水をつくるといっていることに比べると、如何にドイツが最初から経済復興に腰を据えていたのか、ということがわかる」「日本人のゆきあたりばったり主義を合理主義におきかえざる限り日本を隆盛にすることは困難だということである」

1960年代に入っても、「所得倍増の二日酔い」（1961年12月号）で松下幸之助（当時、松下電器会長）は、「自力で発展してきたのではなく、ほとんど他力本願である」「金をもらい、技術を導入し、経営の方法や考え方までも教えられ、いまなお注意されつつある。そういう状態の中で日本が今日こうなった、ということをすっかり忘れてしまって自力でやってきたような錯覚を起こした」と、日本の厳しい現実を直視しています。

貿易自由化という戦争に入るには、現在彼我の戦備には非常な差がある。そういう状態では、私はこれはこの前の戦争以上の惨敗を喫すると思うのです。（中略）戦争にあたってもつところの道具、これはみんな鈍刀です。それにひきかえ、向こうは名刀を持っているのです。しかし鈍刀でも腕がたつならよろしい。けれども、経営はどうしたらいいかということをいまだに教えてもらっている段階です。腕も向うのほうが名人です。名人が名刀を持ち、腕のにぶいものが鈍刀をもってやる、これはあきません。これが今の日本の現状なんです。

70年代に入ると、論調は変わってきます。日本が世界に向かって攻めていく中で、ベトナム戦争で疲弊した米国の貿易収支は悪化し、失業問題が深刻化していました。永野重雄（当時、新日鉄会長）は「〝貧乏〟はもう売物にならない」（1971年9月号）でこう言っています。

四十三年（三年前）の日本は、十九億ドルほどのドルしか持たなかった。町を歩くのに、財布の中にはカツカツの金額しか入っていなかったにひとしい。それが三年後、四倍の現金を入れて歩いているというのが、今日の姿だ。しかもこの〝成金〟は、貧乏のクセが抜けずに、まだ「貧乏だ」を売物にしかねない。（中略）商売とはいえ、自分の金（ドル）をとられた米国としては、日本の商売のやり方に文句をつけたくなるわけで、我が国としては、そうした機微も考える必要があるようだ。

さらにその17年後になると、かつては欧米との雲泥の差を嘆いていた松下幸之助その人が「こと産業面に関しては、日本が完全にリードしており、向こうから学ぶべきことはあまりない」と言うようになり、「いま日本に求められているのは共存共栄の精神だ」と、日本の「やりすぎ」に警鐘を鳴らすまでになりました（「不景気を活かす」

1978年10月号)。その後のバブル崩壊を経て、日本経済は長い停滞期に入り、現在に至っています。

誰もが「本質を見よ」と言います。本質とは何でしょうか。辞書的には「物事の基底にある性質」「そのものの本来の姿」を指す言葉ですが、本質の一義的な特徴は「そう簡単には変わらない」ということにあります。

この100年の日本経済は変化の連続でした。ところが、歴史の流れに目を凝らすと、多くの物事が変化していく中にも一貫して変わらないものが見えてきます。これがすなわち本質です。変化を追うことによってはじめて不変の本質が浮き彫りになる。この「変化の逆説」にこそ本質をつかみ取るカギがある、というのが逆・タイムマシン経営論の考え方です。

「去年今年貫く棒の如きもの」という高浜虚子の名句があります。目まぐるしく変化する時勢や時相を貫くものこそが本質です。以下では、文藝春秋が伝えた経営者の肉声の中から「貫く棒の如きもの」を厳選し、考察を加えていきます。

小林一三「映画劇場経営論」(1935年10月号)

阪急電鉄をはじめ、不動産開発、デパートから宝塚歌劇団や東宝などのエンターテイメント事業まで、数々の独創的事業を一代でつくり上げた小林一三。近代日本が生んだとてつもない経営者です。私見では松下幸之助に比肩します。

同時代を生きた小林と松下には多くの共通点があります。徹底して考える経営。人間の本性に対する洞察に基づいた大構想。そこから演繹的に出てくる事業展開。戦後の公職追放の経験。何よりも、二人は大衆の生活を大きく変えたイノベーターでした。

小林には常人とは違った景色が見えていました。思考の順番が逆だからです。鉄道事業にしても、鉄道が先にあって不動産開発が出てきたのではありません。そこに人が住めば、鉄道を利用するだろう——初めから住人の数とその生活の質に目が向いていました。鉄道事業は彼が理想とする都市開発の手段に過ぎません。

デパート事業への参入にしてもそうです。どのデパートもお客を集めるのにコストをかけている。小林は逆で、初めからお客がいっぱいいるところにデパートを作ればいいと考えます。これが梅田駅に隣接した「ターミナル・デパート」に結実しました。大衆相手だから、あくまでも薄利多売でいく。普通なら薄利だから多売しなければならないというロジックになる。ところが、小林の場合は、多売が初めからあって、だからこそ薄利でいいと考える。ますます顧客が魅力を感じて、多売への好循環が生まれます。好循環は優れた戦略ストーリーの重要な条件の一つです。

私は元来娯楽というものは、家庭に開放されなければならないという主張を持っているので、娯楽は家庭本位だと考えている。

娯楽を家庭本位のものとするには、どうしても安く、多勢で楽しみうるということを原則にしなければならぬ結果として、映画館にせよ、劇場にせよ一度に多数の観客を収容しうる大劇場によって営業しなければならぬ。一度に多数の観客を収容する事によって、観客各個人の負担額は減少するから、日曜日などには主人公が細君や子供を連れて映画を見に行くことも左程経済的の負担とならずに済み、家庭の全員が安い料金で座り心地のよい椅子で、しかも立派な劇場で、一週間に一度、あるいは一か月に二度という風に楽しむことが出来るのである。そうすることによって、私は今まで映画館などへはあまり一家揃っては行かなかった人々をも、映画館の観客とすることが出来、これが畢竟わが映画界の向上発展に向かうべき第一歩であると考えるのである。

(表記の一部を現代風に改めています)

小林が設立した映画会社の東宝の経営も、伝統芸能の歌舞伎を興行している松竹の逆を行く発想に基づいていました。一流の役者、一流の劇場を使えば、これだけのお金がかかるから、それを払える人だけに来てもらうという松竹に対して、小林は大衆が払えるお金から逆算して映画や演劇を作りました。

「映画劇場経営論」は、松竹をはじめとする既存の映画会社のやり方を痛烈に批判しています。大衆の支持で栄えるはずの映画産業が惨憺たる有り様になっている。どこの会社も赤字を垂れ流している。だいたい劇場のキャパシティが小さすぎる。他社は映画館のチェーン方式を基盤としている。チェーンを維持するためには毎週映画を送らなければならない。一週間ごとに上映作品を変え、あとは地方のチェーン館に流していく。一週間しかもたないような粗製乱造では、いつまで経っても映画は娯楽文化にならない。もっと立派な映画を製作して、東京で半月は打てるような体制をつくる。同じ映画を長く打てれば本数は減り、製作費は低減する。そうなれば料金も安くなり、お客も増える。これが「映画をして大衆のものたらしめる方途」だと小林は言います。

繰り返して云うが、映画はいまだ国民大衆のものではない。これを大衆のものとするのが我が映画業界に関係している人々の第一段階の仕事であり、映画が真に国民大衆のものとなった暁には、映画産業も次第に企業としての形態を具えて行くであろう。

小林には、自分の価値基準に照らした、あるべき社会についての明確なビジョンがありました。それは大衆が文化の中心にあり、文化を牽引する社会です。大衆の自由選択に基づく経済を理想とし、それを忠実に具現化するような事業を生み出しました。「パーパス経営」の最上の手本がここにあります。

本田宗一郎「バタバタ暮しのアロハ社長」（1955年10月号）

四輪車事業への進出はもちろん、英国マン島の二輪車の「T・Tレース」での伝説的なホンダの優勝よりもさらに前、本田宗一郎が50歳のときの回想です。この記事の8年後、ホンダは軽トラックT360とスポーツカーS500で四輪車事業に参入を果たします。それと同時にいきなりF1レースに参戦しているのも凄いのですが、こうして時系列でみると、四輪車を始めたとき、本田がすでに50代後半だったということに改めて驚かされます。

16歳で東京・本郷の自動車修理工場「アート商会」に奉公に出たのを皮切りに、22歳で故郷の浜松に戻り、自動車修理業を創業。「人間矢張り生きている限り。自分の手で何かこしらえる、工夫し考案し、そして役立つものを作るべきだろう。他人様の作ったものを修繕するという、尻馬に乗った商売なんか、犬に食われてしまえ。自らの手で、頭で何か作ってやろう」と一念発起し、ピストンリングの工場に転業。精度の高いピストンリングで成功しますが、戦争で工場を焼失します。食べるために自転車にエンジンをつけた「バタバタ」をきっかけに、二輪車事業に乗り出します。この記事の年には二輪車生産台数で日本一になりました。

未だ私は、自らの人生を顧みるという、大袈裟なことの出来る年齢にはなっていない。人生五十年、教訓もなく、劇的な波瀾もなかった。ただ平凡にオートバイのエンジンに取っ組み、他愛のない悪戦苦闘を続けてきただけである。しかし、それでいて、ただ一つ言えることは——それは、一本に打ちこめる仕事をし続けてきた、ただそれだけなのである。

波乱万丈の半生を「波瀾もない平凡な人生」とさらっと言っています。それは本田の本心だったに違いありません。寝食を忘れ、親兄弟を忘れ、金銭を忘れ、名誉を忘れ、世俗の野心を忘れ、好きなことに思いっきり打ち込む。本田にしてみれば、好きなことをただひたすらにやってきただけのことでした。

まずは、こと程左様に、生まれついて誉められることをしたことのない私だったが、完全に魅入らせられ、

> 参ってしまったものに自動車がある。小学校四年生頃、村に初めて動く車体が、青い煙を尻からポツポツとふきながら、通ったのである。
>
> 私はそのガソリンの匂いを嗅いだ時、気が遠くなる様な気がした。普通の人のように、気持ちが悪くなってではない。胸がすうとしてである。その耐まらない香りは幼い私の鼻を捉え、私はその日から全く自動車の亡者みたいに、走るその後を追っかけ廻した。金魚のふんだと笑われながら、自転車がすり切れる程、ペダルを踏み、自動車の後を追って、ガソリンの芳香をかぎ悦に入っていた。
>
> 道に油がこぼれていると、それに鼻をくっつけ、匂いを存分にかぎ、時間が経つのも忘れた。そしてその日のご飯の、何と美味しかったことか。

そのときから、いつか自分の手で自動車をつくり、運転して、思いっきりすっ飛ばすことが本田の最大の望みとなりました。そして、現実にその望みを実現したのです。

彼は徹頭徹尾「好き嫌い」の人でした。この記事に限らず、文藝春秋に残された彼の記事や対談には、やたらと「好きだ」「好きになれない」「嫌いだ」「いやだ」「気に入った」「気に食わない」という表現が出てきます。30年後の1985年6月号の対談記事（「世界のホンダ」が二度泣いた話）にある言葉です。

> 売ったつもりだけど、金が取れんのです。技術屋だから。つくることはやるけれど、金よこせって、どうも言いにくいんだな。遠慮するわけでもないのだけれど、なにか、こう、いやなんですね。（中略）どこかに、うまく金の取れる商売人がいないかなと友人に相談したら、商売上手な男がいて、たぶん遊んでいると思うからと、紹介してくれた。それで、その人物に浜松のわが家まで来てもらって、うちの女房がつくったソバを二人で食いながら僕の腹の内を話したわけ。

唯一無二のパートナー、副社長を務めた藤沢武夫との出会いでした。

これからは移動性が最大の問題になる。人間が簡単に移動できるということ。つまりスピードがすべてになる。これを仕事にしたいから手伝ってくれと言ったら、よしやろうって……。それで、本田技研という会社を百万円の資金を出して作りました。

（出資比率を聞かれて）どうだったかな。そういうことがわからないんだよ。（笑）それに、どうでもいい。私は、仕事ができりゃいいんだもの。仕事ができて、金を取ってくれさえすれば食えるのだから、ことは簡単なんですよ。（笑）（中略）

お金を取ってくれる人ができた。そうすれば、私は一生懸命もっといいものを作る可能性ができたわけなんです。藤沢が来てくれたら、やっぱり確実に売ってくれました。商売人は商売人ですよ。僕は本当に舌を巻いた。どうしたら、こんなにうまく金が取れるんだろうと思って。ただただ、感心しました。おかげで私は、ただ一生懸命仕事をやれば、みんなにも給料が払えるという安直でシンプルな考え方でいられたんです。

「藤沢さんが中心になって、商売というか、経営的な決断をされたとき、本田さんはどのような感想を持たれたのですか。たとえば、株式公開のときなんか……」という問いに対しても、「そんなのあったかな。おれ関係ない（笑）」――自分が好きなことだけに集中していれば、会社がうまく回っていく仕組みをつくる。それぞれが好きで得意なことに集中し力を発揮し、それを結集して成果を出す。好きこそものの上手なれ――組織づくりの一丁目一番地です。

終戦直後の本田は、一年間何もせずに「毎日遊んで」いました。これからの世の中が分からなかったからです。

一年間遊んでいて、頭を冷やして、戦後民主主義というものの考え方をみていたんです。私には、民主主義というものがよくわかりませんでしたから。一年たつうちにわかるだろうというので、アルコールをドラム缶に一本買ってきて、友人を大勢呼んではそれを薄めてみんなで飲んで、ちょうど一年間で飲みつくしてしまった。（笑）（中略）一年で見事にわかった。民主主義がわかっていれば、私だってすぐ仕事をしていましたよ。ところが天皇制下の教育を受けていますから、すぐ民主主義といわれたって、わからないんです。世間がわからないのに仕事をするというのは、地盤の柔らかいところに物を建てるみたいなことだからやめた方がいい。

経営者にとっていちばん大切な資質をひとつだけ挙げろと言われたら、筆者の答えは「人間についての洞察」と答えます。この言葉に本田の経営者としての真髄を見ます。

私は儲けたい、幸福になりたい、女房に内緒で遊びたいという、普通の男です。ただ、もし企業家として他人と違うとしたら、人に好かれたいという感情が強いということでしょうね。

本田は技術もバイクもクルマも好きですが、それ以上に人間が大好物でした。このことが尋常ならざる人と人の世に対する本田の洞察力の基盤にありました。どうすれば社員がやる気になるか。どうすれば取引先が気持ちよく協力してくれるか。何よりも、どうすれば顧客が喜び幸せになるか――本田の思考と行動は常に深い人間洞察に基づいていました。

一流の技術者であった本田宗一郎は、それ以上に超一流の経営者でした。

井深大「ソニーよ、何処へ行く」（1990年8月号）

技術の本田、商売の藤沢――ホンダを世界的な自動車メーカーにした名コンビと双璧を成すのが、ソニー創業者の井深大と盛田昭夫です。二人を間近に見ていた大賀典雄（当時、ソニー会長）はこのように回想しています（1999年12月号、私だけが見た盛田昭夫の「天才」）。

二人の机は奇妙な形に配置されていました。デスクを斜めに向い合せ、イロハのハの字型にしてあるのです。左側に社長の井深さん、右側に専務の盛田さんが座っていました。二人はこうして四六時中、顔を突き合わすようにして話し合っていた。何をやるにも同じ部屋で、どちらが電話をかけても片方はその内容を全部聞いているわけです。よほど気が合わないとできないことです。あのお二人は、十三歳も年が離れていたなんて思えないくらいに仲が良かった。どうしてあんなに気が合うんだろうと不思議に思うほどでした。社長と専務が一緒の部屋で何をやるにも即断即決でやっている。あの小さな執務室は、最も簡潔にして合理的な司令塔でした。

井深は82歳で取締役を退任し、経営の一線から身を引きました。そのときの記事にある肉声です。

「人のやっていることはやるな。人のやらないことだけに集中しよう」というのが、その当時からの私のポリシーでした。あの時代、ラジオをこしらえていれば食っていけるということはわかっていたんです。だけど、ラジオなら、よその会社がどこでもやる。

井深は日本になかったテープレコーダーに狙いを定め、戦後間もない1950年、初の国産機の発売にこぎつけ

ます。これが裁判所や学校に売れ、経営はどうにか安定します。次に乗り出したのが、発明されたばかりのトランジスタでした。

トランジスタは１９４７年にアメリカで誕生した技術です。しかし、この技術が花開いたのは、日本の中小企業に過ぎなかったソニーが開発したトランジスタ・ラジオでした。１９５７年に発売された世界最小のスピーカーつきラジオの大成功が世界のソニーの基盤をつくりました。

コンシューマー・プロダクツ、つまり一般の消費者の人が使う市販製品を作る、というのが私のポリシーでした。プロ用のもの、あるいは役所に納める製品はつくらない。

というのは、戦争中われわれは、ほとんど役所や軍のものばかり作っていたわけです。ところが軍には軍の、役所には役所の仕様書があって、その通りに作らなければならない。いくらいい発想をしても、勝手に改良するわけにはいかないんです。

ものを良くするためには、どんどん変えていかなければならない、というのが我々の強い発想です。スタンダードにとどまっていては、進歩はない。それができるのはコンシューマー・プロダクツしかないんです。

トランジスタの話を聞いた井深は、生まれたばかりで使い途もまだよくわからない技術をあくまでも「自分ごと」としてとらえています。芸大の学生だった大賀は、執務室で井深と盛田が英字雑誌を手にひどく興奮して話し合っているのを目撃します。

「大賀さん、大賀さん、こういうものがアメリカで今、話題になっているんだよ」と雑誌の写真やイラストを見せられたのを覚えています。その時、目に飛び込んできた初めて目にする奇妙な発明品こそ、二十世紀最大

の発明の一つといわれるトランジスタと名付けられた半導体でした。しかし、その時は誰もこの発明品の本当の凄さを認識していなかった。（中略）しかし、文献を読んだ井深さんは天才的なひらめきで「これをぜひ我々でやろうじゃないか。この原理を応用してまったく新しいラジオを作ろう」と思いつき、盛田さんは早速ライセンスを取得するために渡米するわけです。

ソニーの中央研究所所長を長く務めた菊池誠は、著書『日本の半導体四〇年』の中で痺れるようなエピソードを紹介しています。１９５３年、ニューヨークに渡った井深は、トランジスタの製造特許を持つウェスタン・エレクトリックの重役たちの朝食会に招かれました。何に関心があるのかと聞かれた井深は即座に「トランジスタでラジオをつくろうと思う」──周りがいっせいに笑いました。素朴な少年の夢物語を大人たちが面白がっているような様子だったと言います。

トランジスタは当時の最先端技術で、それだけにまだわかっていないことも多く、性能は不安定でした。それで民生品のラジオをつくるというのは、どうかしている──これが先進国アメリカの半導体業界の人々の反応でした。やめておいたほうがいい、と井深は何度も忠告されました。

敗戦国の無名の会社がなぜ世界を席巻する商品を作ることができたのか。「トランジスタはラジオだ」と決めた井深の意思がすべての始まりでした。

欧米では、最高のテクニック、最新の技術というのは、まず軍事用、業務用に使うもので、一般向けの商品には夢にも使うものじゃない、という観念がある。ところがこっちは、つい昨日、理論が生まれたようなものでも、商品の中に取り入れるということがザラなんです。

退任に際して井深はこう語っています。

私は、会社というものに、「こうすべし」とか「こうあらねばならぬ」といった創業以来の大方針みたいなものは全く不要だと思うんです。そんな決まった形にとらわれないで、そのときどきの経営者が、自分の個性で引っ張っていけばいいいと思う。次に別の人間が社長になれば、またその人の個性に従ってやっていけばいい。前の社長がこうやったから、それを引き継いで、なんてことはあんまり意味がない。どんな変化にも対応できる人が経営者となって、どんどん会社を変えていく、それが一番、おもしろい特性というものが発揮できるんじゃないですか。

「ものを良くするためには、どんどん変えていかなければならない」という井深にとって、ソニーという会社もまた自分の生んだプロダクトでした。

盛田昭夫「会社は遊園地ではない」（1965年11月号）

井深が技術の天才であったのに対して、ソニーの事業拡張の前線に立った盛田昭夫は商売の天才でした。先に引用した1999年12月号の記事で、テープレコーダーからトランジスタ・ラジオに舵を切った当時について、大賀はこのように振り返っています。

ここからが井深さんの真骨頂で、そうなると他のことを何も考えない。ついこの前までテープレコーダーの音を良くすることに異常なまでの情熱を持っていたはずの方が、テープレコーダーのテの字にも興味がなくなってしまう（笑）。（中略）そういう井深さんの性癖をいちばんよく知っていたのは盛田さんであり、井深さんの持っているものを最大限に引き出すためにはどうしたらいいかということをいつも考えておられました。実に素晴らしい女房役だったと思います。

井深さんはひとつの研究に没頭しだすと予算なんてものは一切考えない方です。「予算」という言葉が一番嫌いで、「予算」というと、それこそ猛牛に赤い布を見せたように怒るんです（笑）。井深さんご自身もよく言われてましたが、盛田さんがいなかったら、ソニーは五回か六回倒産していたかもしれません。

経営者としての盛田昭夫は天才的な商売勘と電光石火のスピード、とりわけ決断するときの胆力に優れていました。「ソニーよ、何処へ行く」で井深は盛田についてこう語っています。

今でもよく覚えているのは、彼がトランジスタ・ラジオの売り込みにアメリカに行った時のことです。ブローバという電磁式時計で有名だった会社があって、そこに盛田君がトランジスタ・ラジオを売り込みに行った。そうしたら何と「十万台買いたい」という。ただ、『ブローバ』の商標をつけて売りたい」という条件があった。

我々は日本にいて、盛田君からのテレックスを読んで、「十万台といえば、一年間ぐらいの仕事になる。フル生産しても、そんなにたくさんできるかな」と嬉しいやら、困るやら、ワイワイ言っておったんです。そうしたら次のテレックスが来て、「向こうは『ブローバ』の商標に固執するんで、断りました」みんなで唖然としたことがありましたよ（笑）。

１９７６年のＣＢＳソニー設立のときのことです。日本独特の意思決定の遅さと決定権の所在の曖昧さに辟易していたＣＢＳは、日本コロムビアに見切りをつけて、ソニーに接近してきました。ＣＢＳがまず驚いたのは、最初にかけた電話に盛田がいきなり出てきたことでした。「お互い時間がないんだから、今日の昼御飯を一緒に食べないか」――その日の会食のわずか30分の間に、盛田は「よし、やろう」と合併事業を決断しています。

盛田の天才的な商売勘はウォークマンの開発でも遺憾なく発揮されています。再び大賀の回想です。

最初に「アメリカに行く機中でクラシックを聴きたいんだよ」と言い出したのは井深さんでした。井深さんが一人で音楽を楽しむためのものでしたから、録音機能は必要なく、ステレオで聴けるヘッドフォンをつければ済む話でした。（中略）そこに盛田さんが顔を出したので、井深さんは「なかなかいいよ。ちょっと聴いてごらんよ」と言ったんです。どれどれ、とヘッドフォンを耳に当てた瞬間、盛田さんの目が輝き、「これは商売になる」と言ったことを覚えています。

盛田は徹底した合理主義者でした。１９６５年、ソニー副社長の当時、「会社は遊園地ではない」という挑発的なタイトルの論文で、日本の雇用システムを厳しく批判しています。会社は営利団体であり、お金をもうけるところ――単純明快にして、どの企業にも当てはまる根本理念であるはずなのに、日本のビジネスの世界ではこの原則が曖昧になっている。「楽しい職場」はけっこうだが、遊びの楽しさと仕事の楽しさが混同されている。「これはもう、営利事業団体ではなくて、社会保障団体だと呼んでもいいのではないか」「これは、ひとつの退廃ではないか」とまで盛田は言い切っています。

注目すべきは、60年近く前のこの記事で、現在の「ジョブ型雇用」とほとんど同じ議論をしているということです。

――人を募集するというとき、アメリカの会社では、〝その人にどういう仕事をやってもらうか〟を明示する

「仕様書」がまずつくられ、それが公開される。新しい人の仕事に対する要求は、相当こまかいところまで「仕様書」に記されるわけだ。

就職を希望する者は、仕様書を見て、自分の能力や適性を考えた上で応募してくる。給与、勤労条件、契約期間など、あいまいな点を残さないで話し合いがなされ、双方の要求が折り合えば、契約書が交わされ、はじめて雇用関係が成立する仕組みである。（中略）こうして成り立つ雇用関係においては、いつでも、仕様書に照らしての「評価」がついてまわる（中略）

さて、日本ではどうか。（中略）会社で必要とする仕事ができるかどうかは、ほとんど未知のまま、漠然と採用せざるを得ない。会社における仕事とは無関係な、宙に浮いた場所で、採用が行われるといってもよい。

新卒者は、自分の適性や能力よりも、大きいから安心だとか、ツブれる心配がないから、ということで会社を選ぶようだし、採用する会社も、学校の成績がいいとか見どころがあるといって、採用通知を出す。（中略）

つまり、日本の会社では、実際の仕事とはあまり関係なく漠然と採用した人について、ほとんど無条件で、その人の一生を保証し、いやがおうでも、その人々に会社の将来を委ねざるをえないのである。

考えようによっては。これほど恐ろしいことはない。（中略）およそ、仕事本位、能力本位とはかけはなれているし、これほど不合理なことはない。

このような問題認識から出てきたのが、後に有名になった「学歴無用論」です。いったい学歴とは何なのか。会社は厳しい競争の中、実力で勝負しなければならないというのに、そこで働いている人は入社前にいた「場所」で評価される――学歴重視ほど、仕事本位の実力主義を妨げてきたものはない、というのが盛田の主張です。

結論を先にいえば、「楽しい職場」というときの楽しさは、この評価しあうということを通じて、たえず自己を再発見し、新しい可能性に自分をぶつけてゆく楽しさでなければならない。仕事をする、働く「楽しさ」、これが、私の言いたいことなのだ。

当時の盛田の言葉は不変の本質を衝いています。いま改めて「メンバーシップ型雇用からジョブ型雇用への転換」が叫ばれていますが、今も昔も会社が「仕事の組織」であることには変わりがありません。仕事本位であるべきなのは自明です。どのような人材を必要とし、どのような能力や要件を盛り込んだ「仕様書」を示し、どのように評価するかは、会社によってさまざまであるべきです。標準的なテンプレートなどありません。それでも、仕事である以上、「ジョブ型」以外の雇用はもとよりあり得ません。

「日本的経営」というと終身雇用や年功序列が想起されます。しばしば「日本人は農耕民族だから……」というような文化的な理由づけがなされます。しかし、100年も続かないものを「文化」とは言いません。戦前の昔までさかのぼれば、終身雇用や年功序列を採っている企業は例外的でした。当時の日本の労働市場の流動性は、20世紀の初頭にすでに大企業システムが確立していたアメリカよりも高い水準にありました。

終身雇用と年功序列は、日本の一部の大企業が高度成長期の経営環境に適合した結果に過ぎないというのが本当のところです。裏を返せば、高度成長の追い風という特殊条件がなければ成立しない「戒厳令」のようなものです。終身雇用を保障しつつ、会社にいればいるだけ待遇が良くなるというのは、超論理的としか言いようがない。高度成長の期間より高度成長期が過ぎ去ってからのほうがずっと長くなった今、戒厳令をひっこめるのは当然です。

盛田の言う「会社は働くところ、もうけるところ、おたがいに厳しく評価しあって事業を進めるところ、という会社本来のフィロソフィー」は普遍にして不変の原理原則です。

美川英二「わが社に首切り、定年制はいらない」（1998年2月号）

バブル崩壊後の長引く平成不況の中で、当時の横河電機社長、美川英二は「家族主義の経営」を唱えています。

平成五年に社長になって以来、私は新人社員に初めて話をする時は、「君たちはこれから横河ファミリーの一員だ」と言っている。こんなことを言うと、よく「このご時世に家族主義的なことを言うとは驚いた」と言われるが、ちっともおかしくはない。（中略）さまざまな考え方があっていいが、「社員は家族」という考え方もあっていい。

先の盛田昭夫の真逆のように聞こえるかもしれません。しかし、経営の根本理念は盛田とまったく変わりません。確かに、計測機器の老舗メーカーである横河電機は、地味で堅実な社風で、家族主義の土壌があります。しかし、それ以上に、美川英二という経営者が果断な意思決定を繰り返し、儲かる商売と経営のあり方を貪欲に追求してきたことが家族主義の経営を可能にしています。

経営者が自らの職責を果たし、儲かる商売をつくり上げ、そこに向けて従業員が力を合わせて仕事をすれば、稼ぐ力はますます強まります。従業員の給料も増えます。結果として株価も上がり、株主も果実を手にできます。配当もまた利益処分の一形態です。利益を出し、出し続けなければ、株主に報いることはできません。利益追求は今も昔も変わらない経営の王道です。

事実、美川は営業利益にこだわる経営者で、横河電機は高い収益性を誇っていました。当時の平均給与は製造業では第二位（一位は横河電機が25％出資していた日本ヒューレット・パッカード）。株主に対する配当も、高い水準で安定していました。横河電機の株主の中には、配当で生活している人がいるかもしれない。一時的に配当を上げて翌年はゼロ、というのでは株主がいちばん困る。安定配当は会社の義務として守らなければならない、というのが美川の考えでした。

会社には順風のときもあれば逆風が吹きつけるときもあります。美川が社長に就任したのは、バブル崩壊の直後。設備投資が一気に冷え込み、製造業の工場向けの製品を主力とする横河電機は大きなダメージを受けます。売上は20％、金額にして三百数十億円減少し、１５００人の余剰人員を抱えることになりました。

こうなると、いちばん手っ取り早い解決は従業員の社員の解雇です。１５００人を切り、内部留保を取り崩して退職金を支払う。そうすれば次年度からは利益が出ます。しかし、美川は一人として切りませんでした。しかも、給与にも手をつけない。余剰人員のクビを切らず、給与も賞与も人並み以上に払い、株主には安定配当、営業利益も黒字にする――無理難題に聞こえますが、そこにこそ経営者の本領があります。

注文が2割減るのなら、残った八割の中から利益を絞り出せばいい。1億円かかった製品であれば、７０００万円で作ればいい――コストダウンと言えば数％を切り詰めるというのが普通ですが、美川は最低で30％のコストダウンを指示しました。これが彼の言う「新幹線方式」です。数％のコストダウンならば従来の路線上でできる。しかし、30％となると設計から変えなくてはなりません。若手リーダーを決めて、48の機種ごとにプロジェクトチームを走らせる。それぞれに開発、設計、調達、製造の各部門からメンバーを集め、知恵を絞らせる。最終的に35％、３００億円のコストダウンを実現しています。

さて、今度は千五百人の余剰人員である。多くの会社では余剰人員を代理店や子会社、関連会社に押しつけるということをよくやるが、当社はそれをしない。ではどうするか。新しい会社をたくさん作ったのである。

（中略）

そこに、余った人間ではなく、若くてバリバリの社員に「この会社はこういう方針でやれ」と伝え、社長として赴任させた。その際、それぞれの仲間を連れて行かせたのである。自分の給料は自分で稼がなければならない。彼らは実に活き活きとして働きだした。

また、子会社で本当に人が欲しいところもある。そういうところには、彼らが望む人間を出した。普通、出向といえば本社がいらない人材を出すことが多い。しかし、若くて一番いい人材を出すのである。本人にとっては責任範囲が拡がりやる気も出る。子会社はいい人材が来てくれたと大事にする。そこでもう一人欲しいといえば、また出す。

そんな訳で全部含めて約千八百五十人、外へ出した。彼らはみんなよく働く。一方、こちらは人件費が浮いた効果が約百三十億円出た。先程の三百億と合わせて計四百三十億円である。

大量の人員を事業子会社に出すのに併せて、美川は本社でも「ゼロ式発想法」でドラスティックな配置換えを断行しています。管理部門の総務や経理などはすべて半分の規模に縮小しています。当然担当役員や管理職からは反発を受けます。

私は彼らの話を全部聞いてから、「そうか、できないか。よし分かった。来月から経理も財務もみんなやめちまえ」と言った。

やめろというのは、解散しろ、会社に経理も財務もいらん、ということだ。すると全員、社長の気が違った、という顔をした。「そんなバカな」というから、「何がバカなんだ。それならどうしても必要なところを言ってみろ」と私は答えた。

そうしたら、「会社だから決算業務をやらなければならない。決算を見られる人間がいります」「そのくらいのクラスだ」「バリバリの課長クラスが必要です」「それなら、課長が一人いればいいじゃないか」「そうはいきません。資金計画を作る担当者がいります」「それじゃ、二人でいいな」「いえ、もう一人」……。

これがゼロ式発想法なのである。

美川の経営スタイルは相当にトップダウンです。それでも社員がついて来るのには真っ当な理由があります。

それは給料も賞与も退職金も待遇を厚くしているからである。それだけのことをしているから、「たいへんなことだけれど、みんな協力してくれ」と言えば、組合以下、「分かりました」と一丸となって即動いてくれる。（中略）

先程、世の中の大抵の会社は、経費の削減をうるさく言うという、という話をした。節電しろ、紙一枚節約しろ、鉛筆一本節約しろ、といいち言わなくても、当社ではみんなが節約する。なぜなら、賞与に関係するからだ。当社は、夏二・三、冬二・七の固定月数、それにプラスして営業利益の二十七パーセント分を、賞与として支給する。この利益配分方式はもう二十年近く実行している。

だから、みんな営業利益を上げるために、紙一枚でも節約し、交際費も無駄にはしないよう自発的に努力をする。

つまるところ、仕事は価値の交換です。仕事の対価に報いることができず、「家族だから我慢してくれ」ではタダの搾取です。いずれ社員から愛想をつかされます。しかも、「頑張ったら払う」ではなく「これだけ払うから仕事をしてくれ」――サーブは常に経営側から打つべきです。気前がよくない経営者には、誰もついてきません。

終身雇用の保証を厳しく批判した盛田にしても、会社本来のフィロソフィーが曖昧になり、安全であればいい、庇護されればいいという事なかれ主義がはびこることを問題にしたのであって、長期雇用そのものを否定したわけではありません。経営が社員の実力と適性を評価し、社員も自分の能力を発揮する場としてその会社を評価する。おたがいが厳しく評価し合い、その結果として長期雇用になるのが理想です。

しかし、年功序列は別です。仕事の組織としての合理性はどこにもありません。終身雇用を堅持する美川も年功序列についてははっきりと否定しています。

日本式の経営、といっても当社ではしていないことがある。それは年功序列だ。仕事を離れれば年長者を尊ばなければいけないと思うが、職場で年による功など意味がない。できる者がそのポストに就いてそれなりの給与と責任を持つべきなのだ。（中略）私が基本ポリシーとしたいのは、真の平等である。まず、男女の差別、学歴、中途入社、学閥、当社では一切関係ない。（中略）現に三年ほど前まで本社の人事部長をつとめていたのは高卒の女性だった。優秀なら女性であっても、人事と待遇で評価するのは当たり前のことなのである。

経済のエンジンは企業、企業のドライバーは経営者です。美川英二のような一流の経営者の肉声に耳を傾けると、会社は経営者次第だということをつくづく思い知ります。この記事の翌年、65歳の若さでその生涯を閉じた美川は次の言葉を遺しています。

最近、インタビューなどで「九十八年の景気をどう見ていますか」などと聞かれることがある。しかし、私はそんなことをいちばん最初に考えたためしはないのである。（中略）景気の良し悪しに左右されて会社がやっていけるだろうか。

そんなものに振り回されない企業にしようと、我々は日々努力しているのだ。自分の身は自分で守る。それしかないではないか。だから私はこう答える。「当社は来年もきちっとやります。大丈夫です」と。（中略）

喜びも悲しみも分かち合うのが家族だ。だから、会社が苦しければ、今まで白米を食べていたのをイモにしてでも助け合う。いい時は配分しあって喜ぶ。しかし、経営者としてはイモを食べさせたくはないし、食べさせはしない、と決意している。

一度しかない人生、社員が一生を振り返った時は、人生の大部分を横河で過ごして幸せだった、と思ってほしい。そのためのあらゆる方法を考えるのが経営者の務めだ。

これぞ経営者。思わず拍手喝采したくなるような言葉です。

丹羽宇一郎「『社長は給料なし』わが真意」（2000年6月号）

日本経済がバブル崩壊の後遺症からなかなか回復できないでいた当時、多くの企業が不良資産の処理に苦しんでいました。伊藤忠も例外ではありません。二期連続で無配を続け、役員報酬はもちろん、一般社員の給与削減を実施していました。

この時点で社長に就任して三年目を迎えた丹羽宇一郎は、それまで自らに課していた報酬50％カットからさらに踏み込んで、社長だけは完全に無給とすることを発表しました。大きな反響がありましたが、本人は飄々としています。

だいたい七対三の割合で歓迎してくれる社員のほうが多いようです。ただし、社員でも海外の反応は逆で、かえって会社のイメージを悪くするからやめてくれ、という反応が多かった。驚いたことに、発表した数日後には外国の友だちからも連絡があって、彼は「グッド・ディシジョン」だという。ひとのことだと思って何を言ってるんだという気もしますが、そもそも私が無報酬になったところで、ほとんどの人には何の関係もないことです。当たり前ですが、大変でしょうと声はかけてくれても、これを差し上げますとお金を持ってきてくれる人は一人もいません（笑）。

注目すべきは、無給の背後にあった経営者としての意思です。20世紀のことは20世紀中に片づける。ため込んだ負の遺産は全部片づけて、21世紀からは大攻勢に転じるというのが丹羽の経営方針でした。

実は、無報酬は私の独断で決めたことです。役員会で話し合って決めたわけでなく、先月十日の取締役会で私から発表しました。その場で一部の役員から「社長だけが責任を取るのはおかしい。私も無報酬でいい」という発言も出た。（中略）「責任はみんなで、ケジメは一人で取ろう。みんなの分をまとめて私がやったと思ってくれ」と言って、気持ちだけ受け取る形にさせてもらいました。それでも一部の役員は返上したいというので、「じゃあその分、僕がもらおうか」と言ってやりました（笑）。

「責任」と「ケジメ」、この2つの言葉は同じ意味で使われがちですが、丹羽ははっきりと区別しています。そもそもケジメとは、連続する物事に区切りをつける、前と後の境目をはっきりとさせるという意味です。

伊藤忠は収益構造を大きく変えようとしていました。「ラーメンからミサイルまで」と言われたように、従来の総合商社は事業の間口を横に広げて、取引の手数料を収益源としていました。バブル崩壊を受けて、伊藤忠は自らリスクを取って投資をし、事業主体となる方向に舵を切ります。ここまでは他の総合商社も同じです。

ただし、伊藤忠と他社には路線の違いがありました。三菱商事や三井物産が、投資が当たればリターンが大きくなる資源ビジネスに向かったのに対して、伊藤忠はファミリーマートの株式を取得するなど、非資源の消費財ビジネスに資源配分を集中します。丹羽は当時、この戦略を「横の総合化」から「縦の総合化」と表現しています。川上から川下まで、伊藤忠の主導で商流を構築する。原料の調達から生産、末端の消費に至るまで、すべての機能に関与していれば、仮にどこかで損をしても全体としてバランスを取って儲けることができる。これが丹羽の戦略意図でした。

その後、２０００年代に他社の資源ビジネスへの投資は大きなリターンを生みます。ところが、２０１０年代後半に資源価格が下落すると、そろって巨額の特別損失を計上することになりました。一方、非資源事業を主軸とする伊藤忠は収益力を高め、長年にわたって二強として君臨した三菱商事と三井物産を追い越します。２０２１年時点でも、売上高こそ三菱商事に次ぐ二位ですが、当期純利益では業界トップの地位にあります。

取引手数料から事業投資へという収益構造の転換は、業界の誰もが考えていたことです。非資源の消費財ビジネスに軸足を定めるという決断は、独自のポジションを取るという意味で優れた戦略でしたが、決して奇想天外ではありません。

Aという現状からBという将来の姿へのシフトが変革だとすれば、Bについてはどの総合商社も一定の構想を持っていました。もちろん誰も正確に未来を予見することはできません。Bが成功する保証はどこにもありませんが、少なくとも将来の姿は描けていた。変革の難しさは、Bを描くことにあるのではありません。Aを破壊し、それまでの流れを断ち切る方が何倍も難しい。Bを掲げながらいつまでも変革を実行できない企業が多い理由もまたそこにあります。

だからこそ、丹羽は「ケジメ」にこだわりました。この記事の前年、丹羽は「引き出しを開けてすべてぶちまけろ」「資産の中身をもう一度見直せ」という大号令をかけています。その結果、99年の決算で約４０００億円もの特別損失を計上し、最終赤字は１７００百億円以上になりました。

二、三年にわけて償却するソフトランディングの方法もあったとは思います。しかし、スピードが要求される時代に不良資産に足を取られている余裕はない。今期、経営資源を重点分野に配分すれば、二〇〇〇年度は単体で二百億円の純利益を計上できる自信があります。巨額損失の処理はこれが最後。この十五年間に溜まった膿はすべてきれいに片づけたつもりです。

私は、伊藤忠を性格的に明るい会社にしたいと考えています。ここで過去を断ち切って、二十一世紀は大きく飛躍したい。おたがいに指さしあって責任を押しつけあったり、業績悪化したのはあの先輩のせいだと陰口をたたくようなことはもうやめる。これで、豹が獲物に飛びかかる前のように、ぎゅっと屈みこんでジャンプする寸前と態勢はできました。これからは守勢から一転して攻撃と実行の時代が来ます。

ケジメをつける。これまでを破壊し、流れを断ち切る。だから、明るく元気に未来に踏み出せる。変革のリーダーは何よりも破壊者であり、切断者でなければなりません。言葉の正確な意味で、丹羽は変革の経営者でした。彼は伊藤忠の中興の祖ですが、その正体は「中断の祖」です。

ここで二十世紀のケジメをつけて、二十一世紀に向かって社員一丸となって攻撃と実行に臨むことができれば、成功は間違いありませんそれは、私が保証します。

危機においても丹羽のメッセージはひたすら明るい。元気が出る。この人ならついていこうと社員に思わせる。ここにリーダーシップの真髄を見ます。

財界四天王の非常事態宣言（1974年1月号）

ＥＳＧだ、ＳＤＧｓだ、サステイナビリティだと騒がしい昨今ですが、企業が社会的存在なのは今に始まった話ではありません。オイルショックと狂乱物価の真っただ中、経済4団体のトップ植村甲午郎（経団連会長）、木川田一隆（経済同友会代表幹事）、桜田武（日経連代表常任理事）と永野重雄（日本商工会議所会頭）が激論を繰り広げていま す。ほぼ半世紀前の1974年に、現在とほとんどまったく同じ話をしているのが面白い。

「ヨーロッパでは企業の社会的責任が注目を集め、イギリスの経団連は企業行動基準をつくっている」と言う植村に、桜田が反応します。

企業の社会的責任には多少誤解があって、あたかも財団をつくって寄付することだといわんばかりの風潮もあるんですが、やはり社会的貢献の本道は別でしょう。（中略）企業の社会に対する貢献度をはかる目安はいくつかあるし、その度合いを数字で示すことだってできるんです。まず第一は税金ですね。企業の利益の半分以上が税金になるんだが、これがなきゃ、道路も港湾もできゃしない。関税・所得税・地方税をうんと納め、従業員一人当たりの税金の高い者、あるいは使用総資本に対する税金の高い者をもって貢献度の高い企業とする。これは業種によって違いますが、同じ業種ならこれではっきりする。

これに対して、木川田が懐疑的な意見を述べます。企業の目的が時代とともに変わっている。かつては競争原理と市場原理だけで社会の発展に自然と調和した。しかし時代は変わった。社会性を加味した経営ルールが必要になっている——。

桜田は真っ向から反論します。

あなた、電気事業は地域独占で、非常に限定された競争しかないけどネ（注：かつて木川田は東電社長、桜田は日清紡績社長だった）、国民経済運営から見ると、競争原理が必要なんだ。マズイものは競争原理と市場原理でど

――んどんツブれる、というあり方が大事なんですよ。

木川田は「これが、この人の持論でね（笑）」と受け流すのですが、桜田は追い打ちをかけます。

いや、あなた方には、その経験がないから。実際にやってごらんなさい。どこかで点をつけて、おまえは社会的に貢献しないからやめなさいと、そんな等しからざる扱いはできないんですナ。ぼくらの繊維業ほど数の多いものはないが、いったい国家権力なり行政指導なりで、そんな扱いができるだろうか。そうではなく、やはりいろんな競争原理でもって、国民経済に貢献できない仕事はだんだん廃業せざるを得ない経済体制で行くほかないでしょう。

「社会性を重んじる経営問題が出てきている。それをぼくはルールといい、企業目的というんだな」と言う木川田に対して、桜田は「ぼくは、それは社会性というより、経済法則そのものの中に組み込まれなきゃダメだっていうんだ」と主張し、議論は平行線のまま終わります。

筆者は桜田に軍配を上げます。サステイナビリティはもはや実需です。社会性を無視した商品や経営はもはや顧客が受け入れません。裏を返せば、顧客価値を真剣に追求する経営は、サステイナビリティの条件を自動的に満たすということです。「サステイナビリティを重視するので、利益はほどほどに……」では、本末転倒です。そういう人は株式会社を非営利組織に鞍替えして社会のサステイナビリティに邁進すべきです。

儲けるだけが企業ではありません。しかし、それでも結果の優劣を示す最上の尺度は長期利益にこそある――古今東西変わらない経営の本質にして原理原則です。ＳＤＧｓにしても、イの一番に来る目標は「貧困の撲滅」です。誰も反対しない正論ではあります。しかし、経営者たるもの、そんなことを言う前に社員の給料をもっと上げるべきです。それができずに、なぜアフリカの貧困が解消できるでしょうか。

真っ当な競争があれば、長期利益は顧客満足のもっともシンプルかつ正直な物差しとなります。長期利益を稼いでいれば、株価も上がり、結果として企業価値も大きくなる。おまけに法人所得税を支払って社会貢献もできる。長期利益はすべてのステークホルダーをつなぐ経営の王道です。「ぼくは、それは社会性というより、経済法則そのものの中に組み込まれなきゃダメだっていうんだ」――半世紀前の桜田の本質を衝いた言葉にはいよいよ重みがあります。

筆者の提唱する「逆・タイムマシン経営論」のメッセージを一言で言うと、「新聞雑誌は寝かせて読め」。歴史に埋もれた過去の記事は、現代を生きるわれわれにとって知恵と洞察の宝庫です。

2022年5月

「商社3・0」はない

表層と深層

言葉の問題といえばそれまでですが、僕は「商社3・0」というテーマ設定そのものが空疎だと思います。

1・0は仲介による手数料、いわゆる口銭ビジネスが中心の時代。2・0は資源を軸とした事業投資ビジネスの時代。そして現在は、川上から川下までバリューチェーンの拡大を実行する、あるいは一歩先行くグローバル化を進める時代だ――資源依存度が高い三井物産や三菱商事、シェールガス投資に失敗した住友商事が稼ぐ力で伊藤忠商事に抜かれた。こうした現象にかぶせて、今後は資源から非資源の時代だというわけです。

しかし、です。それはいまのところのごく短期的な経営環境や業績の変化に反応しただけの話で、ことの本質ではない。ビジネスにおける本質的な変化とは何か。それは「この会社はどうやって儲けているの？」という問いに対する答えが変わることです。

メディアはちょっとした変化があると、すぐ「・０（テンゼロ）」というラベルをつけたがる。相転移（一定の温度で氷が水に、水が蒸気に変わるような質的なフェーズのシフト）を表現したいのでしょうが、会社や商売が儲かる理屈が本質的に変わることは滅多にありません。

「２・０」や「３・０」はあっても、「○○18・０」という話は聞きません。４・０ぐらいまでが関の山。人間はそんなに昔のことを覚えてられない。長い歴史のあるウィンドウズだってまだ10（しかも途中をちょいちょい飛ばしている）。これにしてもＯＳのバージョンの変化を重ねているだけの話で、儲けるロジックとしては、せいぜい１・０から２・０に変わる途上です。商売の基本的なありようはそう簡単には変わらない。それが儲かる商売であるほど、深層にある商売のロジックの変化は長いスパンでしか起きません。

きわめて変化の激しい業界で変化をリードしてきたグーグルでさえ、この10年で稼ぐ力の正体はさほど変わっていません。次から次に新しいサービスを作って、新しい領域に商売を拡張していますが、利益の源泉は依然として広告です。

もちろん表面的な現象のレベルではあらゆる業界で日々変化が起きています。だからといって、そうした表層の変化をいちいちカウントしていたら、歴史の長い業界では、進化していますから、例えば「自動車16・０」とか「食品28・０」というように、やたらと大きな数字が「・０」の前につくことになってしまう。

確かに「商社１・０」から「商社２・０」へのシフトは相転移といってもよい本質的な変化でした。人の事業の間に立ったトランザクション（取引）から、投資をともなう事業へと商売のカテゴリーが変わっている。

かつての「商社１・０」の時代、商社のトランザクション商売には大きな存在理由がありました。日本の企業活動のフロンティアが急速に広がっていったからです。高度経済成長期、日本の産業構造の基礎は加工貿易にありました。製造業を中心に、日本の製品がアメリカやヨーロッパやアジアやアフリカにどんどん輸出されていった。企業活動の地理的なフロンティアが文字通りグローバルに、地球の隅々まで拡大していったのです。しかし、当のメーカーにはそういう経験やノウハウを持っている人は限られていた。海外の言語や法制度にも疎い。現地との貿易実務や法律に詳しく、英語も喋れる人たちにトランザクションを任せたほうがいいに決まっています。その手の仕事を一手に引き受けていたのが商社でした。

１９６０年代、僕は南アフリカのヨハネスブルグで育ちました。父は、機械部品の会社のアフリカ拠点の支店長。ただし、まだ20代の若手社員です。支店長といっても部下も上司もいない最果ての地の一人支店です。当時の日本の内需には限界がありました。設備投資をしてものをつくる以上、世界を相手に売るしかありません。なんのツテも経験もない若い日本人が、世界のあちこちに飛び出して原始的な商売を始めました。当時は父のような「グローバル突撃兵」とでも言うべき人たちがたくさんいた。輸出ビジネスの前線で日本人コミュニティを取りまとめたり、現地の商売を先導したり助けたりする役割を果たしていたのが総合商社でした。総合商社は国際化を始めたばかりの日本の企業にとって、「グローバル将校」とでも言うべき存在だったのです。

当時のように、日本企業にとっての未開のフロンティアが多く残されていた時代、「商社１・０」は大変にありがたい、頼りになる存在でした。ところが、何十年かそういうことをしているうちに、地球上にフロンティアは、ほとんどなくなってしまいました。未開の地は、今や宇宙くらいしかありません。だからこそ成功した起業家に宇宙事業に挑戦する人が多いのでしょう。フロンティアの拡張は企業家精神の中核にあるからです。

商社の顧客であった日本の企業も、海外での商売の経験を重ねているうちに、商社に助けを借りなくても自分たちで商売ができるようになりました。こうして、商社の口銭を得るビジネスモデルは減っていきました。そして、商社不要論を囁かれた「冬の時代」を経て、事業投資が増えて、ある時から「商社２・０」といわれるような幅広い事業ポートフォリオを抱える形に変容しました。しかし、この変化にしても実際は徐々に起きたことです。「はい、1・0はここまで」、「明日から2・0です」という単純な話ではない。質的に大きな変化は一日では起きません。

結論をいえば、総合商社は2・0の時代でおしまいだというのが僕の考えです。「商社3・0」なんてものはない。2・0のフェーズの中で各社がそれぞれに進化していくだけだと思います。

「商社3・0」があるとすれば、それぞれの商社が内部に抱えている事業が資本もオペレーションも独立し、それらを束ねてきた「総合商社」というヒト・モノ・カネの器がなくなるときだと思います。かつての財閥解体のような成り行きです。可能性はかなり低いとは思いますが、そうなれば質的な変化です。しかし、そのときはもはや「総合商社」という存在はなくなってしまう。どっちにしろ「商社3・0」はないというのが僕の結論です。

資源から非資源へのシフトは稼ぐ領域が変わっただけで、稼ぐ仕組みそのものが変化したわけではありません。しかも、短期的に「資源から非資源へ」がテーマになったとしても、すべての総合商社がその方向に動くことはないでしょうし、またその必要もありません。

伊藤忠が非資源ビジネスに舵を切り、資源ビジネスで先行していた三井物産や三菱商事とは違った方向を選択した――これは戦略として秀逸だったと思いますが、むしろ今まで商社各社の違いや事業のバリエーションがなさすぎたというのが僕の見解です。「商社2・0」の中で各社が進化するということは、総合商社の間によりいっそうの違いが出てくるということです。これからいよいよ各社の持ち味が出てくる。それはとても健全なことだと思います。

経営人材が育つ土壌

そもそも僕は、会社はフィクションだと考えています。法人という法的な形式を整え、上場して資本を調達するためには、どうしても「会社」という容れ物が必要になります。ただし、それはあくまでも法的な器であり、商売のリアリティは個別の事業にしかありません。

とりわけ商社という「会社」はフィクショナルな存在です。上から金づちでバーンと割ると、バラバラバラと大量の個別事業に分かれる。総合商社のような内部に多種多様な事業を抱える企業について考えるときは、会社と事業を区別して考える視点が大切だと思います。

「商社3・0」がないという前提で、投資と事業のポートフォリオとしての「商社2・0」の進化のカギは、商社の間で方向性の違いはあるにせよ、経営人材が育つ土壌をより豊かにしていけるかどうかにあるというのが僕の見解です。

昨今、日本企業のグローバル化の文脈ではやたらに「グローバル人材」の必要性が叫ばれるようになりました。多くの企業が外国語の能力や異文化適応能力、クロス・カルチュラル・コミュニケーションの能力を重視し、そうしたスキルを持った「グローバル人材」を育成しようとしています。

しかし、僕に言わせれば、グローバル化に本当に必要なのは、「グローバル人材」ではなくて事業経営者。すなわち、海外に出て行って、ゼロから商売を立ち上げる、もしくは商売丸ごとを動かせる人の存在です。日本に限らず、この意味での経営人材はもっとも希少な経営資源です。日本企業のグローバル化の最大の障壁は、グローバル人材の不足ではなく、経営人材の不足にあります。

ここで期待されるのが「経営人材を輩出する場」としての商社です。

経営者は「担当者」とは異なります。経営者とは、商売を丸ごと作り動かすことができる人。言い換えれば、「担当」がないのが経営者ということです。

担当業務はそれぞれ特定のスキルに対応しています。スキルであれば、学校、研修、ＯＪＴ、資格など、育てるための方法論や評価する標準的な手法があります。しかし、センスに依存する経営能力は育てるための標準的な方法がありません。経営人材を「育てる」ことはできない。育てられないからこそ希少で価値がある存在、それが経営人材です。

経営者は育てるものではなく、「育つ」ものです。直接的に育てられなくても、育つ土壌は耕せる。経営人材が育つ優れた土壌として浮かび上がってくるのが商社という存在です。他の業種と比べて、商社では社員をみるときに「ようするにこいつは稼げるのか」という目が行き届いていると思います。相対的に若い頃から、たとえ規模は小さくとも事業を丸ごと切り盛りする機会が多い。商売丸ごとを相手にする直接経験を積み重ねる。これが経営人材に不可欠なセンスに磨きをかけます。

トヨタという会社には「自動車事業」という巨大な商売が一つあるだけです。これに対して、商社の中には、もっと規模が小さい、多種多様な商売がたくさんある。それだけ、商売丸ごとを相手にする「経営」の仕事につくチャンスが多いということです。その内部に「事業の塊」がいっぱいあるため、「こいつは、ちょっと経営センスがあるな」という若手を早期に選抜し、商売丸ごとを体験できる仕事を与えやすい。ここに商社の独自性がある。

経営がセンスに依存していて、スキルだけではどうにもならないということは、異性にモテようとして会話のスキルや身だしなみのスキルを勉強してもなかなかうまくいかないのと同じです。上達の道は、実際にいっぱいデートしてみるしかありません。そう考えると、〝デート〟の機会がやたらに多いのが、日本の商社だと思うのです。

例えば、サントリーホールディングスの新浪剛史社長は三菱商事出身です。新浪さんは若いころから経営者としてのポテンシャルが評価され、30代で給食の事業会社の経営をまかされました。その後、三菱商事が出資するローソンの経営を担い、その延長上に今日の「プロ経営者」としての新浪さんがいるわけです。総合商社でキャリアをスタートしたことは新浪さんにとって決定的に重要だったと思います。彼ほどの人物でも、最初からサントリーという大規模な製造業企業にいたら、違った展開になっていたかもしれません。

とはいえ、いくらセンスがある人でも、若くて経験が限られたうちからいきなりでかい商売を回すことはできません。従来の商社が戦場としていた資源ビジネスは、投資の大きさ、回収期間の長さ、それに伴うリスクなどを考えると、若手がいきなり挑むにはハードルが高い。若いうちから経営人材としてセンスを磨くためには、投資一発の判断やタイミングに依存しない「ド商売」をさせるのが有効です。そういう意味では、「資源から非資源へ」という今の流れは、経営人材が育つ土壌を提供するという意味では、有意義かもしれません。

いずれにせよ、経営センスが育つ土壌をより豊かにしていく、ここに今後の商社の進化の方向があるというのが僕の考えです。それは「普通の会社」にはなかなかできないことです。日本の総合商社の重要な役割として期待が持てます。

総合商社はそれ自体大きな会社です。インテグラルの辺見芳弘さんがご自身の経験に基づいて指摘しているように、「商社では50代後半になるまでわからない中、自分が選ばれるかどうかを待つのはやりきれない」「いつも会社の看板の下で辞令通りにやっていると、結果、プロになりきれない」というような制約も確かにあるでしょう。辺見さんが商社にいた時代よりも、事業をより能動的、主体的に手がけるという「商社2・0」的状況は社内外に熟していきます。商社の中での出世を目指すというよりも、若い人が早くから商売の面白さを知り、自分の経営センスに目覚め、磨きをかけるきっかけとして商社の土壌を利用していけばいい。

コンサルティング会社での経験をキャリアのステップと考える人がしばしばいますが、経営丸ごと経験（もしくはその「匂いをかぐ」経験）を得るという意味では、コンサルティング会社よりも、商社のほうが適している。商社の側もまた、これからはそういう若手を惹きつける存在にならなくてはいけない。

商売ができる人材が30代から40代前半ぐらいでどんどん商社から飛び出していく、さまざまな事業会社で経営陣の一翼を担い、力を発揮し、それぞれの持ち場で収益力を高めていく。新浪さんのような「ヘビー級」（「無差別級か？」）でなくても、相対的に若いうちから数多くの「ミドル級」や「ライト級」の経営人材を輩出する拠点になる。そうなれば、いままで以上に商社は日本にとって欠くべからざる存在になるでしょう。

そういう動きはすでに始まっています。モノタロウからＬＩＸＩＬの経営に転じる瀬戸欣哉さんも住友商事出身です。住商が2000年に米国の資材販売会社の大手と共同出資してモノタロウを設立したときの創業メンバーでした。このとき瀬戸さんは40歳前後。理想的な成り行きです。

ただし、以上の話はあくまでも「商社2・0」の進化であり、「商社3・0」というような話ではありません。それぞれの会社ごとに選択と集中の基準をはっきりさせ、他社との違いを研ぎ澄ませる。参入障壁が低く誰でもすぐに始められるようなウエブサービスのような事業ではなく、資本と知識と経験がなければできない商売と正面から向き合う。それを丸ごと回せる経営人材を豊富に持つ。資源ビジネスの低調は表層的な現象ですが、その深層にある商社の仕事の本質はこれから先、10年、20年と変わらないはずです。

2015年12月

「スタートアップ育成」の誤解

筆者が参加している日本取締役協会スタートアップ委員会（委員長は冨山和彦日本取締役協会会長・経営共創基盤ＩＧＰＩグループ会長）は2023年4月に「我が国のベンチャー・エコシステムの高度化に向けた提言」を発表した。

ユニコーン企業（未上場で創業10年以内の企業評価額10億米ドル以上の企業は、日本では2023年時点でわずかに6社。グローバルな社会課題である代替エネルギーや医療、健康等に関わるいわゆる「ディープテック」が日本には豊富にある。リアルでシリアスな新しい事業領域で日本発スタートアップのチャンスは拡大している。しかし全世界で1207社、国別で米国654社や中国169社などと比較すると、日本のユニコーン企業の数は極端に少ない。

新しい資本主義実現会議が2022年11月に公表した「スタートアップ育成5か年計画」は、スタートアップ企業への投資額を、今後5年間で現在の8000億円規模から10兆円規模に拡大すること、創業を目指す若手人材を

1000人規模で海外派遣することを目指しており、スタートアップに挑む起業家の裾野を拡大する効果が期待される。

これはこれで意味がある。しかし、これまで少なくとも20年以上、経済成長のエンジンとしてのスタートアップ企業の重要性が叫ばれてきたという事実がある。にもかかわらず、日本において経済成長に大きなインパクトを与えるスタートアップが持続的に生み出される土壌が整っていない。これは問題の本質を見誤っているということを示唆している。

われわれの提言の問題意識は、スタートアップを生み出す起業家とその育成を支援する投資家、その他ステークホルダーとの役割分担について根本的な誤解にある。

日本では、不確実性の高いベンチャー・ビジネスに関して、その第一次的なリスク・テイカーとなるのは起業家であり、投資家等はむしろリスク回避的なアプローチで起業家を支援することが実務として定着してきた。しかし、シュンペーターが喝破したように、リスク・テイキングは「バンカー」すなわち投資家が担うべき役割のはずだ。起業家に求められるのは、野心、独自の技術や視点、将来の社会に対する洞察、既存の産業や企業に対する挑戦心、それらに対する情熱とコミットメントであり、財務的なリスクではない。財務的なリスクを取るとしても、もともと資金がない起業家が取ることができるリスクはたかが知れている。

スタートアップと、その創出及び成長を支える「エコシステム」との関係においても役割の逆転が見受けられる。狂的な情熱が生み出す独自性を持つスタートアップであっても、グローバルレベルで標準化されたエコシステムと接合しなければ、豊富な資源投入を受けて成長することはできない。しかし日本では、「スタートアップ＝何から何までユニーク」とするヘンな価値観が、本来はスタンダードであるべきエコシステムをも独自化してしまっており、このことがかえってスタートアップの成長を阻害している。

日本でもスタートアップの数は増えた。ＩＰＯをするスタートアップも少なくない。しかし、日本に独自なエコシステムはコンシューマー向けアプリや企業向けＳａａＳといった「カジュアル×ローカル」なサービスに最適化されてしまっている。それゆえ、グローバルな社会課題であるＧＸに向けた代替エネルギーや脱炭素のための技術や産業財、ヘルステックやフードテック領域における「シリアス×グローバル」な領域で勝負できるスタートアップの成長プラットフォームとして機能していない。

日本においても、ディープテックをはじめ、技術やビジネスモデルでグローバルな競争優位を確立し得るスタートアップは存在する。ところが、日本のベンチャーのエコシステムが独自の進化を遂げてたため、グローバルなベンチャー・キャピタル（ＶＣ）からの資金調達を獲得できないでいる。グローバル・マーケットで勝負できるイノベーション・テーマがあるにもかかわらず、起業家や投資家のマインドセット、そして、スタートアップの経営の在り方等が特殊化しているため、グローバルな成長の可能性が途絶されてしまっている。

スタートアップの数が増えるにつれて、起業家にはこんなパブリックイメージがついた。既存の体制を破壊する破天荒な存在。とにかく独自でリスクを取る――どんな事業をしているかというと、アプリをつくってプロモーションにお金を使っているだけ。羊頭狗肉だ。

起業家は確かに情熱や構想のもとに事業を起こす。しかし、成長に向けてリスクを取るのは投資家だ。何から何まで独自でローカルなスタイルの経営では海外の投資家から理解されず、グローバルの土俵に上がれない。スケールしないスタートアップが多いのが問題だ。

海外のＶＣは投資のプロフェッショナルで組織され、極めてシステマティックなエコシステムとして確立している。一方の日本のスタートアップは昔ながらの個人商店的ＶＣが目利きして、「きみたち頑張れ！」という根性論のノリで投資している。起業している時点で彼らはすでに、人生のかなりの時間を事業に懸けている。財務的リスクは本来、投資家が取るべきものだ。

日本のスタートアップが成長するためには、さらなる規模の投資をＶＣから受ける必要があり、より多くの人々をビジネスに巻き込んでいかなくてはならない。そのためには、みんなが乗ることができる共通の標準化されたスキームがないと始まらない。すでに世界には、試行錯誤を経て、アメリカを中心にスタンダードなベンチャー・エコシステムが出来上がっている。例えば契約書の条項の付け方にしても、はっきりと言語化された定石がある。日本に新たなエコシステムをつくるという話ではない。

昔の日本の高度成長期は、とにかく欧米に追い付け追い越せで、徹底的に模倣をした。それと同じことがベンチャー・エコシステムではなぜ起きないのか。根本にある要因は、日本のスタートアップ・エコシステムがローン文化を引きずっていることだ。「お金を貸します。必ず元本を返してください」という文化がベースにあり、そこから抜け出せていない。例えば、投資家がスタートアップ企業と出資契約を交わす際の雛形契約書を見ると。多くの場合、「1日も早くIPOをしろ。できなかったら自分で自社株を買い取れ」とある。これではローンと変わらない。つまり、金融機関やVCは本質的なリスクを取りたがらない。その結果、起業家がリスクを取っている。

これは本来の役割分担と逆のはずだが、この慣習がかつての「ネットベンチャーブーム」とは相性が良かった。できるだけ少ない資金で事業を始め、アプリを開発し、IPOする――そうした成功例が積み重なったので、日本も起業が盛んなように見える。ここに真の問題がある。

かつての「ネットベンチャー」時代のスタートアップとは違い、今は環境技術、素材、医療、バイオと桁違いの資金が必要になる。日本も、すでに存在しているグローバルのベンチャー・エコシステムを受け入れ、そこに乗っていく――そう方向転換すれば、日本からもメガビジネスを手掛けるスタートアップが生まれてくる可能性が高い。

北欧の事例が大いに参考になる。スタートアップ不毛の地だった北欧に、ある時期から急速にメガビジネスのスタートアップが次々と生まれている。始まりは2000年代中頃のスウェーデンだった。ある大学の年金機関が国内のVCに何度か投資を試みたが、どうも上手く行かない。そこでアメリカの事例を調べるうちに、カウフマン・フェローズ・プログラム（VCのプロフェッショナルを育成するプログラム）の存在を知り、連絡を取る。「これからスウェーデンにVCをつくろうとしている。無限責任出資家の若手をそちらで学ばせて、まったく新しい投資のノウハウを身につけさせたい」——そのうちの一人がクランダムというファンドを立ち上げた。

2008年にクランダムが投資したのが、創業したばかりのスポティファイだった。2011年、スポティファイはアメリカ市場に進出し、その後の急速な成長はよく知られるところだ。クランダムはいきなりシリーズAで2000万ドル超（約25億円）をスポティファイに投じている。それ以前の北欧では1億円や5000万円をみんなで投資する零細投資をしていたのに対して、クランダムは世界標準のアメリカ方式のシンプルな投資契約書で巨額の投資を実行した。これが世界中のVCの投資を呼び込むことになった。

もちろん、何から何までアメリカンスタンダードでやるべきだということではない。テクノロジーなり市場なりに対するインサイトは、スタートアップの個性や独自性が問われるところだ。日本の市場や社会状況がユニークなインサイトの発見をもたらす可能性は大いにある。ただし、企業として成長する資金を獲得するフェーズでは、グローバルで共通の言語とフォーマットを受け入れるべきだ。最近の例でいえば、核融合発電の実現をめざしている京都フュージョニアリングというスタートアップが、国内外から総額100億円超を調達して話題になった。今や、そういう規模の資金調達の勝負になっている。

「日本には日本のやり方がある。世界の標準に合わせたら独自性がなくなるじゃないか」という意見は依然として根強い。個別の事業の中身はつねに独自でなければならない。だからこそ価値を生む。そうでないと成長しない。そこにスタートアップの役割がある。ただし、独自性のある事業がきちんと資金を調達して成長し、世の中の人たちを引きつけていくためには、資金調達の標準的なインターフェースが必要となる。

何も3回転宙返りをしろ、という無理難題ではない。標準的なやり方に乗っていきましょう、というだけの話だ。しかも、日本には先進国の模倣でキャッチアップしてきた歴史と実績がある。北欧の事例にもあるように、はっきりとした成功例が出てくれれば、変化は速い。日本のスタートアップには大きな伸び代がある。

2023年11月

代表的日本人　経営者編

経営者の中から代表的日本人5人を選んだ。渋沢栄一が入っていないじゃないか、という声があるかもしれない。渋沢は数多くの企業の経営に携わったが、経営者というよりは日本の資本主義の基盤を創った経済人。その本領はマクロの経済システムの設計にあった。ミクロの次元にある個別企業の経営は経営者の個性が如実に出る。筆者なりの切り口でそれぞれの人物像に迫ってみたい。敬称はすべて略す。

松下幸之助――言葉の力

「経営の神様」と称された松下幸之助（1894−1989）。日本のオールタイム経営者番付で東の正横綱を張るのは依然としてこの人だろう。

1965年に幸之助は新聞に意見広告を出した。タイトルは一言、「儲ける」。「今日、企業の儲けの半分は、税金として国家の大きな収入源となり、このお金で道路が造られたり、福祉施設ができたり、また減税も可能になり、直接に間接に全国民がその恩恵を受けているのであります。……みなさま、適正な競争で適正に儲けましょう。そして、国を富ませ、人を富ませ、豊かな繁栄の中から、人びとの平和に対する気持ちを高めようではありませんか」――名ばかりの「パーパス経営」が横行する昨今、経営の王道を往く言葉にはひときわ重みがある。

どんなに優れた経営者でも一人でできることには限りがある。人に仕事をしてもらうのが経営だ。病弱だった幸之助にとって、経営はとりわけ切実な問題だった。その原点にして頂点が個別事業を一つの会社に見立てて運営管理する事業部制だ。幸之助は経営までも人に任せた究極の経営者だった。

言葉の力は経営者に必要な資質の中でも最上位にある。言葉でなければ伝わらない。自らの言葉で人を動かし、組織を動かし、商売を動かす。幸之助は言葉の力において傑出していた。

例えば自著『道をひらく』。世界中で読み継がれるベストセラーだ。有名な最初の一篇「道」はこう始まる――「自分には自分に与えられた道がある。天与の尊い道がある。どんな道かは知らないが、ほかの人には歩めない。自分だけしか歩めない、二度と歩めぬかけがえのないこの道」。エンディングは「それがたとえ遠い道のように思えても、休まず歩む姿からは必ず新たな道がひらけてくる。深い喜びも生まれてくる」――小学生でも読める平易な文章だ。

「素直に生きる」「本領を生かす」「日々是新」「視野を広く」……ありきたりのことを言っているように見える。しかし、幸之助の言葉は強く響く。腹の底から出ている。フワフワしたところが一切ない。繰り返し困難に直面し、考え抜いた先に立ち現れた真実を凝縮している。経験の中で掴み取った材料をすべてぶち込んで煮詰め、濾過した果てに残った無色透明の出汁のようなものだ。直球一本勝負。やたらと球が速い。しかも、重い。

経営の神様も人間だった。岩瀬達哉の傑作評伝『血族の王』は幸之助の生身の姿を直視する。儲けへのむき出しの執念。糟糠の妻と愛人との二重生活。袂を分かって三洋電機を創業した井植歳男との確執。血族に会社を継がせるための画策。実に脂っこい。「素直に生きる」どころではない。

「首尾一貫している人など私は一度も見たことがない」――サマセット・モームが喝破したように、矛盾にこそ人間の本質がある。過去の成功体験にとらわれた晩年の迷走や血族経営への執着は老醜に近い。そうした矛盾を抱え、葛藤に苦しみながら、最後に「素直に生きる」と絞り出す。自分を棚に上げず、矛盾と真正面から向き合う。だからこそ、言葉に尋常ならざる迫力がある。

「言動一致」というよりも「動言一致」の人だった。先に言葉があって、それに合わせて行動したのではない。まず行動があり、試練を経て残ったものだけを言葉にする。必然的に行動と言葉が一致する。身悶えるような経験から得た結論を、念じるような気合を入れて言葉にする。それは絵にかいたような理想ではない。文字通りの理念だった。経営の起点にして基点は経営理念にある――松下幸之助はこの普遍の真理を体現した大経営者だった。

小林一三——天才的興行師

数々の独創的事業を一代でつくり上げた小林一三（1873－1957）。その偉大さは松下幸之助に比肩する。同時代を生きた二人には共通点が多い。合理主義。人間の本性に対する深い洞察。大きな構想から演繹的に出てくる事業展開。戦後の公職追放の経験。長寿。そして何よりも、二人は日本人の生活を大きく変えたイノベーターだった。

違いもある。あらゆる不幸を背負いながら叩き上げで成功した幸之助は、「水道哲学」が象徴するように、モノの大量供給を通じて、不便や不足といった世の中のマイナスを解消しようとした。豊かな家に生まれ慶應義塾を経て普通に銀行に就職した小林はゼロからプラスを創ろうとした。楽しさ、快適さ、健全さ——モノよりもコトを追求し、人間生活の意味にこだわった。

小林の戦略構想は、個別の打ち手以上にそれを繰り出す順番に妙味がある。どこを切っても「こうすると、こうなる」というストーリーになっている。思考に時間的奥行きがある。しかも論理で繋がっている。だから無理がない。

小林には常人とは違った景色が見えていた。明治の時点で中産階級が担い手になる社会がやってくると見抜いていた。鉄道が先にあって不動産開発が出てきたのではない。阪急電鉄は小林が理想とする都市開発の手段に過ぎなかった。沿線に暮らす人々の需要に火をつけ、市場を創造した。小林の事業はいずれも住民の生活動線を捉えたものだった。これが日本固有の私鉄経営モデルとなった。

阪急百貨店のコンセプトは「ターミナル・デパート」。どのデパートもお客を集めるのにやたらとコストをかけている。これでは本末転倒で、そもそもお客がいっぱいいるターミナル駅にデパートをつくればよい。そうすれば「薄利多売」の商売が可能になる。その論理が面白い。普通なら「薄利だから多売しなければならない」となる。

ところが小林は、始めに多売を確保できれば、薄利でいいと考える。食堂でライスだけ注文して、置いてあるソースをかけて食べているお客も歓迎する。有名な「ソーライス」だ。いずれは収入が上がって家族を連れてきてくれる。優れた戦略ストーリーの条件は好循環にある。

エンターテイメント事業にしてもそうだ。一流の役者と劇場を使えば、これだけのお金がかかるから、それを払える人だけを相手にするのが松竹。それに対して小林は、大衆が払えるお金でも映画・演劇の興行が成立するだけの大型の劇場をつくる。エンディングから逆算してストーリーを描く。小林の真骨頂だ。

晩年の小林はいよいよ劇場経営に傾倒し、「新しい国民演劇の殿堂」を目指した新宿コマ劇場の成功に執念を燃やした。大衆の本性を射抜くコンセプトから戦略ストーリーを構想し、そのストーリーの上に大衆を乗せて動かす――宝塚歌劇団や東宝のみならず、鉄道や宅地開発、百貨店まで、手がけた事業のすべては小林の一世一代の「興行」だった。

小林一三は経営者である以上に希代の天才興行師だった。

本田宗一郎と藤沢武夫――奇跡のコンビ

ホンダ創業者の本田宗一郎（1906－1991）と副社長の藤沢武夫（1910－1988）は2人で1人の名経営者だった。本田なしにはホンダが生まれなかったのはもちろんだが、藤沢なしには本田の成功もあり得なかった。

本田は50歳の時点でこう振り返っている。「教訓もなく、劇的な波瀾もなかった。ただ平凡にオートバイのエンジンに取り組み、悪戦苦闘を続けてきただけ」――本心だったに違いない。寝食を忘れ、金銭を忘れ、名誉を忘れ、親兄弟を忘れ、ひたすら技術に打ち込んだ。

「私は儲けたい、幸福になりたい、女房に内緒で遊びたいという、普通の男です。ただ、もし企業家として他人と違うとしたら、人に好かれたいという感情が強いということでしょうね」――本田は人に喜んでもらうことが理屈抜きに好きだった。この気質が人と人の世に対する本田の洞察を縦横無尽に駆動した。本田は天才的技術者だったが、それ以上に人間の天才だった。

ところが、カネのことになると調子が出ない。「どこかに、うまく金の取れる商売人がいないかなと友人に相談したら、商売上手な男がいて、たぶん遊んでいると思うからと、紹介してくれた。それで、その人物に浜松のわが家まで来てもらって、うちの女房がつくったソバを二人で食いながら僕の腹の内を話したわけ」――藤沢との出会いだった。

技術・生産と営業・財務――表面的には機能分業の関係に見える。しかし、2人の真の補完関係は視点と視野にあった。後にホンダの社長となった久米是志は「本田さんはつねに未来を語る人、藤沢さんは過去にすべての鍵があると考える人」と表現している。

底抜けに明るく情熱的な本田と対照的に、藤沢は冷静沈着な戦略家だった。「金儲けならば本田より上」という強烈な自負があった。ホンダが過剰投資で財務危機に陥ると、本社とは別に銀座のビルに部屋を借り、一人引きこもって戦略を練った。外交と軍事のアンバランスを批判した清沢洌『日本外交史』を愛読し、ホンダの経営における技術と営業のバランスに腐心した。

業績回復に向けて藤沢の出した条件は一つだけだった。いくら売れても、どんなに良い商品ができても、自分がいいと言うまでは増産してはならない。増産による利益なのか、ギリギリに絞った線でも利益が出るのか分からなくなる。一定の数量で押さえておけば、経営の基礎を押さえた判断ができる。お客がどんなに欲しいと言っても、増産はまかりならん――藤沢は町工場だったホンダを世界的大企業にする基礎をつくり上げた。「経営はアートであり、演出の基本は意外性にある」――経営と戦略の本質を凝縮した藤沢の名言だ。

創業から25年経った73年、次世代に経営を譲るべきだと考えた藤沢は引退を決意する。これが本田への牽制となった。「俺は藤沢あっての社長だ。副社長が辞めるなら俺も辞める」。株主総会で2人の退任が決まった時、本田は藤沢に「まあまあだったな」。それに対し藤沢は、「うん。まあまあだった」――。

グッとくるやりとりだが、さらに痺れるのは、この後2人が公式の席で会うことはなかったという事実だ。爆発的な人間的魅力を持つ本田の周りにはいつも人が集まっていた。しかし藤沢は、そういう場所には一回も行かなかった。自宅で骨董屋を営み、常磐津の師匠を招いて稽古に明け暮れる。「何で本田のところに行かないのか」と聞かれてひと言、「趣味じゃない」――それぞれに自分の価値基準を貫いた。

藤沢の孫の劇作家、藤沢文翁が藤沢の葬儀で見た光景を回想している。弔問に訪れた本田は「よお、景気はどうだい?」と遺影に声をかける。「この顔を見ると、それしか思い浮かばないんだ」――「その泣き出すような、はにかむような表情は34年経った今でも思い出すと胸が熱くなる。祖父が本田さんに人生を捧げた理由が分かった」と文翁は振り返る。

これ以上の人間関係がこの世にあると思えない。二人は奇跡のコンビだった。

出井伸之――四半世紀先を見たビジョナリー

以上の二人と一組は戦前から高度成長期までの日本を牽引した経営者で、筆者はもちろん会ったことがない。あと二人の代表的日本人については、筆者が仕事を通じて実際に見聞きしたことを伝えたい。

前任の大賀典雄の抜擢でヒラの取締役からいきなりソニーの社長になった出井伸之（1937－2022）は、就任当初からデジタル技術の進展による産業構造の大転換を見抜いていた。ハードウェアをネットワークでつなぎ、自社のコンテンツ資産をフル活用するという構想「デジタル・ドリーム・キッズ」を打ち出した。ＰＣ事業に再参入し、ゲーム事業を軌道に乗せ、買収後に暴走していた映画事業のグリップを取り戻した。出井は世界のスター経営者だった。スティーブ・ジョブズが「アップルをソニーのような会社にしたい」と言ったほどだ。

「あなたの論文を読んだ。手伝ってもらいたいことがある」――99年、社長兼ＣＥＯになった出井との最初のミーティングを鮮明に覚えている。当時の小さな本社ビルの社長室に入った瞬間、強烈なオーラを感じた。見た目からしてとんでもなくカッコいい。ミーティングの最中にも世界の要人からガンガン電話がかかってくる。その中には小渕首相（当時の）からの「ブッチホン」もあった。社長室長は後に社長となる吉田憲一郎（現会長）だった。「泥の中を進んでいくようなものだ……」――出井はいつも厳しい顔をしていた。スター経営者の華やかなイメージと裏腹に、出井はソニーをグローバルに通用する「普通の会社」にしようとしていた。当然の成り行きとして、内部からの強固な抵抗に直面した。以前のソニーはヒット商品を連発する裏で巨大な有利子負債を抱えていた。資本効率を重視する経営への転換が急務だった。出井は取締役と執行役を分離する執行役員制を日本で最初に導入し、ガバナンスの改革に手を突っ込んだ。「執行役員」は出井の造語だ。

出井チームの仕事は毎回ヘトヘトになった。03年に大幅減益となり、株価は急落。「ソニーショック」だ。そのうちにプロジェクトは中断し、その後しばらく出井と会う機会はなかった。率直に言って、会いたいとも思わなかった。

ソニーを離れた出井はコンサルティングと投資の会社を立ち上げた。また手伝ってくれということになり、数年ぶりにお目にかかった。再会した出井はまったくの別人だった。こんなに素敵な笑顔の人なのかと驚いた。一気に距離が縮まった気がした。以来、いろいろな場で一緒に仕事をする機会を得た。

出井は水を得た魚だった。世代や立場と無関係に誰に対してもフラットに接し、直感と興味の赴くまま活動した。出井の薫陶と支援を受けた起業家は枚挙にいとまがない。出井の気質と資質にもっとも合った職業はベンチャー・キャピタリストだったのではないか。

ソニー復活を果たした近年の社長、平井一夫、吉田憲一郎、十時裕樹はいずれも出井が仕込んだ新規事業の経営者として頭角を現した。出井の死に際して吉田は「社長室長時代の経験と学びは、自分の人生の転機となった」とコメントした。「ソニーがグローバル企業に進化するためのターニングポイントが出井氏の仕事だった」――出井がいなければ現在のソニーはまったく違うものになっていたのは間違いない。

逝去の前年、筆者の大学院での講義のゲストに出井を招き、ソニーの経営改革について振り返ってもらった。教室に入った瞬間に、往年のオーラに学生が気圧されるのが分かった。何を考え、何をやり、なぜそうしたのか――率直な語り口に教室は感動に包まれた。

講義の後、廊下で立ち話をした。「いろいろありましたけど、四半世紀経って、だいたい出井さんが思い描いた通りになったじゃないですか」と言うと、「ずいぶん時間がかかったけど、人間の世の中、そんなもんじゃないの」――ニヤリと笑った顔はたまらなくチャーミングだった。

出井時代のソニーはウォークマンやハンディカムなどの革新的商品を創らなかった、という批判がある。その通り。出井が創ろうとしたのはもっと大きなもの――デジタル時代の「新しいソニー」――だった。

柳井正――全身商売人

「服の商売なら、ひょっとしたら世界一になれる。確率は0・1％以下かもしれない。しかし、ゼロではない」――山口県宇部市の紳士服店「メンズショップOS」の店主、柳井正（1949－）はまったく新しい洋服小売店「ユニーク・クロージング・ウエアハウスOS」の展開を決意する。1号店は広島。開店時に「OS」の文字は取った。略称は「ユニクロ」。これがすべての始まりだった。

日本の上場企業トップ100社のうち、バブル崩壊後の30年間で最高の成長率を誇るファーストリテイリング。柳井は現役経営者として今もその先頭に立つ。

服は生活の部品であり、あらゆる人の生活を快適で豊かなものにするために存在する――ファストファッションはもとより、従来のカジュアルウエアとも一線を画す「ライフウェア」。服の長い歴史の中で誰も思いつかなかったコンセプトが成長を駆動した。成長それ自体は目的ではない。経営理念の第1は「顧客の要望に応え、顧客を創造する経営」。商売は顧客のためにある。成長は結果に過ぎない。

外来文化である洋服。固定観念のない日本には「あらゆる人の生活のための服」が生まれる素地があった。素材開発の技術力、細部まで完成度を徹底的に追求する匠の精神、余計なものを削ぎ落とした機能美を尊ぶ文化――ライフウェアの原点は日本にある。日本の強みを活かし、日本発のグローバル企業を創った柳井は代表的日本人にふさわしい。

２００８年に仕事を手伝わせてもらうことになった。最初の面談でいきなり「あなたの強みは何ですか」とよく通る低い声で問われた。返事を探していると、せっかちな柳井は横にいた役員に「この人の強みは何ですか」。「僕も初対面なのでわかりません」――目の前の柳井が発する気合に押され、笑うことができなかった。

柳井の考えを言語化し、原理原則に落とし込む。それが柳井との最初の仕事だった。門前の小僧、習わぬ経を読む。以来15年、柳井の話を横で繰り返し聞いているうちに、商売の原理原則を知った。

社内の議論の場で叱られた。「経営は実行しなければ意味がない。あなたが言っていることは大学教授の評論だ！」――実際にそうなのだから返す言葉がない。「僕は評論を実行しています」と言うしかなかった。

服を変え、常識を変え、世界を変える――社会を支えるインフラになるという志が一挙手一投足に漲る。毎日早朝に出社し、全身全霊を込めて仕事をする。夕方には仕事を終え、帰宅する。原則的に会食はしない。帰りにたまたま駐車場で一緒になった。「毎日この時間に帰宅して、家では何をしているのですか」と聞くと、「朝から全力で商売をしているんですよ。家で休むこと以外に何ができるんですか」――まるでアスリート。すべてを商売に捧げた全身商売人の姿がそこにあった。

内省的な人で、決して明るい性格ではない。しかし、経営スタイルはあくまでも明るい。人間社会の真善美を信じ、「正しい商売」にこだわる。社会に役立ち、顧客に喜ばれる商売を突き詰める。正面から矛盾にぶつかり、失敗を恐れない。誰に対してもストレートに物を言い、裏表がない。一言で言えば、清々しい。

「ひょっとしたら世界一」――その時は着実に近づいている。

2023年8月

「お詫びスキルがひたすら向上する客室乗務員」問題

ビジネスや経営におけるリーダーの定義とは何か。さまざまな切り口がありうるが、もっとも単純でストレートな定義は、彼もしくは彼女が人々をどこに「リード」しようとするのか、その向かう先に注目するというものだ。

ビジネスとはあっさり言って「商売」。あらゆるビジネスパーソンは「商売人」でなければならない。商売である以上、ゴールは長期利益の獲得にある。「仕事ができる人」というのは要するに「稼げる人」。ようするに商売の稼ぎに直接・間接に貢献できる人のことを指している。

リーダーがリードする先にあるのは、「稼ぎ」であり「儲け」。稼ぐ力の原動力となる人のことをリーダーという。「どうやって儲けるか、そこのところを私がひとつ考えます」とばかりに戦略を構想し、その「稼ぎ」「儲け」に向けたストーリーに沿って組織の人々を束ね、動かす。ここにビジネスのリーダーの一義的な役割がある。それ以外は全部おまけといってもよい。

「稼ぐ」とはどういうことか。きわめて単純で、

1　売上が上がる

2　コストが下がる

3　もしくは1と2の両方

この3つしかない。ビジネスの成果もつまるところはこの3つのいずれかに集約される。

会社の浮沈を左右する意思決定を担う経営者や、売上をつくる営業の最前線にいる人、コストダウンに取り組むオペレーションの現場にいる人だけではない。本社の法務部や人事部にいようが、研究開発部門にいようが、会社のどの部門でどんな仕事をしているかに関わらず、自分の日々の仕事の一挙手一投足が、上記の3つのどれかとしっかりつながっている。稼ぎに向けて周囲の人々を鼓舞し、突き動かす。そうでなくてはリーダーとはいえない。

逆に言えば、最先端のＩＴとファイナンスの知識を有し、3種類の外国語がペラペラで、プレゼンテーションのスキルがバリバリで、会社の組織の高い職位に就いていたとしても、毎日の仕事が上の3つのいずれともまるでつながっていない人は、会社のお荷物に過ぎない。

ここでいう意味でのリーダーは、仕事の対象を特定の機能部門に限定してしまうとなかなか育たない。リーダーや経営者には「担当」はない。商売丸ごとをすべて動かして成果を出す。それがリーダーの仕事だ。

僕の経験した極私的な例で説明しよう。僕は自腹で出張するときは、飛行機はかならずエコノミーに乗る（仕事先が旅費を負担してくれるときはありがたくビジネスクラスで行くが）。私的な旅行はもちろんエコノミー。エコノミー席だと、機内食といっても選択肢が2つぐらいしかない。たとえば、「照り焼きチキン丼」か「カレーライス」というのがよくあるパターン。

客室乗務員がエコノミーの前のほうの席の人から順番に注文を取っていく。後ろのほうの席に座っている僕としては、カレーライスにしたいと思いつつ、彼女が注文をとりにくるのを待っていた。ところが、僕の何列か前のところでカレーライスが売り切れになってしまう。

「カレーはもうないのですか？」と聞くと、乗務員は「本当に申し訳ございません……」と、心の底から申し訳なさそうな表情と声のトーンでお詫びをしてくださる。優れた接客担当者のスキルではあるのは間違いない。あまりに謝るのがうまいので、こちらとしても自然と「いや、照り焼きチキンで結構です」ということになる。

で、数ヵ月後。同じ路線の出張でエコノミーに座っていた。例によって照り焼きチキンかカレーライスかの選択。で、またしても僕の直前にカレーライスは売り切れてしまうのであった。で、客室乗務員が同じようにスキルを総動員した「プロのお詫び」となる。

「えー、チキンで結構です……」と答えつつも、僕は不思議な気がした。このお詫びのスキルに優れまくった乗務員はこれまでに何百回欠品のお詫びをしてきたのだろう。繰り返すたびにお詫びのスキルが磨かれてきたに違いない。それにしても、なんで同じ欠品を繰り返すのか。もう少し「商売人」の視点があれば、お詫びスキルを磨くよりも、「チキンとカレーの発注ミックスが悪い。客は明らかにカレーを選ぶので、従来の50：50ではなく、30：70でカレーに傾斜した発注に変更するべきだ」という提案を機内食の調達部門に出して、発注ミックスの変更に動くだろう。そうすれば、上手に謝るよりも顧客の満足度が上がり、少しでもリピートが増えるのではないか……（つまり、売上の増大）。

もっと踏み込むとこういう手も十分にアリだ。そもそも機内食を2種類用意するのが間違っている。どうせエコノミー、顧客は美味しくもない食事にはそれほど期待していない。だとしたら、いっそのことカレーライスに一本化したほうがいいのではないか。オペレーションが簡素化する。食事の仕入れコストも多少なりとも下がるはずだ……（つまり、コストの削減）。しかも、そうすれば乗客の希望とのミスマッチがそもそもなくなるし、手際もよくなるので、かえって顧客の満足度は上がるかも知れない……（つまり、売上の増大とコストの削減の同時追求）。

こうした成り行きを僕は「お詫びスキルがひたすら向上する客室乗務員問題」と言っている。このように細分化された自分の「担当」の範囲に仕事を限定してしまうと、リーダーにはなれない。稼ぐための発想と行動が抑圧されてしまう。

繰り返すが、担当がないのがリーダー。あらゆることに手を突っ込み、あらゆる可能性をとらえて、売上を上げるかコストを下げるか、もしくはその両方を一挙にやる。それは丸ごと全体を扱う総合芸術に他ならない。

「専門性のあるプロになれ」「市場価値のある人材を目指せ」としばしば喧伝されるが、この手の話は2つある市場価値のうち、片方しか見ていない。ここで想定されている市場価値とは、ある特定の機能や専門性で定義された労働市場での値段である。たとえば「なんとかの言語ができるプログラマー募集」とか、「M&Aのデューデリジエンスができるスタッフ募集」など、求人広告の条件に書いてあるような標準的なスキルだ。世の中にすでにある「出来合いの価値」といってもよい。

これはこれでもちろん価値がある。スキルを持っているに越したことはない。しかし、リーダーの真の価値とは、ようするに「あいつは稼げるよ」「あいつは頼りになる」と思われるということだ。別に営業のプロとか社長業でなくてもいい。財務のような間接部門に分類される仕事でも、「あいつは儲けの匂いがする……」と思わせる人がいるものだ。

ビジネスの世界では、古今東西、これこそが誰もがいちばん欲しがる能力である。なぜかというと、答えは単純明快、みんな稼ぎたくてしょうがないから。「自分がやればもっと稼げますよ」「売上を伸ばします」「コストを下げます」、そういわれて「時期尚早だ」とか「頼むからやめてくれ」という人は絶対にいない。

専門性や市場価値も大切だが、特定の担当分野でのスキルをどんなに高めても、たどり着く先は「スーパー担当者」。ビジネスのリーダーではない。ましてや、目先の専門性や小手先のスキルに幻惑されて「お詫びがやたらに上手な客室乗務員」になってしまっては元も子もない。

最悪なのは「代表取締役担当者」だ。こういう人物が会社全体を率いるポジションに腰を据えてしまうともうどうしようもない。「全社総担当者制」になってしまう。

稼ぎに向けて商売丸ごとを動かせるリーダーがいるかどうか。そういう人物がしかるべき役職に就いているか。ここに会社の稼ぐ力の分かれ目がある。

２０１７年６月

第3部

戦略対談

——戦略ストーリーを解読する

楠木建の頭の中
戦略と経営についての論考

「マッド・ドッグ」の実像（サントリーホールディングス代表取締役社長　新浪剛史氏との対談）

楠木　僕はローソンのころから新浪さんのお手伝いをさせてもらっている関係で、経営者としての新浪さんを横から見てきました。サントリーとローソンはいずれも生活の根幹に関わるビジネスである一方、製造業とサービス業という大きな違いもあります。

新浪さんはサントリーホールディングスの代表取締役になられて、どういった点に違いを感じていますか。

新浪　まず、物事に対する社員のスピードですね。

ローソンでは、チェーンオペレーションなので、どうしても「上が何を決めるのか」と、待ってしまっている部分がありました。

それがサントリーの場合、現場が自らの裁量でどんどん事を進めていて報・連・相もあまりないのです。そのため私も、新聞に出て初めて、「あ、こんなことが進んでたんだ」と知ることも多いです。

楠木　たしかにローソン時代は、かなり細かい部分までご自身で手を出していましたよね。

新浪　そうですね。

たとえばロールケーキひとつを取っても、3度も4度も自分で味を見なければ、まずOKを出しませんでした。現場が「これで行けるだろう」とタカをくっている段階ですべてやり直させたり、発売を2カ月延期させたり、そんなことを平気でやっていました。

楠木　サントリーは事業の幅もすごく広いですし、グループ会社も300社以上あります。さらにグローバル企業化も進んでいて、従業員も半分以上が外国人ですので、だいぶ勝手は異なりますよね。

僕がはたから見ていた新浪さんのローソン時代は、アメリカのジェームズ・マティス国防長官じゃありませんが、「マッド・ドッグ」という言葉がぴったりの経営スタイル（笑）。

新浪　まあ、そうでしょうね。

楠木　議論しているスタッフに対して、とにかく言いたい放題でした。当時からすると、だいぶ社長としてのスタンスが変わりましたよね。

新浪　そうですね。サントリーに来て、いい意味での自分のレガシーを何で残したいかと考えたことがありましたが、それは「人作り」でした。そのためには自分の経営のスタイルを変え、今度は人に任せることが必要だと考えました。

これは「これだけいい社員がいるんだから、もっと磨いたら面白い」という思いの表れでもあります。そのような思いはローソン時代にもあったものですが、今はそれに加えて世界へのチャレンジ意識があります。

M&Aの終わりが経営の始まり

楠木　新浪さんから見て、今のサントリーはどういう会社ですか。

新浪　サントリーは非常に優れた会社ですが、とてもドメスティックでもあります。それゆえに、アメリカの仕組みとまったく相いれないところがある。なんといっても日本企業は終身雇用がベースにあるし、アメリカとは文化が違います。

２０１４年に米ビーム社を買収し、ある意味では純日本的な素晴らしい会社を任され、もう一方ではまったく異なる組織を持っている状態です。これを一体どうするのかという課題に直面しています。

楠木　もともと日本に強い基盤を持っていて、さらに歴史が長くて競争力もあるような会社が海外に行く時には、たいていM&Aという手段を取りますよね。今おっしゃったような問題は、多くの日本企業が直面していたり、近い将来に直面することだと思います。

サントリーでいえば、これまでの最大級のM&Aだった米ビーム社のケースは、向こうもまた長い伝統を持つ大企業ですから、コントロールするのはなかなか難しそうですね。

新浪　そうですね、ビーム社は200年以上の歴史を持つ古い会社ですし。

楠木　また、タイムリーな例で言うと、東芝の問題があります。ウェスチングハウスを買収したのはいいものの、同社がこの10年取ってきた拡張路線に、東芝本社の経営能力が対応できなかったというのが実際のところだったと思います。

つまり、現地の会社を買収するところまではカネがあればできる。ところが買った後の統合や経営が難しい。ここに多くの日本の大企業にとってのジレンマがあるように思います。ビーム社の買収後のマネジメントについて、新浪さんがお感じになっていることを話してくださいませんか。

新浪　何も手を打たなかったら、同じような道を歩むことになるかもしれません。買収をするということは、こちらは「買いたい」と強く思っているわけですから、どうしても高い値段に落ち着いてしまいます。

ある意味、「買いたい」と思った瞬間にもう負けているんです。そして、その高い買い物をするために、シナジーがあるとかいろんなことを言って、社内で買う理由付けをすることになる。

その一方で、相手のマネジメントにはある程度、継続的にリテンションしてもらわなければならない現実もあります。そうなるとパワーバランスとして、こちらから何も言えなくなってしまいます。

楠木　それで揉めるケースがほとんどですね。

新浪　大きな買収には、自分である程度制御できそうなサイズの買収と、それを越えて大きく出たいという買収の、2パターンがあると思うんです。ウェスチングハウスは後者ですよね。

この場合、相手のマネジメントは、リテインしたいと思っているから、自分の好きな条件を投げてくる。その結果として、こちらが文句を言えない契約内容になってしまうわけですが、マンデートで経営を任せるのと、ガバナンスで支配するというのは、やはり根本的に違います。

楠木 確かにそうでしょうね。

新浪 相手としては、できるだけ支配されないようにしたいので、後々、「買収時にこう約束したはずだ」と言われてしまう。その結果、日本の経営陣としては彼らに任せるしかなくなるので、知らないところでいろんなことが起こるようになります。

でも本来は、もっと厳しく支配しなければなりません。

楠木 それは新浪さんにとっては、得意中の得意（笑）。

新浪 そうですけど、たいていの日本人はそれができないわけです。日本人は真面目だから、相手がわざと高いボールを投げてきても、「これを受けないと、この人辞めちゃうかな」と、受け取ってしまいます。

でも本当のことを言えば、一定の給料を出せばアメリカではいい人材がたくさん見つかるので、辞められても別に構わないはずなのですよ。向こうが足元を見て、わざと高いボールを投げてきたら、絶対に受けてはいけない。日本企業の海外買収があまりうまくいかない理由のひとつは、この点にあると思いますね。

時間軸の違い

新浪 たとえばトップのマネジメントひとつをとっても、日本の企業にはサクセッションプラン（後継者育成計画）がないですよね。自分の次をどうするかよりも、むしろ「俺の首、取るなよ」という感じが強い。そういう、アメリカ企業と比べた時の日本のやり方の違いは、随所で感じています。

楠木 でも、日本のやり方では通じない部分も多いでしょうけど、全部が全部やりにくいわけではなく、なかにはアメリカ流のほうがこちらからしてもやりやすい点もあるでしょう。

たとえば、優秀な人材をすぐに採ってこれる点もそうですよね。あるいは、毅然と力をもって対抗すれば、向こうもちゃんと従ってくれる土壌もあります。

ただ、それを遂行するとなると、経営の体幹の強さみたいなものがどうしても必要になる。サントリーが買収したビーム社に話を戻しますが、買った時点では典型的な「アメリカンな経営スタイル」だったようですね。

新浪　そうですね。もともと上場企業をデリスト（非上場化）したわけで、四半期ごととか、非常にショートタームでものを考える会社でした。

これがたとえば、日本のウイスキーメーカーであれば、原酒を長期間寝かせていくわけですが、向こうではそんな悠長なことは言っていられません。まず、株主が待ってくれないですからね。

その点、サントリーは非上場であるがゆえの長所がある。当然、上場企業の良さというのもあるのですが、ブランドを作っていく仕事は、相当な時間が必要です。

楠木　ブランディングに時間をかける発想の会社と、今を生きる発想の会社では、メンタリティがまったく違うのですよ。昨年、今の社長に代わる時も、相当やり合いましたからね。

楠木　なるほど。しかし、ビームはビームで、昔はそういう会社だったはずですね。だからこそ、あれだけのブランドを作ることができた。

新浪　ビームにも、ファミリーへリテージがあったわけです。サントリーには脈々と、新しい面白いものを作ろう、そのためにじっくり取り組もう、という考え方があります。ただ、我々も変わらなければならないのですけどね。

楠木　それは例えば、どのような方向に変わろうとしているのでしょうか?

新浪　我々としても、ビーム社からは見習うべき点が多くあります。

例えば、ビーム社は先端のSNSを活用したり、テクノロジーを導入したり、採算管理をとても細かくしています。

楠木　僕が以前新浪さんと話していて面白いなと思ったのは、サントリーがビーム社を買収した後、新浪さんが自ら製造現場へ足を運んだら、「親会社のCEOがわざわざ製造現場に来たぞ」と、現場で働いている人々が大喜びしたという話です。

つまり、言葉は悪いですが、要するにそれまで現場の人々はかなり、ないがしろにされていたんですね。アメリカの上場企業では、基本的にトップマネジメントは皆、ファイナンスとマーケティングと法務の専門家オンパレードみたいな状態になりがちです。現場に対するコミットメントはびっくりするほど少なくなる。

新浪 本社はシカゴにあって、いわゆる高学歴なエリートばかりで、給料もはるかに高いのです。それに対して製造現場はケンタッキーにあり、こちらは田舎ながらも皆で頑張っていこうという空気が強くて、それはすごく日本的であるとも言えます。

楠木 同じ会社の中でも、カルチャーは一様ではない、ということですね。

新浪 そうなのです。シカゴでは、ショートタームだな、ロングタームだな、などとこちらも考えてしまうのですが、ケンタッキーの現場では時間の流れが緩やかで、いいものを作りたいという思いがあります。

ケンタッキーの人たちはどっぷりと地元に浸かっていて、それがいいんです。

ここで、「いいバーボンを造ろう、いいジムビームを造ろう」とやってもらいたい。そこで、サントリーもシカゴではなくケンタッキーともっとコミュニケーションをしようと考えて、山崎蒸溜所のスタッフがケンタッキーを訪れるなど、交流が増えました。

楠木 いい話ですね。M＆Aとなるとやたらに「シナジーを追求し……」「相乗効果を発揮して……」という言葉が踊るのですが、本当のシナジーというものはあらかじめそこにあるものではなく、経営者自らが七転八倒しながら創っていくものだということです。すぐに「シナジー」という言葉を安直な免罪符のようにする人のことを、僕は「シナジーおじさん」といって批判しているんです（笑）。「で、あなたはどうするんですか?」という話ですよね。

新浪 まったく同感です。頭だけで考えたものは絶対に信用しないのです。やはり現場に行って、何が本当に問題なのかを肌身で知って考えなければダメです。

楠木　そうですよね。逆に日本が自然と持っているものが、海外では予想外の強みになるようなこともありますよね。スピリッツの事業でいうと、最近の合理的なマネジメントの結果、ここ数十年で競争相手のほうが商品力を低下させていたという面もありますね。

新浪　それはあります。たとえば「山崎」のシェリーカスクが3年前、世界一になりました。審査に関わった人が本社に来た際に「これまでと何が変わったんですか」と聞いたら、「よそが作り込みに力を入れず、コマーシャリズムに行ってしまったからだ」と言っていました。

たしかに、サントリーの現場を見ればものすごく丁寧な職人技術が駆使されていて、若いブレンダーでも社長の言うことを聞かないくらい、自分の腕と品質にこだわりをもってウイスキーを造っています。

楠木　短期利益を狙って商業的にやりすぎると、肝心の商品力を失ってしまう。

新浪　サステナブルにずっといいものが出せるかどうかは、最後は経営の問題なのでしょう。

その意味ではケンタッキーで造る酒ももっと良くなると思っていますし、数年先を見据えて今努力しています。これができるのは日本の強みでしょう。

楠木　しかも、10年も20年も日陰に置かれてきたケンタッキーの人たちにしてみれば、今の状況は喜ばしいことですよね。これはモチベーションの面からしても、先を見据えた時に重要な日本企業による買収のインパクトだと思います。

楠木　日本でもアメリカでも、やはり「目先の売上」ばかりに目が行ってはいけないんですよね。とくにものづくりに関して言えば。

新浪　そう思います。米ビーム社の例を見ても、もともとは役員の中に現場でものを作っている人間がいなかったので、これではいけません。ちょっとした細かいところの配慮によって商品の仕上がりがまるで異なってきます。

サッカー選手でたとえれば、本当に優秀な人と普通に強い人の差というのは、最後に足が出るかどうかですから。この差で最高のものができるかどうかが決まるのは、ウイスキーも同じです。

楠木 食べ物や飲み物というのは、とくにそうでしょうね。何より、その差はお客さんが気付いてしまう。

新浪 そうなのですよ。だからこそ、ケンタッキーのモチベーションをどう上げるかというのが、サントリーイズムの見せ所です。

その結果が表れて、サステナブルにその収益やお客様の支持が得られれば、最後は返ってくるはず。

楠木 その点については、「山崎」にしても「ジムビーム」にしても、十分に実績がある。つまり、そのあたりについてはビーム社のこれまでのトップマネジメントもアタマでは理解しているわけですよね。

新浪 それでいうと、我々はもともとバーボンの専門家ではありません。200年も先にやっているケンタッキーの人たちからすると、「お前ら、何者だ?」となるわけです。

そこで重要なのは「Seeing is believing」で、山崎蒸溜所を見てもらえれば、「すごい。これは学ぶところがあるな」となります。

一方で我々も、バーボンの製造現場に行けば、やはり伝統的な造り方から、大いに学びと発見を得ます。こうして互いが尊敬できるようになってから、モメンタムが始まるのですよね。

最初はどうしても、「日本人だからどうせ言ってもわからないだろう」というスタンスで来られるので、最初に戦わなければいけません。

楠木 最初に、というのが肝心。ことの順番が大切ですね。

新浪 そう。2年も3年も経ってしまうと、ただギャップが開いてしまうばかりで、信頼関係なんて作れませんから。早い段階で言いたいことをはっきり言う必要があります。

なぜなら、日本人はイエス・ノーをはっきりさせないところに価値観がありますが、これは駄目なのですよ。はっきり言った方が向こうの連中にとって絶対にいい。

こうしたコミュニケーションの部分というのは、別に相手の人間性を否定しているわけじゃないですから、遠慮なくイエス・ノーを伝えればいいのです。

その上で、「あなたの意見も尊重するけど、こうするのがベストじゃないか」という話し方をしていかないと、後々までずっとギャップが残り、どうしようもなくなった時に後悔することになる。

楠木　たとえて言うなら、東京から新幹線に乗れば、金沢にも青森にも行けますよね。初めの角度はちょっとしか違わないのに、進んでいくうちに全然かけ離れていく。最初が肝心ですね。

もっとも、新浪さんは向こうが何も言わないうちから「ノー！」って言っていたような気もしますが（笑）。

新浪　たしかに僕はマッド・ドッグだけど、本来は優しい人ですよ（笑）。

２０１７年３月

戦国武将型経営者の思考と行動（オープンハウス代表取締役　荒井正昭氏との対談）

絶対に潰れない仲介業で起業

楠木　不動産業界は昔からある商売です。特段の技術革新が起きる業界ではありません。一方で、〝ケモノ道〟というか、業界に入らないと経営ノウハウがわからない奥深い世界でもあります。

そんな不動産業界にあって、オープンハウスは、１９９７年の設立以来急成長を続け、２０１３年には東証１部に上場しています。急成長企業は他にもありますが、僕が特に素晴らしいと思ったのは、しっかりと利益を伴う成長を実現しているところです。10％以上の営業利益率を確保し、トップライン（売上高）も倍々ゲームで成長している。この成果を見ても、従来の不動産会社とは、相当に異なる戦略ストーリーを持っていると推察しています。まずは起業にいたる経緯からお願いします。

荒井　オープンハウスは、僕が32歳のとき（１９９７年）に起業した会社です。それ以前は10年間ほど、不動産会社の営業マンをしていました。不動産には大きく２つあります。ひとつは住むための居住用、もうひとつは商業ビルなど金融（投資用）不動産です。僕はもともとサラリーマンとして居住用不動産の仲介をしていました。

昭和40年の生まれですが、バブルが弾けたのが90年と言われ、実際は92年ころが一番ひどく、以降多くの不動産会社が倒産しました。実際、起業した１９９７年には、山一證券と北海道拓殖銀行も破綻しています。

楠木　僕は昭和39年生まれで、ほぼ同世代です。少し寄り道をして、社会人になったのは92年。同期の友人たちが大学を卒業したのは87年で、バブルの最盛期。景気がよく、いつまでも大学で勉強なんてしていないで、早く社会に出たほうがいいよ、とよく言われました。しかし、社会に出てみたらバブルは完全に終わっていた。

荒井　バブルが崩壊し、不動産業は潰れるリスクが非常に高い。そういう時期に起業したので、ふつうの不動産会社を興したら潰れるだろうという感覚が前提としてありました。当時、僕はビジネス書や経営書は読んだことすらなく、22歳から32歳までの10年間、営業とマネージャーをしましたが、景気や経済のことはまったくわからず、わかるのは不動産実務だけでした。一般常識がなく、起業したとき、それこそ法人税がかかることすら知らず、「え、半分も税金取られるの！」と驚いたくらい（笑）。

楠木　オープンハウスはちゃんと儲けて税金を払うことを社是としています。素晴らしいことですが、起業前は法人税も知らなかった？

荒井　ぜんぜん知りませんでした。10年間のサラリーマン生活を分けると、最初の２、３年はグズグズ適当に働いていて、その後、俄然モーレツに働きだし、日本で１番たくさん働いているんじゃないかという勢いで仕事をしました。脇目も振らずに働いたため、起業したとき、世の中の景気などもイマイチよく分かりませんでした。そんな僕でも、普通の不動産会社を興しても潰れることは、認識できました。
ただ、居住用不動産は起業した97年の段階では決して悪くなかった。バブル崩壊で価格が安くなり、一般の人でも家が買えるようになり、実需はけっこうあったからです。一方、商業用不動産は悪いまま。バブル時代に２０００億円したビルを売ったら、数百億円という減損の世界でした。
楠木　金融系不動産が潰れるのはよくわかりますが、実需がけっこうある居住用不動産も潰れるのは、なぜですか？
荒井　そこがポイントです。当時、「大京」と「リクルートコスモス」という2つのディベロッパーが経営危機に陥りました。大京は気合と根性で売っているだけだったから駄目だったのでしょうが、リクルートコスモスは頭がいい社員がスマートにやっていたのに倒産の危機に陥った。
なぜ、頭のいい人たちが賢くやっている会社も経営が立ち行かなくなることがあるのか？　当時、その理由はよくわかりませんでした。唯一わかっていたことは、資産は持たず、お客さんから手数料をもらう仲介業は決して潰れないこと。一方、資産を買うディベロッパーは潰れる。だからこそ、僕は潰れない仲介業で起業をスタートさせたのです。
楠木　ディベロッパーが倒産するのは、相場価格が落ち、資産を持つからリスクが生まれ、景気が悪いほうに動くと、必然として倒産する。
荒井　そうですね。実際、リーマンショック時に、多くのディベロッパーが潰れました。7〜8割のディベロッパーが倒産または民事再生となりました。このとき、仲介しかやっていない社長は、みな僕より上の世代でした。上の世代はバブル時代に痛い目に遭っているから、リーマンショック前にはあまりチャレンジしていなかったのです。

一念発起し仕事人間へ変身

楠木　仲介業からスタートした起業当時の、商売の中身について教えてください。

荒井　新築の一戸建てを売る仕事でした。戸建てを売ることで、売り主の工務店さん（小さな不動産会社）と、お客さま双方から手数料をもらう仕組みです。たとえば、５０００万円の家を売ると、３１２万円の手数料が入ります。1億円の家を売ると６１２万円になります。手数料は３％＋６万円と法律で決められており、売り主、買い主双方から手数料をもらう両手取引です。もっとも、この両手取引は一時期、不透明な取引と経済雑誌で叩かれていましたが……。

楠木　両手取引は業界の慣習ですね。

荒井　そうです。僕は手数料だけで稼ごうと思ったため、片手取引（売り主または買い主片方だけの仲介）はやらないと決めていました。だから、両手取引の仲介という形で起業しました。

楠木　要するに、家を建てて売りたい人と、家を買いたい人を結びつけるマッチングビジネスですね。なぜ独立しようと考えたのですか？

荒井　親が地元の群馬で不動産屋を営んでいたため、僕はもともとサラリーマンタイプではなかったからです。でも当初は司法書士になろうと思っていました。

楠木　ご実家のご商売は、よくある街の不動産屋さんですか？

荒井　いえ、俗にいう不動産ブローカーです。顔で商売するという感じです。僕からすると、あまり好きではなかった。怪しいというか。親父を見ていても、怪しい知り合いも結構いるし、どうもそういう不動産業が好きになれませんでした。友達の親と比べると、働く時間は短いし、毎晩、飲み歩いている。でも、金回りはいい。その点は良かったのですが……。

そこで、親父にどんな職業が儲かるかと聞いたら、司法書士が儲かると言われました。僕としても国家資格で堅いイメージだからいいかなと、これを目指しました。ましてや、不動産業と両方やれば、儲かる仕事と堅い仕事を両方できますから。それで大学の法学部に入って司法書士の資格を取って退学する計画でした。そんなわけで、いい大学からいい会社のサラリーマンになる感覚は、子供時代からまったくありませんでした。

楠木　では、なぜ不動産の会社に就職されたのですか？

荒井　高校卒業後、2年浪人をしまして、3浪目をしようとしたら、さすがに母に呆れられ、仕送りを止められてしまいました。それで1年くらいフリーターをしていたのですが、さすがに「俺の人生このままじゃまずい」と思いまして。それで不動産屋に就職したのです。当初は歩合給で400万円くらいは、稼ごうと考えました。司法書士の試験を受ける予備校の学費が2年で160万円、生活費が2年で240万円くらいかかったため、400万円貯める必要があったのです。

楠木　最初は短期的に学費を稼ぐだけの目的だった。ところが、不動産業が予想外に面白かったのですか？

荒井　いえ、このときは面白くなかった。昭和63年のバブル全盛の時期で、毎月10人、20人と新人が入ってくるのですが、とにかく柄が悪い。10人入ったら、5人は元暴走族でしたから（笑）。不動産業はとにかく、大金稼ぎたいという人間が入ってくる。

楠木　荒井さんも当時はワイルド系だったのですか？

荒井　ワイルド系ですね（笑）。でも、周囲は僕よりもっと柄が悪かった。だから、なめられちゃいけないと、お話できないようなこともしたのですが、結局サラリーマンをやって気づいたことは、「朱に交われば赤くなる」ことです。最初は始業より2時間前に出社して頑張っていましたが、元来長続きしない性格のため「ダメ営業マン」にどっぷり漬かってしまった。先輩も半分くらいはマジメに働かないダメ営業マンですからね。僕もそんな状態でダラダラと2～3年過ごしてしまいました。

そうこうしているうちに、目標の司法書士になる計画も消えていて、ふと気づいたら25歳になっていた。あるとき「このままじゃ、俺まずいな。このあたりで本気出さないと、俺の人生、夢も希望も完全に終わるな」。そう深く思ったのです。

楠木　たまたま僕も25歳のときフラフラしていて、このままでは人生まずいと思っていました。友人はみなちゃんと働いていますから。

荒井　それで一念発起して、仕事に全力投球するようになりました。25歳から起業を通して45歳くらいまで、ほとんど遊んだ記憶もありません。

楽勝の「センチュリー21」

楠木　会社は変えず、本気で働きだした。仕事が俄然、面白くなってきた。その後業容を拡大し、現在のユニークな戦略に辿り着くまでの経緯を教えてくださいますか。

荒井　会社を作ったとき、ピンでやるより、〝冠〟があったほうがお客さんは来てくれると考え、「センチュリー21」に加盟しました。同時に、加盟店の複数の社長さんに、就活のＯＢ訪問のように話を聞きに行きました。

楠木　センチュリー21はフランチャイズですね。

荒井　そうです。多くのフランチャイジーの社長さんと面談し、なかにはトップ加盟店の社長さんもいました。当時、勤めていた会社内では自分がトップセールスでした。そうはいっても、世の中に出たら甘くないはずだと思い、聞き込みを始めたのです。でも、センチュリー21で全国1位、2位、3位という人と話しても「あれ?」という感じでした。

これなら楽勝だと思いました。簡単に言うと、彼らは自営業者の集団で、起業家ではなかった。20、30人くらい社員がいるものの、自分のことしか考えていません。いわば家業を維持するために会社があって、従業員がいるという構造です。それは、いまでもそうです。

僕も自分のためにやるのだけれど、組織で成果を出すという発想で会社を組み立てようと思っていました。彼らにはそんな発想はなく、自分が稼ぐために従業員がいるという感覚。だから、これは楽勝だと思ったのです。

センチュリー21の加盟店の社長さんは、20代前半で会社を創ったような人が多い。でも、僕は10年間サラリーマンをやっており、その間に会社が1店舗から10店舗に成長する過程をつぶさに見ていました。これを真似ただけのことですが、センチュリー21の社長たちと自分のスキルを比べたら、ゼロから始めても5年で全国トップになれると思った。

だから、加盟するとき「5年で全国1番になります！」と宣言したら、みんなに笑われました。いまも「1兆円企業を目指します！」なんて言って、笑われていますが（笑）（注：この対談の7年後の2023年には売上高は1兆1500億円になっている）。でも、5年で1番になる確信はあった。そして、蓋を開けたら、加盟店全国600店くらいのなか3年で1番になったのです。ちなみに、当時加盟店の社長の中に、後にヒューザー（耐震偽装事件で倒産）を立ち上げる小嶋進さんもいました。

楠木　そのころはセンチュリー21の加盟店として、純粋に仲介業だけを行っていたのですか？

荒井　最初の3年間は仲介だけです。目標の全国1番になり、社員も30人近くになったので、次に会社をどうするかと考え始めました。選択肢は2つありました。ひとつは、社長の僕がいて、従業員が数人いて、週に3日くらい働いて、あとはのんびり、うまく生きていくという作戦（笑）。

楠木　僕はずっとその作戦を続けています（笑）。

荒井　もうひとつの作戦は、会社を大きくすること。僕が選んだのは大きくする作戦でした。なぜかというと、僕はうまくやっている人を妬ましいと思う性格だからです（笑）。小銭があって余裕の暮らしができても、大きく成功している人がいたら、「あんなのたいしたことない」と愚痴る自分が如実に想像できる。そんな自分にはなりたくない。だから、会社を大きくするしかないと思ったのです。

そう思ったのが34歳のときでした。そこで、いろいろな展開を始めました。まず従業員の採用方法を変更した。それまでは中途採用だけをやっており、「やる気次第で大金も稼げる」ことを売りにしていました。しかし、会社を大きくすると考えたとき、この採用方法ではマズイと思いました。お金だけがモチベーションの社員を集めても、会社は大きくなりませんから。

では、会社はどうすれば大きくなれるのか。お客様ひいては社会に認められるから、会社は成長できるはずです。だから、社会に認められる会社を目指す方向に転換しました。以前は、「お客さんに時間を使いすぎると生産性が落ちるからやめろ」と平気で言っていましたが、このときから、「お客様のために働くこと」を言葉として社内外に打ち出しました。

楠木　昔ながらの仲介業から脱却し始めたのですね。

荒井　そうです。戸建て住宅を売る会社は、ほとんどが地場企業です。いまも上場企業は、当社と三栄建築設計くらいしかありません。したがって、当時は地場企業のオーナー感覚で成り立っている業界だったのです。たとえば、アフターサービスをまったくしない。仲介業者は売るだけ、建てた建設会社もアフターフォローから逃げる。さらに、お客さんが望んでいない家を建てる。アホですよね。だから、家も自分の会社で造っていかないと、お客さんの満足は得られない、お客さんが欲しい家は提供できない。そこで、ディベロッパー事業に乗り出したのです。

楠木　ただし、ディベロッパーにはリスクがつきまとう。そのリスクを、どうやって、回避するのですか?

荒井　たとえば、1か月で10軒の家を売る契約をしたら、そのうち当社が建てるのは2~3軒だけにして、残りの8軒は他社の家を売ることにしました。このような方式で2007年くらいまでやっていました。分譲(ディベロッパー)は2~3割。仲介は7~8割という比率です。

リーマンショック前に資産を売却

楠木　そのころもまだセンチュリー21の加盟店だったのですか？

荒井　そうです。そうこうしているうちに、２００７年にアメリカでサブプライムローンの問題が発生しました。当時、僕は毎年センチュリー21の世界大会でアメリカの西海岸へ行き、アメリカの景気を肌で感じていました。２００５～２００６年ころのアメリカの不動産市場は、完全にバブっていました。まさに、日本のバブル時代と同じでしたね。

当時、女性の営業職を採用したいと考え、アメリカ人の営業職の人に話を聞きました。すると、その女性は年収が４０００万円～５０００万円あると答えた。加盟店のオーナー社長の平均年収ともなると、約2億円もあったのです。

「そんなに稼げるの！」と驚きましたが、営業マンだれもが５０００万円も稼げるなら、アメリカ人全員が不動産ブローカーになるに決まっています。でも、ならない。バブっているからです。サブプライムローンがなかったら、もっと早くアメリカの不動産バブルは弾けていたはずです。僕はそれ以前からアメリカはバブルだからすぐ弾けると思っていました。

そして２００７年、アメリカでサブプライム問題が報じられると即座に、抱えている物件をすべて売却しました。当時、分譲の売り上げは１５０億円くらいでした。とにかく早く身軽になろうと、どんどん売り、その翌年にリーマンショックが起きました。日本でディベロッパーが潰れだしたのは、２００８年の4月あたりからです。このとき、資産を売っておいたから倒産せず、本当に良かったと思いました。

当社の２００７年の売り上げは１５０億円弱。２００８年の売り上げは２００億円弱。そして、２００９年には３００億円になりました。利益は２００８年に5億円、２００９年は28億円と、リーマンショックによる減退がなかったどころか、むしろ追い風となりました。２０１０年には売り上げが５００億円へ（利益は80億円以上）。リーマンショック後、成長の波に乗ったという感じでした。

楠木　そのころから事業内容も同業他社と異なり、戦略的になってきています。ひとつには、あまりふつうの人が買わないような土地を仕入れることですね。

荒井　その通りです。通常、大手不動産会社が買うような土地は入札になりますし、高いですから。対して当社は、ヘンな形、墓が裏にある、接道が細い、線路際など、入札になる確率が低い土地ばかりを買います。実は、仕入れに関しては、他にもっと大きな特徴があるのです。他社は仕入れをベテラン社員が担当します。経験者を用地取得担当として採用し、自社では育てていません。一方、当社は新卒社員に用地取得をやらせ、イチから育てています。ここがいちばんのポイントです。

社員が辞めない仕組み

楠木　なるほど。安くてヘンな土地といっても、どこに有用な土地があるかを知り、安く買うのは難しい。まさにケモノ道ですが、これをやる人を育てる。ふつうは手練手管の人を使いたくなりますが、オープンハウスは違う。なぜですか？

荒井　それこそ当社が成長できた一番の秘訣です。当社は人を育て、辞めない仕組みを作りました。純粋な不動産会社で上場するくらい大きな会社は当社以外、皆無です。なぜなら、一人前になると、社員はどんどん独立するからです。簡単に言うと、社員20人くらいになると、やり手のマネジャーが部下を引き連れて独立してしまう。センチュリー21の加盟店が、ある程度の規模でみな頭打ちになる理由は、できる社員は必ず独立するからです。

楠木　だいたい荒井さんご自身がそうですからね。現在、オープンハウスは直近期（注・２０１５年９月期）の売上高が１８００億円程度。今期（注・２０１６年９月期）は２４００億円程度の見込みとなっている。数字を見ると、上場企業の中で目を見張る成長企業です。

荒井　当社は過去5年間の平均値で、東証1部の中で成長率1位です。ちなみに、第2位はソフトバンクです。

楠木　しかも、がっちり利益も出している。これだけ注目されると、社員が独立しないという方法を、他社がマネしてくることはないですか？

荒井　マネしたくても、難しくてまずできません。僕が「人が辞めない仕組み」を作れたのは、そもそも自分が毎日、朝から晩まで働いていたので、部下が独立を画策しているかを考えているかどうか如実にわかるからです。では、なぜ辞めるのか、というと、この業界には、お金以外に働くモチベーションがないからです。当社は新卒だけを採用し、お金だけでなく、事業内容に共感してくれる人を採用しています。しかし、これだけでは社員が辞めない仕組みは完成しません。障害になるのは、「仕事ができる人は、ずるい人が多い」ということです。僕の見立てでは、営業ができる人は、頭もよく回るし、悪いこともたやすくできてしまう。

だから、「悪いことをしそうだが、数字を出す人」と「数字は出さないが、言うことを聞き、頭を使わない人」をバランスよく成長に合わせて使ってきました。こうした「人の使い方」に関しては、自分は天才的だと自負しています。

楠木　組織には、「頭が回るずるい人」も「愚直な人」も必要。そのミックスで組織力を発揮させるのですか？

荒井　それがとても難しい。マネジメントの教科書にも書かれていませんし、ふつうはできないと思います。政治家と同じです。代議士になったら、どうやって派閥をつくり、派閥を拡大し、総理大臣になるか。ともに、裏切りが当たり前という世界です。

例えば、10億円で仕入れたビルが1週間後に15億円で売れたとします。このとき、この仕入れ担当者の年収は当社の場合2000万円くらいです。すると、この売買を知ったどこかの消費者金融業者などが、この仕入れ担当者を「利益折半でウチに来ないか」と誘ったりする。そういう業界なのです。

楠木　だから不動産業界は、他業界と比べ、やたらと中小の会社数が多い業界となっているわけですね。

地べたを這う部隊とエリートが共存

楠木　オープンハウスは墓地の横などあえて変な土地を仕入れるという話をお聞きしました。妙味がある土地をどうやって仕入れるのですか?

荒井　第一に、業者回りです。業者とは、それぞれのエリアの不動産屋さんのこと。従来、業者の仕入れは40代、50代以上の仕入れ担当者が過去のツテを辿って、「何か情報はない?」と声をかけるやり方で行ってきました。しかし、当社は若手営業マンが1日20社ほど飛び込み営業をかけます。街場の小さな不動産屋に行くと、相場より安く買えることがけっこうありますから。一方、ホールセール（事業用ビル用地の仕入れ）は、大手信託銀行から人をヘッドハンティングして営業を行なっています。したがって、街場のリテールとホールセールを合わせ持つハイブリッド経営となっています。

そのため、大手不動産会社からは、「地べたを這い回る昭和的な営業の会社」と見られ、中小不動産会社からは、「東京駅近くの丸ビルにオフィスを構え、早慶の新卒を採っている生意気な会社」と見られています（笑）。

楠木　比率で言うと、ホールセール（商業ビル）とリテール（居住用戸建て）はどれくらいですか?

荒井　居住用の戸建てのほうが圧倒的に多くなっています。

楠木　営業マンが1日に20社飛び込み営業するという話ですが、アポなしの飛び込みですか?

荒井　そうです。しかし、ふつうの不動産屋の営業マンに「毎日20社飛び込みをしろ」なんて言ったら、「もっとラクな会社を探そう」と辞めてしまいます。しかし、当社はみんな新卒社員だから、それを当たり前のことと考えてやってくれる。野村證券では、手書き（毛筆）のお礼状をお客さんに出すのが当たり前とのことですが、それと同じようなものです。

私は、まずはこのような組織文化を作りました。端的に言うと、オジサン中心の会社ではできないことを、若手中心で行う手法を考え出したのです。ですから、これを他社が真似することは難しい。成功するまで続けることがなかなかできず、トップがよほど我慢強く続けない限り、ムリです。

楠木　そういう文化の中で、みんなが毎日20軒も回っているから、どこで発生するかわからない安い土地を有利な条件で仕入れることができる、と。

荒井　そうです。仲介部門も若手中心です。渋谷店は4課体制20人程度の陣容ですが、4人のマネジャー以外はほぼ全員が社歴1年未満。それで、実際に、売り上げが立っている。とてつもない素人集団でも数字が挙がってしまう。

楠木　この先社員の平均年齢が上がっていった場合は、どうするのですか?

荒井　階層的に教育していき、いまの生産性を維持しなくてもいい部署をつくり、がんばってもらおうと思っています。

都心に安い一戸建てを提供

楠木　ところで、仲介と一戸建ての販売を両方やられていますが、オープンハウスのコマーシャルの「東京に、家を持とう」というフレーズが有名です。仲介のケースと自社販売どちらが多いのですか?

荒井　リーマンショック後に、自社開発の販売が中心となり、いまは9割がそれです。

楠木　接道が狭い土地、線路際など特殊な土地を仕入れる特別なノウハウがあるのですか?

荒井　それは訓練です。特殊な土地に家を建てるのは面倒ですが、慣れてくれれば、それはそれで面白いですから。関連会社のオープンハウス・ディベロップメントが土地を買って家を建てます。ディベロッパーは持つなと、さんざん人から言われましたが。

楠木　リスクがあるのに、どのような判断でディベロッパーになったのですか?

荒井　やはりユニクロやニトリのように、製造までやらないと、お客さんに満足を与えることは難しいからです。ユニクロは安くて洗濯してもヘロヘロにならない商品を初めてつくった、素晴らしい会社だと思っています。では、なぜユニクロは安くて良い商品を提供できるのか。当初は店舗でいろいろなメーカーの商品を売っていたはずです。でもそれでは、「こんな商品が売れるから売りたい」とメーカーに訴えても、メーカーが「嫌だ」と言ったら売れません。

楠木　ユニクロの広島の1号店では多数のブランドが売られていて、いちばん多く売っていたのはフィラのポロシャツだったといいます。でも、現在は自社開発商品しか扱いませんよね。

荒井　ユニクロと同じように、自分たちで製造までやらないと、顧客満足にも成長にも繋がりません。もっとも、ディベロッパー宣言をした当時、賢そうな人はみな「建築はアウトソーシングしろ」と言ってきました。それでも断固として自分で建築もやると決めました。

楠木　ユニクロは、自分たちで造っているから質が良く、10年前のヒートテックよりいまのヒートテックの品質が向上しているように、どんどん商品が進化していく。家もこれと同じで、自分たちで質がいいモノをつくりたいという希望があったのですね。商品力でいうと、オープンハウスの家はどんなところが優れているのですか?

荒井　上場している飯田グループは、郊外に2階建ての住宅を建てると非常に安いことが強みになっています。一方、当社は都心部の小さな土地に安くて質がいい家が建てられるのが強みです。ただし、この点が圧倒的な強みになっているかというと、まだそうはなっていません。用地の仕入れと営業力を偏差値で言うと、65~70くらいです。また、建てる技術はまだ偏差値55程度だと思っています。

楠木　御社の案内を見ると、首都圏限定です。都内だと土地の値段は総じて高いけれど、オープンハウスではふつうの人でも買える値段の一戸建てを提供しています。土地が特殊だったりするだけに、多くの制約があると思いますが、建てれば建てるほど、そのノウハウは進化しているのですか？

荒井　確かに線路際などヘンな土地ばかりですが、「ヘンな土地」を買っているのではなく、「売れる土地」をお客さん目線で買っているのです。つまり、当社の営業マンはお客さんを現地に案内したとき、この値段でお客さんがどう思うかを常に考えています。

一方、通常のディベロッパーは、この土地に建物を建てると土地価格はいくら、建物の原価はいくら、手数料はいくらと積み上げて値段を決めます。しかし、当社は近隣では6000万円くらいの相場の家も線路際だったら4000万円になるが、それを欲しい人はいるはずという感覚で商売をしています。

楠木　御社の企業憲章の最初に「全てを決めるのはお客さまです」と書いてありますね。

荒井　それが信念です。バブル時代のセゾンのキャッチコピー「おいしい生活」とは真逆で、お客さんに好きなモノを選んでいただく。そして、お客さんが何を選んでくれるのかは、賢い人が机上で考えるのではなく、現場でお客さんの話を聞きながら考えます。

たとえるなら、セブンイレブンの冬に売れているアイス。この発想に近いと思います。お客さんの冬場の生活を考えると、室内は暖房がよく利くため暖かくて、咽喉も渇く。すると、アイスが食べたくなるのではないか。そこでアイスを多く並べてみたらよく売れた。このように、お客さんはどう思うだろうかを徹底して考えるのです。一見、線路際の土地は音がうるさいから売れない、15坪しかない土地は狭い家しか建たないから売れない……。頭のいい人は、そう思うかもしれません。しかし、土地は15坪でも、延床面積では十分だから欲しいというお客さんも、もちろんいます。

楠木　これまでの業界常識では、建てるディベロッパーと売る不動産会社が分断されていた。しかし、オープンハウスはそれらを一気通貫で提供する。分業している他社にしてみれば、できないこと・やりたくないことをやる。だから他社との違いが持続する。

荒井　そこが当社の1番の強みです。成長できているのは、お客さんのニーズにうまくはまっているからだと思います。

楠木　お客さんのニーズを満たすこと。そう言われてみれば当たり前です。しかし、不動産業界には過去からの常識や多くの制約があり、当たり前のことができない業界になっていた。なぜ、オープンハウスは出来たのですか？

荒井　仲介業から始まってディベロッパーに変身したからだと思います。実は、僕が初めて仲介の営業マンになったときは、あまり売れませんでした。なぜ売れなかったのか。お客さんはロジック（理屈）では買わず、感情で買うからです。このことに気づいてから、俄然、売れるようになりました。

リーマンショックの後、当社の売り上げが２００億円から３００億円に伸びました。バブル崩壊を事前に察知して、高値で土地を売り逃げた話はすでにしました。それと同時に、我々は安くなった土地をどんどん仕入れました。なぜそれができたのか？　家賃より月々のローン支払いが安くなれば、30代のお客さんは家を買うはずだという仮説があったからです。

情報に明るい人ならば、リーマンショックで土地はもうだめだという論調になれば、家は買わないでしょう。しかし、実需はあるのです。日経新聞に景気や地価の悲観的な予測記事が載っていても、３ＬＤＫの家賃20万円に対して、ローン支払いは月12万円なら、現実に買う人はけっこういるのです。

楠木　お客さんはリアルな生活者ですからね。実需の商売が成り立つ。ふつうに考えたら、家賃20万円がローン月12万円になったら、家を買おうと自然と思いますね。

荒井　まして30代ならそう思うはずです。なぜなら、そのとき僕は42歳くらいでしたが、30代は世界でいちばん自分がイケていると思う世代だからです。会社が潰れても俺は大丈夫だと思っている。一方50代になってくると、もう人生のゴールが見えてきて、消極的な考えになります。

楠木　すると、御社のお客さんは初めて家を買う一次取得者。しかも東京で一戸建てを買う人となるわけですね。

荒井　そうです。ただ当社は、一戸建てだけでなく、マンションもやっています。マンションの開発も数年前までは粗利益で3割と儲かっていましたが、最近は建設コストが上がってしまったため少なくなっています。いまは投資用マンション（収益不動産）の利益がよく出ます。収益不動産は始めて5年弱ですが、売上高７００億円で粗利益は１００億円くらいあります。アベノミクスのおかげで金融が緩和されたため、読み通り、かなり儲かっています。

駅前キャッチで家を売る

楠木　土地の仕入れと建築に加えて、いよいよ「売る」ところの戦略を教えてください。

荒井　売れる要因の第一は営業マンが非常に若いことです。平均年齢では業界最年少です。

楠木　お客さんも30代と若いから、若者同士で取引ができる、と。

荒井　実は、不動産営業は若ければ若いほど数字がいいのです。理由は、不動産営業は行動力とお客さんとの接触時間で決まるからです。経験や知識よりも、お客さんと長く接する時間をつくれる営業マンが強い。要は、腕はいいけれど年を取ってしまった営業マンよりも、右も左もわからないが運動量のある新人のほうが成績はいい。それは、データを取ると明らかです。

楠木　具体的には、どうやって売るのですか？

荒井　当社のネットの情報を見ての問い合わせに答えるケースが全体の6～7割。残りは現地販売会です。たとえば、今だと駒澤大学の現地販売所に営業マンが数名おり、駅前で「分譲マンションの販売をしていますが、見に来ませんか？」と声をかけます。

楠木　その方法を先日、御社の鎌田和彦副社長から聞き、腰を抜かしました。そのあたりを歩いている人に、「家を買いませんか？」と声をかける。この方法で買う客が3割もいるそうですね。

荒井　これはマンション業界の用語で「源泉営業」といいます。街を歩いて声をかけられ、買うわけがないと思うでしょうが、実際はけっこう買う人がいるのです。源泉はナンパと同じで、うまくいくわけがないと思っても、実際声をかけるとけっこう成功する。そういうものです。当社の営業マンは若くてめちゃくちゃやる気が高い。居酒屋さんも繁華街で客引きをしていますが、待っていてもお客さんがくる時代ではなくなっています。コンタクトレンズの「アイシティ」も同じです。この会社も駅前で「コンタクトどうですか?」と声をかけて伸びている。暇があってコンタクトの人は、つい付いて行ってしまいます。すると、お店で待っているだけの会社はどんどんお客さんが減ってしまう。

　当社は、物件を紹介するネットにもたくさんお金をかけています。ですから、泥臭い源泉営業とネット販売のハイブリッド営業です。軍隊にたとえると、陸軍歩兵部隊と空軍のハイブリッド。一方、当社以外の大手不動産会社は海軍といったイメージ。賢い将校たちが賢く戦っている（笑）。イスラム国を倒すにしても、賢い将校が計画した空爆だけでは勝てません。最後は、どうしても地上戦が勝負になります。当社には生きのいい歩兵部隊がいっぱいいいます。

楠木　ネットで興味を持ったにしても、駅で誘われたにしても、ようするに現地へ行って物件を見るわけですからね。

荒井　まだ建っていない物件もあります。全体の6割がそれです。建っているのを待っていると、回転率が悪くなります。購入する不動産を決める要素は様々ですが、肝は場所と価格です。家を買おうと思ったとき、場所はどこにするか、予算はいくらか、結局この2つがほとんどなのです。「こんないい場所に、建物付きで、この価格で買えるんだ」となれば、家は売れる。

楠木　僕もオープンハウスの物件情報を見ていて、「こんな値段で買えるんだ」と驚きました。都内の一戸建ても、意外と安い。他の業者は相当ボッタクリだったということでしょうか?

荒井　そうではなく、相場や値段は以前からあまり変わっていません。

楠木　やはり特殊な土地を見つけ、ムダなコストを削り、回転率を上げて、きちんと売っていけば安く販売できると？

荒井　しっかり足を使って、土地を探せば、安くできるのです。大手不動産は、出口（売るところ）で企画力を使って勝負しようとします。でも、企画力は邪道だと思います。実は、僕も若いころは企画力が勝負と思っていたのですが、メタメタに挫折しました。それで陸軍歩兵部隊を組織しようと思ったのです。いまの時代に、陸軍歩兵部隊をつくっている不動産会社はありません。

楠木　それにしても数千万円もする家を買う人を「源泉営業」で連れてくる。しかも、家はまだ実物がない。これで成約までもっていくのは、並大抵のことではないと思います。

荒井　当社ではそれを、入社1年目の若手がこなしています。マニュアルがあれば可能です。ポイントは、若くて爽やかな印象です。僕みたいな50代のオジサンが「家どうですか？」と言ったら、いかにも危なそうでしょう（笑）。しかし、感じのいい若者だったら、話だけでも聞こうかなとなるのです。

楠木　駒沢なら駒沢を歩いている人は、その地に何らかの縁があるわけで、駅で声をかけるのは理に適っているともいえます。

荒井　不動産を買う人の7割は、いま住んでいる場所の近くにある物件を買います。ですから、物件の近くで声をかけるのは理に適っている。実は、「キャッチ（街頭声掛け）ができる大手不動産」が当社のキャッチコピーです。優秀で、なおかつキャッチもできたら最強です。

BtoCはサービス精神で決まる

楠木　生活圏で声をかけ、連れてくるところまでは並の入社一年目でも出来るでしょうが、その後、きちっと説明し買ってもらえるまでは、マニュアルによる説明だけで可能ですか？　経験値がモノを言うように思いますが。

荒井　そんなことはありません。家の説明に経験が必要だというのは思い込みです。「家」という「モノ」の説明ですから、マニュアルで十分。だから、だれでもできる。中でも、能書きを垂れるのではなく、素直で腰が低いタイプが向いています。

これは不動産業界に限ったことではなく、どんなBtoCビジネスでも営業マンの仕事力は、出身大学の偏差値と反比例すると思います。頭のいい人は慇懃無礼だったりしますから。一方、BtoBだったら逆で、相手に優秀であるというアピールが重要だから、偏差値が高いほうが有利でしょう。BtoCは、自分がお客さんより下の立場にならないとだめです。上の立場に立ちたいのは、人の本性です。僕も長らくわからなかったのですが、人は自分が上の立場になりたいと本能で思うから、へりくだってくれる人を好きになる。だから、お客さんはロジックで整然と説明する営業マンよりも、礼儀正しく感じがいい営業マンを好きになる。人に好きになってもらうと、自然と家も売れるのです。

楠木　商品の基本的な価値は担保されている。あとは足を使ってお客さんをキャッチし、気持ちよく接するというのが営業マンの役割になる。

荒井　だから、当社の営業マンは頭がいいとはいえませんが、汗はどっぷりかける（笑）。官僚は頭がいいけど、国民から怒られる。その理由は、僕から見ると、「冷たい」からです。完全にBtoBマインドです。

もっと言ってしまうと、BtoCは「おバカっぽい」のがいいのです。おバカっぽいとは、それだけサービス精神があるということです。お笑いタレントがまさにそう。なぜ、彼らがモテるのかというと、サービス精神が圧倒的に優れているからです。もちろん、我が社には確かな「家」がある。だから、あとはサービス精神さえあれば、売れるのです。

楠木　現在、これだけ会社が大きくなり、業容も仲介、戸建て、マンション、金融不動産と拡大している。この先、東京オリンピック開催の5年後くらいを見据え、どのような戦略を描いていますか?

荒井　東京オリンピック後に、想像以上に大きなショック（景気後退）が来ると予想していますから、その動きを見据えて対応していく予定です。それまでは金融緩和が続くので、なんとかなると思っています。不動産業界は、業界の中でも、景気がいいと構造的に儲かる業界です。一方、景気が悪くなると、構造的にメスを入れられる。いままでも、六本木や銀座で飲み食いしている人種で一番多いのは不動産業界です。僕は、お酒は飲まないし、ゴルフもしません。むしろ、派手に飲むから、道を踏み外すと思っています。

２０１６年5月

ストリート・スマートの競争戦略（日本駐車場開発社長　巽一久氏との対談）

楠木　日本駐車場開発の巽一久社長は「ストリート・スマート」という言葉がぴったりの経営者で、僕は前々からその商売センスに感服しています。

僕がとりわけ好きなのは、巽さんが構想する戦略ストーリーには、「飛び道具」がまったくないところ。みんなが飛びつくような新しい技術やサービスや市場セグメントというような要素に頼らずに、独自の戦略ストーリーで価値をつくり儲けている。みんなが注目するオポチュニティを狙っていく「日向の商売」よりも、多くの人が収益機会として注目しない「日陰の商売」の方が面白い戦略が出てきやすいというのが僕のこのところの持論でして、日本駐車場開発はまさに日陰を突っ走る会社です（笑）。

日本駐車場開発という会社には様々な事業があるのですが、まずは同社の創業以来の中核事業である駐車場ビジネスについてお聞きしていきたいと思います。日本駐車場開発といっても、多くの人は知らないのではないかと思います。巽さんの戦略の独自性は同じ駐車場ビジネスをしている「タイムズ24」と比較してみるとわかりやすい。

街中の空いている土地に「Times 24h」という看板があり、白線の駐車スペースと料金支払い機がある。駐車場というと、多くの人はこれと同じような商売だと思う。ところが、日本駐車場開発のビジネスは、まったく異なります。その辺から説明してくださいますか。

商売の原点

巽　そもそも駐車場の見た目から異なります。平地を一定賃料で地主さんから借り、機械を投資し、時間当たりいくらという形態は、一切行っていません。僕らの場合は、ビル、ホテル、デパートなど、建物に付設している建設済みの駐車場でビジネスを行っています。

僕は23歳のときにこの会社を創業し、当時とはだいぶ業容は変わりましたが、一貫して駐車場という商材を扱っています。では、なぜ駐車場だったのかというと、１９９１年7月に車庫法という法律が改正されたとき、クルマを買ったら２km圏内に駐車場を借りなくてはならなくなりました。しかし、当時はどこで駐車場が借りられるのか、整理された情報がなにもありません。インターネットも普及していない時代のことです。クルマは世の中に不動産と同じようにたくさんあります。不動産には、賃貸募集、賃貸管理、売買など多種類のビジネスがありますが、駐車場のビジネスはだれもやっていなかったのです。

僕の実家は酒屋で、小さい頃から配達をさせられました。26kgもあるビールのケースを団地の4階まで運ぶのです。当時、大瓶ケースの値段は５０００円ちょっとで、粗利は18%。ですから、26kgの商品を4階まで運び上げると、掛売のマージンは１７００円くらいになります。これで実家の家計が成り立っていました。

これだけの労力を使い、配達のクルマを買い、ガソリンも買い、しかも掛売りだから、利益でいうと１０００円くらいです。この酒屋の利益単位に慣れていたので、駐車場管理を始めたときも、当初は売り上げの10%を管理料としました。１台の駐車料を1か月３万円とすると、１か月の利益は３０００円になります。重いモノを運ぶ必要がなく、クルマやガソリン代などのコストもかからない。なんとラクな商売なんだ！　と感動しました（笑）。

楠木　人間は相対比較でものごとを認識するというういい例ですね（笑）。そもそも駐車場管理に注目した理由は家業と何か関連があったのですか？

巽　実家は酒屋の他にも米屋を営んでいましたが、駐車場経営もしていたのです。余裕資金のある時に土地を買い、従業員用の寮や倉庫を建てていました。やがて酒屋、米屋は斜陽産業になり、寮や倉庫を潰して、手間暇がかからないという理由で駐車場にしていたのです。

楠木　もともとご実家が駐車場オーナーだった。

巽　そうです。たった8台分だけですけど（笑）。僕は1991年に会社をつくり、この駐車場を父から引き継ぎましたが、やがて税法が変わり、農地の宅地並み課税が始まりました。実家は大阪の枚方市です。田畑の残るエリアですが、農家は農業を続けるか、あるいは宅地に替えるか選択をしないといけなくなりました。巨額の借金をしてマンションを建てるのは怖いと、そのとき土地所有者（農家）は駐車場を選択することが多かったのです。

しかし、農家の跡取り息子は市役所や郵便局で働いていることが多く、駐車場の管理を不動産屋に頼みます。すると、「マンションを建てないか」「この土地を売らないか」と、しつこく勧誘されて辟易するという状態でした。やがてバブルが崩壊し、金融機関が不動産融資から一転、リテールの営業に力を入れ始めます。従来、銀行は地主の代わりに集金をしていたのですが、駐車場の借主にも銀行口座をつくらせ、自動引き落としにする。すると、銀行には自動引き落としの手数料が入り、地主の口座からは必要な分しかお金が下ろされなくなります。ですから、銀行マンが地主さんに「自動引き落としにしましょう」と勧誘するのですが、地主さんは「よくわからん、手続きが面倒だから嫌や」となる。それで仕方なく銀行マンが手続きなどをすべて自分でやっていたのです。

しかし、一人一人の借主といろいろな交渉があり、銀行マンもやはり面倒でやりたくない。そこで、地元の酒屋だった自分に、銀行から駐車場の管理をやってくれないかと、依頼されたのです。それで銀行が地主を紹介してくれました。僕が駐車場の管理を一通りやれば、銀行は自動引き落としのノルマを達成し、面倒な作業をやらずに済む。これが駐車場ビジネスを始めた経緯です。

楠木　つまり、駐車場をもっているオーナーは、貸すときにいろいろと面倒な業務がある。その業務を巽さんが丸ごと請け負い、駐車場オーナーから請負料をもらう。これが商売の原型とですね。

巽　そうです。最初は駐車場管理ビジネスです。

楠木　タイムズはクルマを停める人が駐車料金を支払う形態です。日本駐車場開発は、お金を払うのは大家さん。ここがタイムズとは異なりますね。創業当時は、平地の駐車場が対象でしたが、現在ではほとんどがビルに付設されている駐車場となっています。ビルをやるようになったのはなぜですか?

巽　偶然と環境に合わせて変化しただけです。ウチの戦略はみなそうですが（笑）。まず日経新聞の取材を受けて本紙に紹介されたところ、大手企業から問い合わせがきました。同時に、大阪の淀屋橋（東京でいう千代田区のようなエリア）に移転したところ、客層が土地オーナーさんから、生命保険会社などの大手企業に変わりました。大手企業の駐車場は、空き地ではなく、ビルに付設していたということです。本当に偶然なのです。

楠木　ビルのオーナーからすると、駐車場は、マインドシェアの最後の最後だそうですね。わりと「どうでもいい」というカテゴリーに入っている（笑）。

巽　そうですね。頭の中にまったくないくらいの存在です。

楠木　しかし、なぜオーナーは駐車場を意識しないのでしょうか?　大きなビルには法律で必ず駐車場を造らなくてはいけないことになっています。オフィススペース、商業スペースには気が回っても、駐車場には気が回らないのはなぜですか。

巽　オフィスや店舗には、優良な企業さんに入ってもらいたいから、こだわるでしょうが、トイレは衛生的であればいい。駐車場も同じで、機能的、安全であればいいということでしょう。

楠木　トイレと同じ扱い（笑）。

巽　そう。海外ではまさにトイレと同じ扱いです。ですから、海外で人を採用するとき、とても苦労します。「なんで高学歴の息子が駐車場管理の会社なんかに就職しないといけないのか」と。日本でも似たようなイメージがありますから、「当社はスキー場の管理もしています」と説明しているんです。

ビルオーナーさんは、テナントさんからクルマを使うと言われたら、駐車場を提供しないといけない。そういう考えですから、駐車場から収益を上げるという発想がありません。そもそも駐車場収益ではビルは建ちません。そこで僕らが介在する余地が出てきます。

人がやりたくないことをやる

楠木　絶対に必要だけど、収益は期待していない。ようするにコスト・ファクターですね。その意味で確かにトイレと同じ扱いになっている。いまわれわれがいる新丸の内ビルディングには、ものすごく大きな駐車場があります。ここも御社が管理していますね。先ほど、僕もクルマを停めました。具体的に、この駐車場をどのように管理するのでしょうか？

巽　ウチの業務には、大きく2つあります。駐車場の委託を受けると、そのうち一定のスペースを当社がオーナーから借ります。そして、借りたスペースを必要な人（会社）に転貸し、そのスプレッド（借りた額と貸した額の差）が利益になる。これがひとつです。もうひとつは、委託を受けた駐車場の管理をし、その管理料をいただくことです。

楠木　ビルオーナーは駐車場を造らないといけないが、手間がかかるから管理はやりたくない。そこで日本駐車場開発さんに委託すると、どのように稼働・管理されようがオーナーには一定の収入が毎月入ってくる。

巽　そうです。最初に決めた駐車場の賃料×台数分が毎月オーナーに入ります。実際にその台数が入っていなくても、決められた収入をオーナーは得られます。オーナーは駐車場が埋まっていない場合も、当社を活用することで賃料が入るという柔軟な運用ができます。

楠木　オーナーさんは、日本駐車場開発に委託すると、何もせずに一定の賃料が確保できると。

巽　そうです。たまに「自分でも一定の賃料を確保できるんじゃないか」と考える爪の長いオーナーさんもいらっしゃいます。しかし、駐車場マーケットから借りる料金と、当該ビルがテナントに提供する駐車料金を比べると、ほぼ例外なくテナントのほうが高いのです。ですから、オーナーさんからすると、テナントさんには月5万円で貸しているのに、ビルに関係ない近隣の人には月3万5000円で貸さざるを得なくなります。これがバレると、テナントさんに怒られてしまうから結局、駐車場をすべて埋めることができません。

巽　平地の時間貸し業者の場合だったら、「ビルを建てるから契約をやめます」というお客さんがけっこう出ます。しかし、ビルの場合は、建物をなくすことはまずないため、いったん契約が取れると、業績が落ちることはまずありません。

楠木　上場企業の中でも利益率が高く、安定して増益を続けている理由の一端が分かります。日陰にいるから正面から対抗してくる参入も少ない。いまの時点での競争相手というと、どういう会社になるのですか?

巽　それはウチの会社を辞めた社員(笑)。今、2人が頑張って同じ業態でやっています。25年間で、独立して同じことを始めたのは2人だけ。少ないかなと思っています。特許も、大きな投資も必要なく、山っ気があればすぐできる商売ですから。発注するビルオーナーは富裕層か大企業です。だからノウハウはあっても、個人事業のような小さな会社には発注しづらいのでしょう。でも、2人の始めた会社は、割と伸びていたりします(笑)。

楠木　とはいえ、簡単には真似できない要素もありますか。

巽　各論(現場でのノウハウ)にはありません。ただし、作業を標準化し、固定費を超えないと黒字化しないため、数個の管理物件数では固定費を超えられません。150物件くらいは獲得しないと、黒字化はしません。ですから、150物件を獲得するだけの資金や根性がないと、できません。

ギャップが価値を生む

楠木　面白いなと思ったのは、タイムズは無人ですが、日本駐車場開発の場合は有人です。実際、いくつかの御社の駐車場を利用してみたのですが、お世辞ではなく、スタッフのサービスの質が明らかに高いですね。世界中どこの国に行っても、駐車場の管理人はだいたい不機嫌です（笑）。お客にしてみれば、サービスに期待すらしません。しかし、日本駐車場開発の管理人の人には、ちゃんとサービス精神があります。手をかけて教育されているのですか？

巽　先ほど言ったように、あまり職域上、意識の高い職種ではありません。しかし、ちゃんと教育すれば、高い意識で働いてもらえます。大阪では、若くて可愛い高卒の女の子を入れています。すると、実際に売り上げも上がります。お客さんから下の名前で呼ばれ、ランチやおやつの差し入れがたくさんあります。

楠木　高頻度接触のサービスの典型ですからね。そういう可愛くてサービス精神ある管理人が顧客にとってのちょっとした訴求点になる。

巽　ただし、その分、引き抜かれてしまうことも多いのです。アパレル店、ホテルマン、果ては芸能人にスカウトされた人も。「なぜ駐車場で働いているんだ。もったいない」。そうお客さんに言われるようになれ、と教育しています。

楠木　対人サービスに価値がないイメージの職場で、サービス価値を導入している点がとても興味深いですね。価値の半分は背景で決まると思います。たとえば、私立文系コースで数学ができると数学が得意な人と思われますが、私立理系コースで数学ができても目立ちません。つまり背景が明るいところで、自分が明るい光を放っても見えない。巽さんの戦略に共通するのは、背景が明るくないところで、光を放ち、とても目立たせていることです。

巽　それを社内ではギャップと呼んでいます。ウチのサービスも、リッツ・カールトンだったら、「話にならん」

と言われてしまいます。でも、駐車場やタクシーだったら、そもそも求められるサービスの質はかなり低い。そこで、ウチは「ガソリンスタンド並み」のサービスをしているだけです。銀座のクラブのお姉さんが可愛くても当たり前ですが、牛丼屋のお姉さんが可愛かったら、「可愛い！」と驚くじゃないですか。それと同じです。

楠木　この「ギャップ」を競争優位に持っていくところに巽さんの戦略の本領がありますね。客観的な測定値で優れている状態よりも、顧客が認識する主観において優れていると思わせるところが実に上手い。元中日ドラゴンズの山本昌さんが新聞に書いていたことですが、イチロー選手はピッチャーとして投げると、１５０キロの速さが出るそうです。そのイチロー選手が山本さんに「山本さんって１３０キロ台ですよね。でも、僕が投げるよりも速く見えるのが不思議なんだよなあ……」と言ったそうです。

その理由は、俗にいう「球の切れ」にある。投手と打者は動体視力の限界で勝負しています。しかし、どんなに早く投げても２００キロは超えません。そこで速く見えるよう錯覚を起こさせる能力が求められる。打者に錯覚を起こさせる能力、山本さんに言わせれば、それが「切れ」の正体なんですね。遅い、速いではなく、速く見える球のほうが価値は大きいという話です。この山本昌さんの記事を読んで、僕は巽さんのことじゃないかと錯覚したくらいです（笑）。

ただ、商売で切れを出すには、人間やビジネスに対する深い洞察が必要になります。だから、ふつうの人は、切れを出す前に、最新のＩＴビジネスなど背景からしてキラキラしている方向に走ってしまう。だから、巽さんのようなやり口の商売が長期にわたって独自性を維持できるということになる。

巽　僕は新しい事業を始めるときは、自社の今のポジショニングを考え、絶対に勝てるようにしようと考えます。ネットビジネスだったら、世界中の最先端の賢い人々と戦わないといけませんが、勝てないなとふつう思いますよね。でも、駐車場なら楽勝だなと。そんなポジションを取らないと、儲かりませんから。

楠木　最初から儲かる筋を見出してから始める。

巽　なんの努力もせずに儲かるような形にしてから始めます（笑）。頑張ったら、より儲かります。

楠木　それはビジネスの鉄則ですね。デフォルト（初期設定）でまず儲かる。最初に、しっかり儲かる絵が描けているということですね。そこから先、うまくいけばそれだけ儲けが増えるけれども、儲からないということはない。

楠木　話は少し戻りますが、芸能人みたいな可愛い子を、どうやって採用するのですか？

巽　高校の新卒採用を行っています。可愛い子の周りには可愛い子がいます。だから、若手社員に「出身高校に行って、可愛い子をスカウトしてきて」と言うと、喜んで連れてきてくれます。母校に行ったら先生に挨拶をして、「ちゃんと楽しく勤めています」と近況報告してから「誰かいませんか」と先生に頼みます。たぶん他の会社は、卒業生を学校に派遣し、「お話をして来い」というのは、やっていないはず。しかし、人事担当者が行くより、元生徒が行ったほうが先生の気持ちが乗るに決まっています。

楠木　この辺も巽さんの人間に関する洞察の深さがよく出ているところですね。ふつうそこまで頭が回らず、採用担当者が形式的にやってしまうものです。今の若者はみんながコンビニなどでマニュアル仕事をしているけれど、巽さんの会社の若手社員のように愛嬌のある接客ができるだけで、「凄い社員がいるな」と驚かれる。

ビジネスで、いちばん大切なことをひとつ選べと言われたら、僕はいつも「人間についての洞察」というようにしています。ふつうの人は、自分の専門分野や業界動向についてはよく知っていても、人間や世の中に対する洞察がそれほどない。昔だったら、みんなが本や新聞を読み、それなりに考え、自分の意見を言ったりしたものです。ところが今は、ものすごい量の情報がスマホやパソコンから入ってきます。それらを処理して取り入れているだけで、なんにも残らないし、考える時間もない。みんなが頭を使わなくなっているのです。情報が氾濫しているいまこそ、商売の優劣はその人の人間洞察にかかっているような気がします。

巽　僕らのビジネスはちょっと頭を使うだけで勝てるからいいけど、日本全体のレベルが落ちてしまうのも困りものですね……。

駐車場の三毛作

楠木　事業の大きな転換点はあったのですか？

巽　2003年に新規上場しましたが、その数年前まではフロー型ビジネス（単発で請け負う形）でやっていました。その後、始めたのがストック型ビジネスです。土地建物の勉強をする中で、まずは不動産仲介のエイブルさんみたいに、駐車場を斡旋してフィーをもらうビジネスを始めました。これは容易に儲かるのですが、ストックにはなりません。そこで2000年頃、ビル型駐車場のサブリース（駐車場をオーナーから一括で借り上げ、転貸して運営する経営形態）を始めました。

楠木　エイブルみたいに斡旋するというのは、駐車場の利用者をオーナーに斡旋するという意味ですね？

巽　そうです。駐車場を探している人を探し、仲介して、ユーザーから1か月分の駐車代金をもらい、オーナーからは2カ月分の代金をもらいます。この仲介をやることで、どの駐車場がどれくらい空いているか、探しているユーザーはどれくらいいるかを把握するデータベースを構築できたのです。一方、サブリースは仲介して終わりではなく、当社が賃貸後も駐車場を管理します。だから、登場人物は同じですが、ストックビジネスになるわけです。

楠木　なぜサブリースに進化させたのでしょうか？

巽　上場前、セコムの飯田亮氏に資本政策についてお願いに伺ったとき、「フロー型ビジネスは卑しい人間がすることだ」とお叱りを受けまして。それで転換したのです。本来はフロー型で順調だったので、フロー型のまま上場する予定だったのです。フロー型だと、100台斡旋したら瞬時に900万円儲かる。極めて簡単なビジネスです。

楠木　言われてみれば簡単ですが、日陰にあるから競合他社が立て込まない。

巽　地味な商売ですから。たとえばホテルの場合、素晴らしい建物を造ると、金銭的なハードルを越えて、人が集まります。でも、素晴らしい駐車場を造っても、人が集まりません。駐車場はエリアごとにニーズがあるかどうかだけです。しかし、そのマッチングをしっかりやれば、クルマの所有者に最低限の価値を確実に提供できます。コピー機の営業マンが飛び込み営業に来ますが、コピー機は買い替えても安くなりません。しかし、駐車場は借り換えると安くなるんです。営業車を持っている会社が100台分の駐車場を借り換えると、年間で1200万円もコストダウンできたりします。ハンコを押すだけで。こんな簡単な交渉（飛び込み営業）はありません。

楠木　クルマを多く抱えている法人顧客に対して、いろいろなメリットのある提案を出しやすい。

巽　そうです。しかも駐車場ですから借り換えに抵抗感がありません。オフィスと違って、場所が遠くならなければ文句を言う人はまずいません。

楠木　確かに論理的でストーリーに無理がありません。巽さんの話を聞いていると、最後は必ず「この話、誰も損をしていませんよね……」というのがオチになる。日本駐車場開発も、ビルオーナーも、ユーザーも、みんな利益を得ています。これが巽さんの商売の極意ですね。

巽　そうです。嫌われたくないじゃないですか（笑）。実際は、だれかに痛みがあります。でも、それを感じる人がいません。

楠木　それも人間の本性についての洞察が発揮されているところですね。誰かを儲けさせて、その後で自分が儲ける。この順番が商売の原理原則ですね。ここのところがないがしろになっていると、結局儲からないし続かない。巽さんのやり方は、まず誰かを確実に儲けさせて喜ばせる。ま、その後でこっちがもっと儲けるのかもしれませんが（笑）、いずれにせよ誰もが損しないようなストーリーになっている。

とくに面白いと思ったのは駐車場の〝三毛作〟の話です。平地の駐車場の場合、出庫中に自分のスペースに他のクルマが停まっていたら嫌ですよね。でも、機械式の外から見えない立体駐車場だったら、自分のスペースがわからないから気にならない。言われてみれば当たり前ですが、この着眼点が面白い。

巽　実際、毎日違うところに停まっています。駐車番号が決まっていても、コンピューター制御で、いちばん近くの空きパレットが入口に移動する仕組みのため、場所は常にまちまちです。

楠木　スペースの多重利用となり、実際のキャパシティよりも多くのお客さん（クルマ）と契約できるわけですね。

巽　だから稼働率を聞かれると困る。100％超えていますから（笑）。

楠木　ビルの駐車場に的を絞ったのは、この多重利用を活用することが最初から狙いだったのですか？

巽　そうですね。利益率の高い商売が好きなので、できるだけ停める時間が少ない人を入れていく。それがもっとも儲かります。

楠木　停める時間が少ない人は、経験上、事前にわかるのですか？

巽　各クルマの入・出庫時間データを取って仮説を立てます。たとえば、夜中に出庫し、朝に入庫するお客さんはいないかと仮説を立てると、キャバクラの送り迎えのクルマがあります。そこでキャバクラのドライバーに営業をかけにいくのです。彼らは夜、路上に駐車し、キャバ嬢を待っています。安く近くに駐車場を借りられたら、喫茶店で休むこともできます。都心の繁華街に駐車場を借りたら4～5万円しますが、「ナント1万円で貸します」と営業するのです。

楠木　そういう積み重ねで、二毛作、三毛作ができているのですね。

巽　今では四毛作くらいまでになっています。まず月極で、停める時間が極めて少ないお客さんに貸します。さらに、月極で昼間は営業で出庫する人に貸すと、昼は1時間いくらの時間貸しをします。これでだいたい三毛作になるのですが、最近はこれに加えてカーシェアリングも始めました。カーシェアリングに貸しても駐車場代がもらえます。だから四毛作になります。ほとんどクルマを使っていないお客さんには、「カーシェアリングに替えませんか」と営業をかければ、どんどん四毛作に近づいていきます。

楠木　実際、駐車場の現場でお客さんと会話し、データも取っているから、できることです。稼働率100％超えは、簡単にできるワザではありませんね。

巽　そのためには、人の教育が大切です。駐車場というステージで、頑張って働くと、必ずお客さんに声をかけてもらえるようになります。そういう人材になりましょうと、教育しています。新人の採用基準については、駐車場にあるジュースの自販機の横で、氷入りの水槽に入ったジュースを自販機の2倍売れる自信のある人だけを採用します。

楠木　面白いですねえ。駐車場なのに、対人サービスによる売上増が可能。とても斬新です。たとえば、キャパよりも多くの人が借りているから、特定時間は満杯になってしまう。そういうとき「ここに置いておいてください、入れておきますから」というと、むしろ喜ばれる。こっちが得をしているのに、向こうも得をしている。確かに誰も損をしていない。

巽　それは「バレーパーキングサービス」（客からキーを預かって駐車場に収める）と呼んでいます。恵比寿のウエスティンホテル、大阪のインターコンチネンタルホテルでは、バレーサービスも手掛けています。そのクオリティが認められ、伊勢丹新宿本店や空港でもバレーサービスを行っています。

楠木　バレーサービスの話が象徴していますが、ふつうは会社が得することをやると、お客さんが損をします。しかし、日本駐車場開発は会社が得をする稼働率アップをしていくと、スタッフがクルマの車庫入れまでやってくれるから、客も得をする。ここは、日本駐車場開発のもっともクリエイティブな部分ですね。駐車場事業で今後の成長の余地はまだまだありますか？

巽　もちろんです。全国にビルは7万棟ありますから。東京・大阪エリアで3000棟にするのが当面の目標です。

２０１６年７月

合理の非合理、非合理の理（スター・マイカ社長　水永政志氏との対談）

入居物件を買う

楠木　不動産・マンション業界は景気に左右されやすい。リーマンショック後には新興マンション企業がいくつも倒産しました。しかし、そうした中でもスター・マイカは、安定して利益を出し続けています。

水永　当社は、中古マンションを買って最終的には売るモデルです。ですから、一見すると中古マンションの販売会社に見えます。しかし他社と異なるのは、賃貸中、しかもファミリー向け物件に特化していることです。東京の都心から1時間前後、築10数年で70平米メートル前後のファミリー向けというのが平均像です。その物件を、賃貸人がいる間は家賃収入を得て、退去した後は完全リフォームをして中古市場で売却し利益を得ます。

楠木　マンションの持ち主が売ろうとしても、他人に貸している場合は、簡単には売れない。売ろうとすれば、住んでいる人に出ていってもらう必要がありますね。

水永　だからこそ流通しにくく価格が下がり、安く買えます。賃貸中の物件は2～3割安くなります。こうした値付けは、不動産業界の慣行として昔からそうです。

楠木　賃貸中のマンションを仕入れた後、入居者には出て行ってくれと働きかけをするのですか。

水永　何もしません。そのまま住み続けてもらっています。

楠木　まったく何もしない？

水永　しません（笑）。確かに、通常の不動産業界では、人がいるビルやマンションは、買ったら追い出すのが常識でした。ソフトにお願いをするとか、やや強く言って出ていってもらうとか。あるいは多少のおカネを支払って退去してもらうやり方もあります。

楠木　むしろ、そのあたりの交渉が腕の見せ所ということですね。

水永　私は不動産業界の出身ではないので、「追い出す」選択は、はじめからありません。住んでいる方が、そのまま住み続けたいということならば、以前の貸主と同額の家賃収入をいただきます。

楠木　でも、２～３割安く買っているわけだから、極端な話、入居者が次の日に出てくれて、すぐ売却できれば、その2～3割が丸ごと利益になるわけですよね。ただし、長く住まわれるとキャピタルゲインが出ない。こちらとしては損をしませんか？

水永　損も益もありません。私どもの会社ができて10年ですが、10年いらっしゃる方もいます。しかし、それで構いません。退去するタイミングは、それぞれ違いますが、より多くの物件があれば、ポートフォリオ効果によって平均化することができます。現在、１１００戸を所有していますが、今年はどのくらいが退去し、来年はどれくらいとほぼ正確に予測できます。こうしたことは、所有する物件数が多いほど正確に予測できます。

楠木　つまり、個別の物件で損得を云々する意味はない。数が多いほど一定の確率に限りなく近づく「大数の法則」が働いて、正確な予測ができるわけですね。となると、このビジネスではたくさんの戸数を買い集めることがひとつのポイントですね。

水永　経験的にいえば、１０００戸を超えると、予測の精度が上がってきますね。

楠木　賃貸中のマンションを購入しても、「今回は（住民が）早く出ていった！」とか、「中々出ていかない！」なんて反応していては、ビジネスにならない。

水永　そうですね、一回ごとの取引や退去に一喜一憂することになるでしょう。

業界に定着していた「合理性」

楠木　住民が住んでいるとの理由で割安で売りに出ている建物は昔からあります。なぜこれまで、スター・マイカのような会社が出てこなかったのでしょうか。

水永　第一に、買った物件の住民は追い出すという業界常識があったこと。第二に、追い出すには手間暇がかかること。第三に、同じ手間暇が掛かるなら、規模の大きいものをやったほうが得だと考えるからだと思います。

楠木　つまり、住民を追い出す手間暇が同じならば、2000万円の物件から住民を追い出して3000万円で売るより、1億円の物件の住民を追い出して1・5億円で売ったほうが効率がいい。逆に言えば、小規模な不動産会社が、住民をいちいち追い出していたら、コストがかかり過ぎる。

水永　だから地上げ屋さんは、金額の大きなものしかやらないわけです。いわば、わが社はニッチとしての優位性があるわけです。

楠木　ファミリー向け中古物件に絞ったのは、なぜですか。

水永　都心の一等地のマンションは値動きが激しいのに対し、東京近郊のファミリー向けは、価格の変動が少ないからです。高級マンションは、景気がいい時はものすごく価格が上がりますが、景気が悪くなるとたちまち下落する。リーマンショックの前後では2倍の開きがあります。一方、川崎の3000万円のファミリータイプは、リーマンショック前後でも、5%前後しか価格が変動していません。ファミリー向けは、コモディティ（一般的な商品）なので、市場に厚みがあって流動性が高いのです。

楠木　そのファミリー向け物件は、どうやって見つけてくるのですか。

水永　マンションを売ろうとする人は、自宅近くの仲介会社に行きます。うちが、マンションを売りたい人と最初に接点を持つ必要はありません。仲介会社に、売り予定の賃貸中のファミリーマンションがあれば情報を下さいと伝えておきます。そして、成約に至ったら、仲介会社に仲介料を払います。これは通常の不動産取引と同じです。スター・マイカでは、仲介会社から売り物件の連絡があれば、2時間以内に買い取り価格を提示しています。

楠木　それができるのは情報の蓄積があるからですか？

水永　物件を過去のものからすべてデータベース化しています。ある不動産会社が東京・代々木の中古マンションを買うとしましょう。現在の中古の売り物とか、周辺相場はわかっても、3年前にどうだったかはわかりません。ところが、うちには10年分のさまざまなデータがあります。3年前の付近の写真や周辺の競合状況もさることながら、実際の物件のエントランスの写真、同じマンションに変な団体がいないかなど、豊富なデータがある。ですから、売り手と買い手の双方に対して価格を、素早く提示できるわけです。こうしたプライシングを素早くできるのが競争力の源です。

実は、プライシングできるところが強いというのは、金融の世界でも同じです。債券取引で価格支配権を持つのは、取引量が多く価格情報を持っており、すべての債券に価格を提示できる会社です。私は金融の世界にいたので、そうしたことを知っていました。それをマンション売買に応用したのです。

楠木　賃貸中のマンションという流動性の低いニッチマーケットに、水永さんにとって古巣の金融の手法を取り入れた。それがスター・マイカの優位性になっている。

水永　そうです。事業を定義するならば、「マンション買い取り転売屋」ではなくて、「マンションのマーケットメーカー」と言いたいですね。現在、マンションの売り物件が出たとき、スター・マイカに価格を問い合わせるのは仲介会社にとって当たり前のことになっています。マーケットメーカーがいることで、賃貸中の中古マンションを売りたい人が売れなくて困ったり、不当に買い叩かれるのを防ぐことができます。しかもマンションは設計や施工がほぼ均一で、建物の耐震性や強度についても安心して売買できる。これがオフィスビルだと、一つひとつが違いすぎて規格化できません。

楠木　仲介会社には、手数料を支払うわけだから、彼らにとってはよいお客ですね。しかし、買い取り時に3%、さらに売却する時にまた3%と、合計6%の手数料を仲介会社に支払うのは、高くつきませんか?

水永　それはコストと割り切っています。諸外国でも往復5~6%くらいかかりますから、とりわけ高いとも考えていません。

楠木　新築マンション会社にとって、スター・マイカは商売仇になりますか。

水永　むしろ味方でしょう。中古マンションの流動性がよくなることで、新築が売りやすくなります。

非アドレナリン系不動産ビジネス

楠木　スター・マイカがユニークなのは、企業は勝ち残りのために顧客接点を増やそう、あるいは独り占めしようとするのに対し、そこは無視している点です。もしかしたら、なりゆきでそうなったのかもしれませんが。

水永　正直言うと、そういう面があります。そもそも、賃貸中の中古マンションの市場性に気づいたのも、ゴールドマン・サックス時代に個人としてマンション投資をしていた時、賃貸中の中古マンションを買いませんか？　と勧められたのがきっかけでした。

面白いことにスター・マイカが上場してから、同じビジネスをやろうと上場会社の社長だけでも5人くらい、私のところにあいさつに来ました。「マネさせてもらうけど、了解してくれ」と、いわば仁義を切りに来た。しかし、不動産業界のインサイダーにとっては、あまり向かないビジネスモデルだと思いますよ。実際、よそはうまくいっていない。

楠木　それはなぜですか？

水永　スター・マイカが十分に認知されている現在では、実は同じ情報が当社にもほぼ入っています。となると、結局買えるのは、当社では見送った物件や当社より高くて利益の出ない物件に限られます。また、このモデルは実は安定した利潤と引き換えに利益率は高くありません。実際、業界平均を下回る利益率でポーター賞を受賞できたのは、歴史上当社ぐらい、と審査員に評価されました。これは当社の戦略への最高の褒め言葉です。ですので、他社がやっても、その本業の方がよほど儲かるので、長く続かないんです。

さらに、不動産会社の人がよく言う「アドレナリン」が出ません。銀座や新宿のでっかいビルを同業者に競り勝って何十億も出して手に入れ、「俺が買ったんだ！」と叫びたくなるような高揚感が２０００万円の中古マンションにはまったくありません。

楠木　大型物件ならではの醍醐味はやはりたまらない？

水永　不動産屋さんの習性としては、ダイヤモンドのように、光輝く物件を手掛けたいわけですよ。でも、うちはマイカ（雲母）という社名からわかるように、燦然と輝くより渋めの光を放つような存在を目指している。

楠木　しかし水永さんも、時には、でっかい不動産を転がしてみたい誘惑に駆られませんか？

水永　いつもその誘惑に駆られています。そうした誘いを断るのが仕事みたいなところがありますね。中国のビルを見に行こうと熱心に誘われたこともあります。でも行けば絶対、欲しくなることがわかっているので、行っていません。

楠木　それをやったら、戦略の一貫性が崩れてしまいますからね。本当に優れた戦略ならば本来は20年や30年はもつはずなのに、誘惑に負けて自らその戦略を変えてしまう経営者が多い。少し成長が鈍ると目先の利益に食いついてしまう。「オポチュニティ（機会）は商売の友」と言いますが、私から言わせれば、敵にもなり得る。

水永　おっしゃるとおりです。銀座のビルを買って転売すれば、それなりに儲かったかもしれません。しかし、その手のビジネスは、繰り返すのが難しくて、再現性がないんですよ。事実、大手以外の不動産会社で10年以上継続している会社は、ほとんどありません。

新興不動産会社はなぜ潰れるのかというと、成長する時に倍々ゲームで１００％成長しちゃうからですよ。それはつまり、ボラティリティ（変動）が高過ぎるということ。そうなると、資金のコントロールは難しくなるし黒字倒産のリスクも出る。うちでは「サステイナブル・グロース（持続可能な成長）」の考え方で、あえて成長率は10％から30％に収まるようにコントロールしています。

戦略ストーリーの原点

楠木 ところで、こうしてお話を聞いていると、水永さんは何て堅実な人だろうと考えてしまいます。ところが、これまでのキャリアを振り返るとそうでもないんですよね(笑)。

水永 ゴールドマン・サックスのプライベートバンキング部門で働いていましたからね。最低でも何十億円という資産があるお客さんに、金融商品を勧めるのが仕事でした。

楠木 しかも、超優秀なプライベートバンカーだった。年収は数億円だったとか。

水永 まあ、そうです(笑)。

楠木 でも同僚のように豪快に使うことはしなかったそうですね。

水永 同僚たちは、フェラーリに絵画にクルーザーと、いろいろと散財していましたね。でも、私は手を出さなかった。仕事で成果は上げていましたが、一方でもらい過ぎだという感覚もありました。株式市場が暴落し、こんな生活がいつか終わるんじゃないかと恐怖感があった。もとはサラリーマン家庭の出身です。ですから、毎月安定的な収入が欲しくて、不動産投資を始めたのです。家賃収入の範囲でぜいたくをしようと。ゴールドマンを辞めた00年時点で50戸ほど所有していました。

楠木 ところが、起業したのは中古マンションの売買ではなかった。

水永 最初は、オフィスビルに投資する不動産ファンドの運営会社を作りました。経営権を手放してしまいましたが、この会社はいちごグループホールディングスとなり、上場しています。なぜ不動産ファンドだったのかといえば、当時はネットバブルの最盛期で、しかも01年には日本でJリート(不動産投信)が始まるという情報をキャッチしたからです。リートの始まる前に、私募ファンドで資金を集めて物件を買い集め、リートの開始と共にファンドも会社もダブル上場する——金融と不動産の知識を総動員して、万全のビジネスプランを立てました。

楠木　それこそ、アドレナリンが全開ですね。

水永　そうです。もう気軽に水永君とは呼ばないでくれみたいな勢いでした（笑）。ところがです。会社を立ち上げた10日目にネットバブルが弾けた。５００億円の資金が集まるはずが、50億円しか集まらない。社員を10人雇い、弁護士や会計士も契約してある。毎月、赤字の垂れ流しで地獄でした。あの頃、東京・赤坂のアークヒルズに住んでいましたが、酒でも飲まないと寝られない。でも少しくらい飲んだだけでは寝られないから、浴びるように飲んで。自分は窓から飛び降りる気はないけれど、そうしたくなる人の気持ちはよくわかった。結局、事業開始から数カ月で会社を手放しました。

楠木　その後、どうされましたか。

水永　収入は半減しましたが、ありがたいことにもう一度、ゴールドマンが雇ってくれたのです。ところが、天職だと思っていたプライベートバンカーに復帰してみると、何だか色あせて見える。死ぬほどの地獄を味わい逆に麻薬中毒になってしまったのか、起業への誘惑が絶ちがたい。そこで、次は堅い仕事で起業しようと、スター・マイカを始めたのです。もっとも、２回は失敗できないから、最初の1年は知人の会社に机を置かせてもらって、１人で始めました。1年近くやってみて、いけると判断して、ようやく人を雇い本格的に事業化しました。

楠木　水永さんがサステイナブルな成長を掲げているのは、こうした背景もあるわけですね。

水永　中古マンションの市場在庫は豊富にありますから、このビジネスは再現性があって、安定的に成長するはずです。私はビジネスモデルとは再現性だと思っています。

楠木　スター・マイカの戦略ストーリーが優れているのは、業界の人々が「非合理」で「やる意味がない」と思っていたことをやり、それを一貫した戦略ストーリー全体の中で合理性に転化し、新たな価値をつくったことです。戦略のイノベーションのモデルともいえる成功例だと思います。

水永　私としては金融では当たり前の、売り手と買い手の双方に向けて価格を提示するという「マーケットメイク」の概念を不動産に持ち込んだだけですけどね。

楠木　いや、言われてみれば当たり前、しかし言われてみるまで誰も分かっていない、本当に優れた戦略イノベーションとはそういうものです。それが出てきた後で、「なぜ今までになかったんだろう」と多くの人々がむしろ不思議に思う。そこに戦略イノベーションの真骨頂があります。

２０１２年２月

アナログのスピードを極める（玉子屋社長　菅原勇一郎氏との対談）

玉子屋は、仕出し弁当業界で好業績を持続している。同社の意図する顧客価値は単純明快。「質の高い材料を使ったおふくろの味」「当日注文で昼食時までにオフィスに届く利便性」。ありきたりの話に聞こえる。しかし、その背後には練り上げられた戦略がある。

４３０円（注：当時の価格。２０２４年現在は５５０円）で質の高い弁当を職場まで届ける。しかも当日受注で当日調理。驚くべきことに、玉子屋はその日の注文を受ける前に弁当を出荷してしまう。前日に数量を予想し、日が変わるまでに材料を仕入れ、当日の朝、一気に仕込む。にもかかわらず廃棄率は０・１％。圧倒的なオペレーションの効率とスピードだ。

なぜこんなことができるのか。個別のアクションや意思決定が骨太の因果論理でつながっているからだ。メニューは一種類で、昼食のみ。一般家庭は相手にせず、オフィスからのまとまった注文しか取らない。顧客はリピーターばかり。だから数の予想が立てやすい。一定の範囲に商圏を限定し、配送は完全に自前主義。メニューが一つだから、配達車のドライバー同士が路上で融通し合って数量を調整できる。

個々の要素を因果論理でつなげた「ストーリー」、ここにイノベーションの正体がある。戦略ストーリーの傑作だ。

楠木　玉子屋はテレビ番組でも時々紹介されています。「日本最大の仕出し弁当の会社」として名前を知っている読者の方も多いでしょう。でも、その戦略ストーリーの本当のすごさはあまり知られていない。今日はそこを追求したいと思います。まずは事業の概略を説明してくださいますか。

菅原　430円の日替わり弁当を1日6万食作っており、事業所にルート販売しています。営業地域は東京23区のうち西側の16の区、そして横浜市と川崎市です。うちの本社が大田区ですから、そこから配達できる範囲ですね。注文は当日午前9時から10時までの間に電話かファックスで受け付け、正午までには必ず届けます。注文は原則10個からです。弁当には、おかずが8品から10品入っていて、「家庭の味」「手作り感」を大事にしています。どのおかずも結構、手間かけていますよ。

楠木　価格の割に原価率が高いと聞きました。

菅原　原価率は53%です。弁当業界の常識をいえば、普通の仕出し弁当で50%を超えるところはたぶんないはず。40%台半ばくらいが標準的です。

楠木　面白いのは、ポリシーとして原価率を高く設定しているそうですね。普通は、何とかして原価率を下げようとするものですが。

菅原　もちろん原価率は低いほうがいいです。でも、質を悪くしたらお客さんが離れてしまいます。「値段が安くておいしい」というのがうちのやり方ですから、たとえば原価30円のコロッケを25円のものにして質を落とすことはしません。小さい容器に入っているお醤油も、よその弁当より3倍くらい高いものを使っています。それも変えるつもりはありません。

楠木　お弁当で醤油がそんなに重要なのですか。

菅原　調味料がいいと、おいしく感じるんです。ですから、醤油は無添加の北海道昆布醤油です。ソースも玉子屋専用の質のいいのを使っています。

楠木　430円という価格設定の根拠は何ですか。500円、きりのいい値段ではいけませんか。

菅原　500円だと高いですね。1カ月に22日働くとして430円でかけ算すると9460円。普通のサラリーマンやOLさんはお昼代は1カ月1万円以下に抑えたいでしょう。だからこの値段なんですよ。

楠木　おかずの品数が多いのは、なぜですか。日替わりメニュー一本でいくときに、お客さんを飽きさせないためですか。

菅原　もちろんそれもありますが、うちの弁当はサラリーマンの皆様のお母さんであり奥さんであると考えているんですよ。そうすると、肉だけドーンと入ってはダメ。栄養のバランスを考えて、魚も入れるし、ひじきの煮つけや野菜も入れます。魚は肉よりも高いけれども、健康を考えると魚も欠かせない。それに、豚肉の生姜焼きやハンバーグといった人気メニューばかりにはしてません。よその弁当では人気のあるメニューばかりになりがちです。でもそれだと実はすぐ飽きられるんです。お母さんの弁当ですから、当たりはずれがあっていいんです。

楠木　コンセプトが「おふくろの弁当」だからこそ開き直れる（笑）。人気のおかずだけにしないのも、明確なコンセプトがあるからですね。高い原価率のおいしい弁当でも商売が成立しているのは、商品の廃棄率が低い、つまり作っても売れないということがほとんどないからですね。

菅原　この20年ほど、0・1％以下です。

楠木　驚くべき数字ですが、ここに玉子屋の戦略のカギがあると思います。ほぼ全量が当日の注文であるにもかかわらず、なぜ廃棄率がそれほど低いのですか。

菅原　その日の注文数がどれだけになるか、的確に予測するのがいちばんのポイントです。弁当を作る流れを説明しますと、前日の夕方4時ごろに仕入部長が生産個数を決めて、仕入れ先に材料を発注します。メニューそのものは2週間前に決まっていますが、前日に発注をかけます。ぎりぎりまで生産量を見極めるためです。うちの会社は大田区のＪＲ蒲田駅近くにあって、冷凍倉庫が立地する城南島や京浜島に近いので、足りなくなってもすぐに持ってきてもらえます。仕入れは予測値より3％から5％、少な目に発注するのがポイントです。たとえば、コーンコロッケが6万食必要だと予測したら、５万７０００食を注文する。

一方、夕方のこの時刻になると、弁当を宅配する１８０人のドライバーが会社に帰ってきます。彼らは毎日、同じ所に届けていますから、明日はあの会社はイベントがあるから注文数が変わるはずといった情報が入ってくる。そうした情報をもとに、ドライバーは明日いくつ持って行こうという予測を立てるのです。

楠木　仕入部長の立てた予測と、ドライバーの予測は一致しますか。

菅原　一致しません。実際の材料は、仕入部長が頼んだ分だけ、夜12時から1時の間に、本社工場に届きます。そして、この材料で早朝5時過ぎから9時半までの間に、５万７０００食を作ります。

楠木　あと３０００食はどうするのですか。

菅原　注文は9時からです。その日の注文状況を見ながら、細かく細かく追加発注していくんです。10時に受け付けを終了して10時15分頃には最終的な生産量を確定します。

楠木　それでよく弁当の生産が間に合いますね。何か特別なシステムでもあるんですか。

菅原　われながらすごい技術だと思いますが、ぜんぶ人手です（笑）。朝の調理現場の光景はすごいですよ。調理担当者のレベルにより調理のレーンが3つあり、一つずつ上がっていかないと、いちばん難しいレーンの「メジャーリーガー」にはなれないんです。１Ａ、２Ａ、メジャーと3段階です。１分間に３６０個盛り付けできる人がザラにいます。ですから、３０００食を12～13分で仕上げることもできるんです。

楠木　ものすごい早業ですね。でも、メジャーリーガーも、最初からできたわけではないですね。

菅原　競って技術を上げています。盛り付けが難しいのは、カレーなどのルーもの。１ｇでも大目に入れちゃうと、

1日6万食だけに6万g＝60kg違ってきますからね。ばかにできません。

楠木　廃棄率が低いのは、予測より少な目に作り、注文数が確定したら不足分を作る仕組みだからということはわかりました。しかし、お客さんの所に12時までによく届けられますね。注文が来るのは10時。2時間しかない。

菅原　ドライバーは、早い者だと朝7時半に出社して8時には配送に向かっています。

楠木　受注生産、受注販売にもかかわらず、注文が来る前に出荷している。これが非常に面白い。ドライバーが運ぶ弁当の数は、誰がどう決めるんですか？

菅原　ドライバーは、前日のうちに予測しておいた数を持っていくか、あるいは少し多めに持っていくか、自分たちの上司であるエリアリーダーと相談して決めます。

楠木　一人ひとりのドライバーが自分の意見を言うのですね。

菅原　そうです。ピタッと予測を当てるドライバーはそれだけお客様とコミュニケーションが取れている証拠です。予測がはずれるということは、それができていないことになる。

楠木　ドライバーが弁当を積んで車を走らせている間に、お客さんからコールセンターに注文が入りだしますよね。どの事業所にどれだけ配達するかは、どうやってドライバーに伝わるんですか。

菅原　携帯電話です。ここで活躍するのが、お客様からの注文を受け、現場のドライバーに伝達する事務員です。彼女たちもまた相当なスペシャリストなんです。事務員さんは、1人が最低3台の車、すなわち3人のドライバーの配達を調整します。彼女たちは、どの車がどこに向かっていて、何個の弁当を持って行っているかを完全に把握しています。もし弁当が足りなくなりそうならば、どのように受け渡しすればよいかを、エリアリーダーと共に調整するんです。たとえば11時に〇〇ビルの駐車場で待機し、××さんの車から何個受け取ってくださいというふうに。同じ地区を担当するドライバーでも、この人なら機転が利くから配達を先に終わらせて、ほかの人のフォローに回らせるとか、各人の適性を見ながら人を動かしていく。

楠木　電話オペレーターの仕事を超えて、もはや司令官ですよね。

菅原　ですから事務員さんたちは、ドライバーが無事弁当を配達し終える時間になると、私たちすごくない？って、「どや顔」になっていますよ（笑）。

楠木　電話注文のオペレーターは単調で機械的な仕事だと思われがちです。ところがここではドライバーを動かす業務とセットになって、時間どおりの配達を実現させる役割を担っている。こうした作業は、ITを使ってシステム化すればもっと効率的になるような気がしますが、どうなんですか。

菅原　実際にIT企業に来てもらいビデオ撮影して、ITに置き換えられないか検証してもらったことがあります。結果は、現状がいちばん効率的という結論になりました。システムでは再現できない人間の経験値があるんです。

楠木　究極の状況では、むしろアナログの方が速い。ニューヨークタイムズ紙も記事にしていましたが、玉子屋は「アナログキング」。その背景にはマルチタスクの仕事のやり方がある。電話オペレーターもさることながらドライバーもマルチタスクですね。弁当を配達するのはもちろんのこと、お客さんとのインターフェースとなる営業マンであり、需要予測をするマーケターでもある。

菅原　ドライバーは午前中に弁当をお届けし、午後には弁当箱の回収をしますから、1日2回、お客さんと顔を合わせるんです。一人で、配達と回収、代金の請求、そして集金まで全部やります。

楠木　弁当箱を回収するというのも、通常とは逆の発想ですよね。使い捨ては環境によくありませんが、普通ですと、使い捨て容器になるはずです。もう一度訪問して回収するのは膨大な手間がかかる。

菅原　ところがマーケティングを考えると、一方通行でないほうが圧倒的にいい。今日のおかずがよかったとか悪かったとか、直接、感想を聞くことができます。戻ってきた弁当箱を見れば、何が不評だったかも自ずとわかる。そうした情報は会社のホワイトボードに書いて、調理する側にフィードバックする仕組みになっています。

楠木　普通だとそうしたマーケティングデータをデータベース化して打ち込んで、いろいろと分析したくなりますよね。「30代の女性が多い職場はこんなメニューが好まれる」みたいなことをデータにする。そうしたことはしない？

菅原　いえ、しません。それはやってはいけないことなんです。そんなことをしていたらメニューが廃れていくでしょうね。

楠木　アナログの手数で集めた経験値をブラッシュアップしてったほうがはるかにいい？

菅原　そうです、そうです。

楠木　メニューは誰が決めるんですか？

菅原　今も原案は、創業者である会長（菅原社長の実父）が2週間ごとに決めています。季節感などを考慮しながら、長年の勘と経験で、どんなおかずの組み合わせがよいか、いつも考えているようです。ただし仕入れ担当や調理担当などの担当者で会議し、メニューの半分くらいは変えていきますけどね。会長の案を具体的に落とし込むのは下の者です。それと、会長（1939年生まれ）に万が一のことがあることを考えて、別の者にも必ずメニューを作らせています。幸い、そちらを使うケースはまだありませんが。

楠木　影武者がいる（笑）。それにしても玉子屋は、社員1人ひとりに権限が委譲されていますよね。現場での裁量が大きい。

菅原　時には、上司よりも部下の権限が上回ってしまう場合もあります。だからこその失敗もありますが、その失敗を分析することで、またイノベーションを起こすことが出来るんです。この仕組みの中で仕事をすると、従業員がみな、今日はやったぞという実感が味わえるんですよ。今日の自分の仕事がイケていたかイケていなかったかが、他人からもすぐ分かる仕組みですし。そうすると、夕方の仕事終わりにビールを飲むときに、「あー、今日は俺やったんだ」とか「明日はもっと頑張ろう」なんて思えるでしょう。

うちでは雇用形態に関係なく、能力のある人が、それにふさわしいポジションに就きます。ドライバーには正社員もいるしアルバイトもいて、アルバイトがドライバーをまとめる班長になることもある。会長からは「とにかく原価をかけろ」「従業員の給料はいっぱい払え」ということの2点だけは守るように言われています。

楠木　お話をうかがっていると、一見何の変哲もない仕出し弁当の事業の背後にうならされるような優れた戦略ストーリーがある。短時間に調理できるのも430円の弁当1種類だからこそ。毎日の注文と配達なので、精度の高い予測によって極端に低い廃棄率が可能になる。そして配送もすべて自前だから、柔軟な体制を組むことができる。わざわざ弁当箱を回収しに行くとか、ITに頼らず人の能力を最大限生かすとか、一見すると非合理的な要素が入っているけど、それがすべてつながって、顧客に対する独自の価値を生み出している。最後に、今後の長期戦略について聞かせてください。

菅原　ここ数年は、団塊世代のリタイア、リーマンショック、大震災などの影響で既存顧客が減少しています。このまま何もしなければ、顧客はますます減っていくでしょう。まずはプラスアルファの顧客を開拓しなければいけません。ですがどんどん増えればいいとも考えていません。1日に6万～7万食出る現在の状況が続くのが最適です。成長志向というより、お客さんに喜ばれ、従業員が生き生きと働くことが何より大切です。

２０１４年2月

矛盾を矛盾なく乗り越える（元カカクコム社長　田中実氏との対談）

カカクコムはきわめて堅い収益性を誇る優良企業だ。祖業の「価格.com」はもちろん、同社が手がける「食べログ」にしても、現在では消費生活のインフラになった感がある。

しかし、インターネットビジネスの場合、ユーザーを集めるということとビジネスとして長期利益をものにすることとの間には大きな隔たりがある。ユーザーにとって便利な情報を提供しても、ネットである以上、ユーザーである消費者から直接「情報料」を得ることは難しい。「消費者一人勝ち」で、ビジネスとしては成り立たないというネットビジネスによくある成り行きとなる。一方で事業収入を求めて企業からの広告を重視すると、カネを出している企業の都合が優先し、消費者にとっての情報価値や使い勝手が犠牲になる。ネットの情報サービスには常にこうしたジレンマがつきまとう。

「価格.com」「食べログ」というサイト名を聞いただけで、このジレンマをまるごと抱えているように見える。カカクコムはどのような戦略ストーリーでこの矛盾を克服しているのか。

楠木　カカクコムの登場は日本人の買い物のスタイルを変えました。どうやってカカクコムが売り上げを得ているのか。そこから教えてください。

田中　一般のユーザーからはおカネをいただいていません。「価格.com」のサイトだと、クリック数や販売実績に応じた掲載店舗からの手数料や、ブロードバンド回数の契約や資料請求などに連動した手数料、それにバナー広告などが主な収入源です。「価格.com」とは別に飲食店の評価サイト「食べログ」もあって、こちらは飲食店からの広告収入ですね。

楠木　どうにも不思議なのは、最安値を提示する業者には客が買ってくれるから出店するメリットがある。でも2番手以下の店にどんなメリットがあるかということです。

田中　たとえば楠木先生がニコンのある型番のカメラを検索しますよね。そうすると安い順にずらりと並びます。でもその値段とランキングはつねに変動しているのです。それに同じニコン製であっても、ある型番はAという店が安いけど、別の品番ではBの店が安いのが普通です。カカクコムでは1800くらいの業者が最安値を競い合っていますが、メーカーや型番などによっても住み分けがあるのです。

楠木　その価格はカカクコムが調べているのですか。

田中　違います。出店の際にＩＤとパスワードを渡します。出店業者が値段を入れると、自動的にランキングに組み込まれる仕組みです。消費者は値段や口コミ（「クチコミ」）での評判などを読んで、購買を検討する。その店で買いたいと思えば、「ショップの売り場に行く」をクリックします。こうした「送客」に対して対価をもらうわけです。

楠木　でも最低価格を競うこのやり方は、業者にしてみれば自らの首を絞めることになりませんか。確かに価格は消費者にとって買い物をする時の最重要情報。でも、同時に単元的な指標だから、売り手からしてみれば一番以下のお店は嬉しくない。しかも一番のお店でもずっと一番でいるためには価格を下げる努力をしなければならない。

田中　確かに、うちは小売りの価格競争をあおる存在です。出店業者からすると、カカクコムは見込み客が来るのはうれしい反面、価格で相当ハードな努力をしないといけない。つまりカカクコムはお客さんである業者に対しつらいことを強いながら、おカネをいただくという、非常に矛盾したビジネスモデルです。「田中なんか死んじまえ」と思っている人も多いはず（笑）。

楠木　普通の会社は自分たちにおカネを払うお客さんを見て商売しますよね。ところが、カカクコムはお客さんである出店業者からおカネをもらっておきながら、悪いレビュー（評価）も平気で載せている。

田中　そうです。恩恵があるのは、あくまで消費者です。

楠木　それなのに、なぜ出店してくれるのか。あからさまな矛盾をカカクコムは克服している。そこが興味深い。

田中　カカクコムへの出店業者には2種類のプレイヤーがいます。一つはアマゾンや楽天、ヨドバシカメラのような大手業者。もう一つは、秋葉原や大阪・日本橋の現金問屋です。カカクコムで最安値を提示するのは、こうした中小零細の問屋さんです。こうした店がゲリラ的に安い値段を仕掛けて客を引っ張り、売りさばくんです。

楠木　なるほど。従来だと小さな問屋は、「ニコン一眼レフＤ７０００　10台限り」と店先に張り紙をするだけだったのが、全国のお客さんを相手に安売りで商売できる。

田中　カカクコムはパソコンと家電のコーナーを見に来るユーザーだけでも、月間８００万人から９００万人います。「食べログ」に至っては、月間４０００万人が見に来ている。こうしたサイトに来るユーザーは、カメラを買いたい、今晩銀座で食事したい、といった具体的な購買意欲が高い人たちです。ですからコンバージョンレート（サイトを見て実際に商品を買う割合）が非常に高い。

楠木　言われてみれば当たり前ですが、見に来るお客さんのマインドセットがほかのサイトとはだいぶ違う。カカクコムは「よく温まった客」を大量に持っている。だからマスマーケティングができない中小業者にとって、ありがたい存在になっていると。

田中　圧倒的な消費者のパワーを持って大量に客を送り込むことによって、ある意味、数で倒していくやり方ですね。中小業者がカカクコムへの出店をやめてしまうと、売り上げが減ってしまうから、カカクコムから離れられなくなる。僕はこれを「カカク・アディクト（中毒）」と呼んでいます。

でもカカクコムの出店料はアマゾンや楽天と比べて、３分の１から５分の１程度です。だから同じ業者の同じ商品であっても、楽天に出している価格のほうが高いこともあります。ですから、カカクコムのやり方は、店の体力をあまり奪わず、サステナブル（持続可能）にしている。それこそがうちの真骨頂だと自負しています。一方、大手の販売業者は最安値ではなくとも、在庫の豊富さや保証の充実などから、そこから買う人もいる。だから最安値の店ともうまく共存できるわけです。

楠木　きめの細かい比較可能性を維持するためには製品の特徴をよく理解して、うまく分類できないといけませんね。これは相当な知識がないとできない。私はオーディオが好きなのですが、かなりマイナーなスピーカーを探すと、ちゃんと載っている（笑）。仕事が細かいですね。

田中　スペックにはこだわっています。新しい製品が出ればデータはすぐに手入力しています。たとえばデジカメだと、何ピクセルとかバッテリーはどのくらい保つかとか、毎日すごい量を入力している。ですから条件検索も簡単にできるわけで、かなりマニアックな作りになっている。そうするとコメントを書く一般のユーザーも製品に詳しい人が集まってくるという好循環になります。

楠木　相当な手数をかけている。

田中　そうです。グーグルのように全部を検索エンジンで、ものを作り上げるような文化に対して、うちは手間暇をかけた労働をいとわない。どんな情報を入力するか。情報の構図を決めるのは最初の入り口を決めるのがすごく大事で、どんな階層を作っていくか、どんなタグを付ければ選びやすいかについて、ものすごく凝っていると思います。

それができるのも、カカクコムに熱いおたく集団がいるからです。うちには、「競合とどう差別化するか」というたことを、ビジネススクール的なアプローチで分析するようなのはいないんです。それに何の技術も特許もない。でも、カメラならカメラ、オーディオならオーディオ、「食べログ」ならレストランに誰よりも詳しいマニアがいる。このことが他との差別化になっている。

楠木　それはおもしろい。それにしても、なぜ圧倒的な数の消費者をサイトに呼び込むことができたのでしょう?

田中　それは、この会社の生い立ちと関係すると思います。カカクコムは、パソコン周辺機器メーカーのメルコにいた槙野光昭さんが1997年に創業した会社です（注：槙野氏は上場後に全株式を売却し経営から離れ、現在は無関係）。その槙野青年は秋葉原を担当する営業マン時代、安い商品を求めて店をはしごする一般のお客さんを見ていて、安売り情報を提供すれば喜ばれると思いついた。それで自分で一軒一軒店を訪ねては価格を調べ、エクセルのシートに貼り付けていった。つまり、価格を見せるというのがそもそもの始まりなんです。

事業拡大のきっかけになったのは2000年代前半のブロードバンドの普及です。ブロードバンドが爆発的に伸びる一方で、ネット接続業者の料金体系が複雑でわかりにくかった。消費者はどこの業者を選べばいちばん得かわからない。だから条件を同じにして、わかりやすく比較して見せたのです。ですから03年に東証マザーズに上場したときには、「ブロードバンド戦争があったからこそ上場できた」といわれました。ブロードバンドの前には、固定電話のマイライン競争というのがあって、これを比較して「見える化」していました。

楠木　今だと携帯電話がその最たるものですが、消費者は自分の知らない余計なサービスにまで加入させられている。そもそも、売る側だって、どこまで料金体系を理解しているのか疑わしい。

田中　そうですね。ただし、このビジネスモデルはすぐにマネタイズできるわけではなく時間がかかります。食べログは05年に始めましたが、店からの課金は月間ユーザー数が１０００万人を超えてからです。それまでは、掲載する店の数を増やせ、口コミを増やせ、写真を増やせということに注力してきました。でも、誰もやりたがらないからこそ、いったん成功すれば参入障壁になる。「価格.com」が稼ぐキャッシュフローがあったからこそ、それを食べログにつぎ込む体力があった。「株式会社食べログ」を一から作っていたら、その会社は倒産していたはずです。

僕らのＫＰＩ（重要業績評価指標）って、食べログだと掲載されている飲食店の数、使っていただく人数、レビュー数などですが、５年後にどのくらいの数にするという目標は立てますが、売り上げや利益の計画はあえて立てないんです。

楠木　飲食店の評価サイトだと、普通はまず店から広告を出してもらうことを考える。

田中　でもそれをすると店側に「あの悪口を削ってよ」って言われると、プレッシャーに負けちゃいますよ。でも僕らは、競合の３分の１か４分の１しかもらっていませんから厳しいコメントも載せられる。良い評判も悪い評判も両方載せる。そうすれば読者も増えていって、サイトの価値は自ずと上がっていきます。

楠木　料金やサービス内容を知りたいのは家電やパソコンだけでなく、まだありますよね。

田中　僕はインターネットの世界を三つのレイヤーに分けて考えているんです。第１は、グーグルやフェイスブックといった、パソコンのブラウザを立ち上げて最初にいくサイト。第２は、カカクコムのような目的が明確な人が、その情報を求めて検索しにくるサイト。第3が、カカクコムや食べログがお客を送り込むコマースサイト。家電なら秋葉原の問屋だとか、旅行ならＪＴＢといった業者です。うちはコマースはしませんから、倉庫もいらない、物流網もいらない、決済もいらない、軽いビジネスモデルです。

楠木　その軽さゆえ、少し気を抜くと「いらない存在」になってしまう。

田中　うちとしては、消費者がグーグルからアマゾンにとか、ヤフーからレストランにと、直に行かれるのが非常に困る。それを防ぐにはいかに付加価値を付けられるかで、その価値を出すにはやっぱり熱い連中を雇うしかないんですよ。だから僕は、この領域（商品）は事業として可能性があるから、お前やってみろとは言わないんです。熱くないやつに命じても差別化できないので。

楠木　その道のマニアが手を挙げるのを待つしかない。

田中　そうです。誰かが提案してきたら「よし、行こう！」と言うのが仕事です。

楠木　お話を聞いていると、田中社長にはいわゆる「急成長ネット企業の経営者」のもつイケイケの感じがなく、会社の弱いところやリスクを潰していく冷静沈着な経営者の印象を受けます。

田中　銀行員時代にいろいろな会社を見てきた経験から、弱みの補完やリスク管理は得意です。だけど、強烈なリーダーシップがあるわけではない。僕ができる最大のことは、社員が喜びを見出す環境、働きやすい環境を作ることくらいです。

楠木　ネット関連で、創業者が社長じゃないのも珍しいですよね。

田中　創業者が社長だと、社員は上を見て仕事します。ところがこの会社は、創業者が上場した後に、いなくなった。幸か不幸か、今のような経営スタイルにならざるをえなかった。

楠木　創業者はよくも悪くも、つねに新しいこと、面白いことを追求する人種です。一方、田中社長が率いるカカクコムは、同じことをマニアックに続ける。そして、その面倒くささ、大変さこそが、後発が参入しにくい障壁になっている。いわば、カカクコムはネット業界では珍しい農耕民族。
田中　そりゃ、私の名前が田中実。英語だと、ライスファームの真ん中のハーベストですからね（笑）。
楠木　仕込んで仕込んで、刈り取るまで我慢。このスタイルが数多くのネット・サービスからカカクコムを差別化している。お話を伺って、カカクコムのダントツな高収益の理由がつかめてスカッとしました。

2013年5月

働く株主（みさき投資社長　中神康議氏との対談）

20年間のコンサルタント経験の後、投資の世界に

楠木　中神さんはもともとコンサルタントとしてキャリアをスタートさせていますね。
中神　そうですね。大学を出てすぐ経営コンサルティング業界に入りました。当時のアーサー・アンダーセンのコンサルティング部門（現・アクセンチュア）です。
楠木　いわゆるひとつの「外資系コンサル」。それにしても不思議なのは、何でみんなコンサルティング業やコンサルタントを「コンサル」って短縮するのかな。アカウンティングは「アカウン」にならないのに。わりと下品な語感の言葉ですよね、「コンサル」。
中神　当時はまだそういう職業があるということも知られていなくて、みんなから「何だ、それ!?」って言われました。今もそうかもしれませんが、銀行とか、商社とか、損保会社に行くのが正しい就職だと思われていましたから。
楠木　中神さんは僕と同い年で、1964年生まれですね。なぜコンサルティングの仕事を選んだのですか。

中神　「人に人生を左右されたくない」というのが、仕事を選ぶ際の大原則だったんですよ。僕の父親は建築業界で働く普通のサラリーマンだったのですが、まさに高度成長時代の転勤族でした。長期の単身赴任もしていました。それを見ていて思ったのですが、勤め人って悪い言い方をすると、人に人生を左右されてしまうんだなと。「今度はこっちの現場に行け」とか、「今度は経理部に行け」とか。

楠木　会社の都合に左右されてしまうと。

中神　自分の人生なのに、自分で決められないことも多い。与えられた場所で「一隅を照らす」のも確かに素晴らしいけれど、僕は人に自分の人生を決められる生き方は無理でした。僕は文系だったんですが、文系には自分の人生を自分で決められる仕事が弁護士か会計士くらいしかないのかなと思っていました。でもどちらも自分には向いてなさそうなので、何か他の専門職はないのかな、と思ってたんですよね。そのとき、たまたま、おじの会社のコンサルタントと知り合った。この人がむちゃくちゃカッコよかったんです。ヨウジヤマモトの顧問をやりながらヨウジを実際に着こなして、ニューヨークのど真ん中に事務所を持っていたりして。

楠木　それはカッコイイ。話はそれますが、ヨウジヤマモト、今ではわりと年配の人が着るブランドのように思われていますが、僕は今でも日本の女性が一番カッコよく見える服はヨウジヤマモトだと思っています。最高にクール。ヨーロッパやアジアではヨウジヤマモトは人気が根強いですね。で、話を戻しますと、その方は個人の独立したコンサルタントでいらしたんですか。

中神　そうです。もともと大手の外資コンサルティング会社にいて独立された。それを見て僕は、「すごいカッコいいな、こういう仕事があるのか」とがっつり影響されました。

楠木　わりとミーハー（笑）。それでアクセンチュアに行った、と。

中神　アクセンチュアに2年ちょっといて、それからビジネススクールに行ったんですね。向こうでは当時スタンフォードのビジネススクールにいた経営共創基盤の冨山和彦さん（現・会長）に会って誘われて、CDI（コーポレイト・ディレクション）に入りました。

楠木　コンサルティング業界で相当に長い間お仕事をなさった後に、投資というか資産運用の世界に移られたのは、どういう動機があったのですか。

中神　僕は約20年弱コンサルティングしかしたことがなかったんです。でも20年もやると、本当に経営者とがっちり組んでいい仕事ができることが何回かある。すると大きく会社が変わる。会社が変わると価値が上がる。価値が株価につながって、「こんなに株価が上がった！」ということが何度かあったんです。

楠木　最初はある独立系資産運用会社とジョイントベンチャーをつくって新ファンドをスタートし、２０１４年にはそのファンドのコアメンバーたちと一緒に独立して今の「みさき投資」を創業した。

中神　正確に言うと、「みさき」をつくったのは２０１３年の10月です。でもファンドが立ち上がったのはその約1年後の２０１４年10月ですね。

楠木　中神さんのやっているファンドとか資産運用というのは、どういうお仕事なのか、読者に説明していただけますか。言葉としてはよく聞くとしても、その具体的な中身となるとよくわからないという人も多いと思います。

中神　一般論としては人からおカネをお預かりして、それを運用していくのが資産運用業です。預かったおカネは債券で運用することもあるし、不動産や株式で運用することもある。現在、僕たちは上場株式で運用しています。

楠木　株式の運用のスタンスにもいろいろありますよね。

中神　そうですね。たとえばアクティブ運用とパッシブ運用があって、市場全体の動きを表す日経２２５や東証株価指数（ＴＯＰＩＸ）などのインデックスに追随するのがパッシブ運用です。本当にまったく同じ動きを再現しようとします。その一方、アクティブ運用というのがあって、これはたとえばＴＯＰＩＸをベンチマークにして、ＴＯＰＩＸに勝つことを目的にします。許されるリスク量の中で、ベンチマークに勝った、負けたを競う運用です。これは結構いっぱいあるんですよね。

楠木　いわゆる「ファンドマネージャー」が投資対象を組み合わせたポートフォリオをつくって、売り買いの判断をして運用していく。これが一般的な「アクティブ」のイメージですね。そこで判断という仕事をする分、パッシブと比べると、運用会社は、当然、より高い手数料を取る。

中神　おっしゃる通りです。

楠木　アクティブ運用の手数料というのは、大まかに平均を言えば何%ぐらいなんですか。

中神　僕はやったことがないので正確にはわからないんですけれど、僕が聞いている範囲では、日本株のアクティブ運用だと、40ベーシスとか60ベーシスが管理報酬としてもらえるようです。

楠木　「ベーシス」って、普通の世界では使わない独特の単位ですよね。

中神　そうなんですよ。僕も正直、この業界に入って初めてそういう単位があることに面食らったようなわけで……。ベーシスというのは0・01%です。1%は100ベーシスなんです。要は管理報酬が30ベーシスだとすると、100億円お預かりした場合、3000万円もらえる。

楠木　前々から不思議だったんですが、何で投資とか運用の世界では「ベーシス」って言うんでしょうね。普通はパーセンテージで言いますよね。

中神　せめて「1・2%」とかね。でもそれを「120ベーシス」と言うわけですよ。僕もその理由を考えましたが、皆さんが一般的に感じているのとは違って、資産運用業というのは、言葉の本来的意味において、付加価値が薄いということじゃないかな、と。改めて考えてみてください。資産運用業、特に上場株式の運用って、誰でも買える「上場株式」というものを、誰でも同じ値段で買うしかない。売るときだって、みんなと同じ値段で売るしかない。バイイングパワーも、セリングパワーも持ちえない。しかも、その売り買いの間に、自分たちが付け加えられる価値はほとんどない。

言ってみれば、誰でも仕入れられるナショナルブランド製品を、なんのバイイングパワーもなく買うしかなくて、しかも、その製品に何か付加価値を足すこともなく、そのまんまみんなと同じ値段で売らなければならないわけでしょ。実業の付加価値の厚さとはまったく違う構造です。

楠木　面白い。そこに人間の本性が出る。「120」と言ったほうが「1・2」より何か重要なことをしているように聞こえるから。

中神　そうですね。製造業でもサービス業でも、実際にモノをつくってそれを売り買いするような普通の事業会社では、ベーシス単位で成り立つものなんかまず存在しないでしょう。でも資産運用業界は、動かすおカネが大きいから0・01％でもやっていける。だけどその裏返しで本来的な付加価値は非常に薄い、ということじゃないかなと思います。

楠木　儲かっている事業会社だと、営業利益率が2000ベーシス。なんか、ものすごいことになっている気がする。

中神　そうです。だから僕はよく、「国は何もせずに税金で5000ベーシスも取っていく」なんてことも言いますよ（笑）。

パッシブは「お澄まし」、アクティビストは「豚骨」

楠木　アクティブ運用をする人たちは、少しでもインデックスを上回るように一生懸命頑張る。その頑張りに対して、お客さんは手数料を払う。これには成功報酬という要素も入るんですか。

中神　アクティブの世界ではほとんどないですね。

楠木　ということは、お客さんがこの人に運用してもらおう、この金融商品を買おう、このファンドに投資しようと決めた時点で、もうフィーを払わなきゃいけない。

中神　そうですね、その時点でというよりも、管理報酬を何％かずつ毎年払う、その何十ベーシスかを本当にこのファンドに対して払ってよいのかという意思決定ですね。

楠木　中には「アクティビスト」として有名な投資家もいますよね。伝統的なアクティビストというと、どんなイメージがありますか。

中神　やっぱり昔で言うとスティール・パートナーズとか、最近で言うとソニーやファナックで有名になったサード・ポイントのダン・ローブとか。

楠木　つまり、単に投資をするだけじゃない。これまで話してきたアクティブ運用よりも、もっと「アクティブ」になる。

中神　いわゆる「もの言う株主」というやつですよね。経営に意見を言う。「この遊休資産は売るべきだ」とか、「もっと株主に利益還元するべきだ」とか。

楠木　つまり伝統的なアクティビストは、今すぐその会社の株価を上げるための提案をする。投資家にとって、より「そそる」会社にして株価が上がるよう、会社の経営者に直接働きかける。ここまでアクティブになると、商売の収入は、手数料に加えて成功報酬が入ってくるのですか。

中神　そうですね、さっきの管理報酬に加えて、だいたい成功報酬がつきますね。

楠木　成功報酬はどういう基準ですか。

中神　少し昔の話ですけど、「2の20」というのがよく言われていて。まず管理報酬が200ベーシス、2%です。これが2の部分。20というのは何かというと成功報酬で、たとえばファンドに100の価値があったとします。でも一生懸命アクティビストが頑張って企業に配当させたので、120になりました。だから、この20上がった分の20%をくださいねということで、4をもらいます。こんなふうに成功報酬があると全然違う儲けの構造になるんですね。

楠木　資産運用というと何か特殊なことをやっているようだけれど、仕事に対する値段のつけ方は、世の中の原理原則に沿っていますね。まったく投資をしない状態を真水だとすると、パッシブというのは味が薄いお澄ましみたいな感じ。透明な昆布だし。それがアクティビストになるとだんだん濃くなってきて、「もの言う株主」なんかもう豚骨並みにドロッドロ。手をかけた分、管理報酬プラス成功報酬も取れる。その代わり大変さも増すということですよね。

中神　そうですね、そっちの世界は大変ですね。

「もの言う株主」と「働く株主」の違い

楠木　中神さんが始めたみさき投資は、見かけ上はアクティビストですね。経営に直接働きかけるわけですから。ところが実際は従来のアクティビストとは戦略が全然違う。みさき投資のコンセプトは「働く株主」。これが何を意味するのか。「もの言う株主」との対比でお聞きするとわかりやすいと思うのですが。

中神　申し上げた通り、僕はずっと経営コンサルタントの仕事をしていて、会社の経営を少しでもよくできないかということに自分の職業人生を捧げてきちゃったんですよ。それが一番やりたいことだし、いまだに大好きだし。だから今も投資家ではあるけれど、経営を少しでもよくしたいということに全力を注ぎたいと思っているんです。そして、経営が良くなれば会社の価値は上がり、リターンが生まれるでしょう。

楠木　ということは、もともとの経営コンサルタントのお仕事と今のお仕事は、連続しているということですね。

中神　僕の中では、めちゃめちゃつながっています。まったく同じだと思いますね。

楠木　普通、コンサルタントというのは、クライアントである会社や経営者に対して価値を提供する。経営者側を向いている仕事。それに対して従来のアクティビストは、徹頭徹尾、投資家のほうを向いている。株主の代理人として、会社にものを言うわけですよね。

中神　もちろんわれわれも直接的におカネをいただくのは投資家なので、投資家のために働くんですけれど、利益を得るまでの道筋がちょっと違うというんですかね。

楠木　つまり、みさき投資にとって投資家の得るリターンは、あくまでも会社の経営が良くなったことの結果。

中神　そうですね。会社が良くなったことの結果です。

楠木　考えてみれば当たり前の話なのですが、そこが伝統的なアクティビストとは違いますね。手段と目的の関係が逆になっている。普通のアクティビストは、投資家がより高いリターンを得るのが目的で、その手段として会社を変えようとする。そのためには、わりと即効性のある手法を用いる。

中神　僕たちは、逆で「会社の経営が良くなれば、投資家に対するリターンも、必ずついてくる」という考え方です。今の話を聞きながら思ったのは、主従関係の違いなのかもしれません。普通のファンドはあくまでもお客さんが主で、お客さんにリターンを届けるのが目的です。企業は従であって、そこを叩くなら叩く、株主の権利を強硬に主張する。それでリターンをお客さんに届ける。

楠木　だから極論すれば、主である株主のニーズを満たすことができるなら会社はどこでもいい。アクティビストとして一番高いリターンを得られる会社がいい会社。

中神　そうですね。だから普通のアクティビストにとって、会社というのは材料なんでしょうね。

楠木　自分たちの商売に必要な素材というか原材料。

中神　僕は20年間、経営者がお客さんである仕事しかしたことがない。だからお客さんである経営者が喜ぶことをやるのが、僕の仕事そのものであり、それはとりもなおさず会社が少しずつ良くなるってことだと思うんです。それさえしていれば、結果として投資家も喜ぶという順番ですね。

楠木　「働く株主」というのは、投資家のために働くというよりも、むしろ会社の経営者に対して働く。でも一口に「働く」といっても、実際にその会社の社員になって、事務処理したり、営業の外回りに行ったりするわけじゃないですよね？

中神　じゃないです（笑）。具体的に言うと、プロジェクトをやるんですね。会社を少し良くするような。

楠木　それはコンサルティングのプロジェクトと同じようなことをするわけですか。

中神　もう本当に同じですね。

楠木　ただしその場合、コンサルティングフィーは発生しないわけですよね？

中神　発生しません。

楠木　ということは、もし意思がうまく合えば、経営側は無料でコンサルティングを受けることができると。

中神　そうですね。でももちろんそこには違いがあります。僕たちとコンサルタントとの違いは、コンサルティングを受けるお客さんというのは、お客さん側にすでに問題意識があることが前提なんです。

楠木　お客さんからある問題を解決してくださいと頼まれるわけですからね。クライアントから発注があって仕事が始まる。

中神　そうです。ですからコンサルティングは基本的には受け身な受注産業です。お客さんのほうに事前に問題意識がない限り、こちらから押しかけて売り込んだってダメ。一方、株主というのは、一般に何も役割を期待されていない人です。普通の投資家は、業績の質問をしたり、文句を言ったりするだけです。それなのにわれわれは、勝手に会社を分析して、「もしかしたら御社の経営はこうしたら、もっと良くなるんじゃないですか」と所見を持っていくんです。

楠木　伝統的なアクティビストは「自社株買え」とか「リストラしろ」とか「配当増やせ」とか「この事業から撤退しろ」とか、マイナス点を減らすような提案をするのが普通です。これに対して、みさきは「もっとこういうことをしませんか」というプラスをつくっていくような提案をするということですか。

中神　そうです。もちろん、マイナスを減らす提案をすることがまったくないわけではないですが、表面に見える事象だけを取り出して経営者に文句をつけても問題は解決しません。赤字事業を抱えた会社であれば、むしろその根っこにある、赤字事業を放置している意思決定の仕組みや経営のプロセス、組織文化にまで踏み込んで理解し、提案していかなければ会社は動かないです。ただ、これは大変なので、僕たちはいい会社をさらに良くしていくプラスの提案のほうが多いですけれどね。

楠木　一方で、従来のアクティビストにとって、いい投資対象になる会社というのは、どういう会社ですか。

中神　典型的には本業はあまりよろしくないんだけれども、過去に儲けた資産とかキャッシュがたんまりあって、株価はめちゃくちゃ安いというような会社ですね。

楠木　「イイ感じに悪い」会社（笑）。

中神　そう、こういう会社に限って株価も安いので、ガバガバ買って大株主になって、圧力をかけて吐き出させようとする。

楠木　これに対して、みさき投資が一緒に「働く」のは、普通のアクティビストからすると全然おいしくない会社になる。みさき投資のスタンスからすると、普通のアクティビストが投資するような会社というのは、まるで芽がないということになりますね。

中神　全然面白くないですね。と、今ではそう言っている僕らも、実は10年前に投資業界に来たときには、投資仮説が2つあったんですよ。ひとつは、経営があんまりうまくないのかなと思う会社に行って、「僕たちが筆頭株主になるから、僕たちと一緒に改革をやりましょう。こんなに実績もあります」と言えば、そういう会社に限って割安なので、ホントに会社を立て直せれば一気にリターンが上がるんじゃないかというのが、投資仮説（1）。

投資仮説（2）は、もともとすごくいい会社でいい経営者、いいチームなんだけれど、まだちょっとだけ惜しい、足りないところがある会社。たとえば、ちょっとマーケティング機能が弱いかな、とか、経営企画部が海外成長戦略をつくりきれていないのかなとか、CFO機能がちょっと弱いかもね、というような弱点を、われわれが少しでも補えるといいんじゃないか。これが投資仮説（2）。この2つの仮説があったんです。

投資業界に来て最初の1、2年は両方の仮説をやってみたんですが、投資仮説（1）はことごとくダメ。なんでダメかというと、こういう会社の経営者に限って、あんまりやる気がないんです。「まあ、いいじゃん。俺たち別に赤字じゃないんだからさ、放っておいてよ」みたいな感じ。

楠木　因果が逆なんですね。やる気がないからそうなった。停滞の悪循環に陥っている。それでもとりあえず食っていけるから、変わる必然性を感じない。

中神　その通りです。定番商品とか自社ビルとか土地とか、過去の遺産がいっぱいあるから、「そんな優れたコンサルタントとかいらないし」みたいな感じになっちゃうんですよ。

楠木　仮説（1）と（2）を実行してみた結果、投資仮説（2）が正しいことは経験的にわかってきたということですが、たとえばどんな会社のどんなところを補うんですか。具体的な例でお話ししていただけますか。

中神　そうですね。たとえば育児用品のピジョンさんの場合は、海外成長戦略をお手伝いできたのが、大きかったと思います。ピジョンは育児用品でシェア6割、7割を占めている超優良企業ですし、今ではグローバル化に成功した会社のひとつとしてだいぶ有名になりましたが、僕たちが最初に投資をした２００５年頃は、日本では赤ちゃんの数が減っているので、株式市場では「もう大きな成長は見込めない成熟企業だよね」と思われていました。でも元社長の大越昭夫さんと一緒に海外市場や競合を分析して計画を練り、実際に海外事業が伸びていったら、今や海外売上比率が50%を超えるまでになった。結果的には、時価総額が10倍にもなりました。

別の例では、大谷喜一さん（元社長）がやられているアインファーマシーズという日本最大手の調剤薬局チェーンでは、店舗生産性の改善が進んでいます。たとえば、店舗においている在庫を2週間分から3日にするとか、あるいはピーク時に50分弱あったお客さんの待ち時間を20分弱にするとか、薬剤師の処方せん処理枚数を26枚程度から30枚程度に持っていくというプロジェクトが進んでいるんです。

楠木　アクティビストもみさき投資も、経営者に働きかける株主であるのは一緒ですが、その筋道がまるで違う。

みさき投資は株主と経営者がまさに一緒になって働いた結果として、会社の業績が上がれば株価も上がる。必ずそうなるかどうかはわからないけれども、そうなれば投資家としてのみさきもそこで報われると。

中神　はい、そういうことです。

「経営」に興味がない投資家たち

楠木　今までの「もの言う株主」は、会社の経営そのものをよくすることには、ほとんどタッチしてきませんでした。でも小学生に言葉の意味などをよく説明したうえで、「〝もの言う株主〟ってどんなことをやると思う?」と聞いたら、むしろ中神さんが今やっているようなことだと答えると思うんですよ。すなわち会社に働きかけて、業績を良くする。すると株価が上がるので、投資家としての自分もリターンが得られる。こちらのほうが普通の発想ですよね。ところが、そういう意味での「働く株主」というのは、業界にはほかにほとんどいない。これはなぜでしょう。

中神　僕たちにもよくわからないんですが、パブリックエクイティ（上場株投資）の世界には本当にそういう投資家が少ないんです。ただ、プライベートエクイティ（未公開株）の世界では僕らと似たようなことをしている会社はありますよ。ですから投資対象は違うけれど、経営者と一緒になって働く、汗をかくというところは同じ。ところが上場企業が相手となると、途端に誰もいなくなっちゃうんですよね。最近は、僕たちと同じようなコンセプトで、アクティビストとは違うけれど、経営にいろいろな提案をするファンドというのが増えてきていますが、本当に経営そのものの改善を働きかけて、一緒に企業価値を上げていこうというところは多くないように思います。

楠木　それはなぜでしょう。取引される株の量は、上場企業のほうがもちろん多いわけですよね。

中神　めちゃくちゃ多いですよ。桁が三つ違うくらいです。日本の上場株式市場の全体時価総額は600兆円程度です。一方で、プライベートエクイティのほうは、国内の過去からの全部の投資案件を累積したとしても一桁兆円にも届くか、届かないかだと思います。

楠木　それにもかかわらず、なぜその主戦場でそういうことをやる人がいないのか。僕なりに理由を考えると、普通のアクティビストからすると、中神さんのやっていることは恐らく最もやりたくないというか、「非合理」なことに見える。従来のアクティビストも極めて賢い人たちですが、だからこそ見えないものがあった。「賢者の盲点」を突く。そこがみさき投資の戦略ストーリーの妙味だと僕は思うんです。仮に普通のアクティビストに、「こういう商売してみない？」と言ってみたら、「イヤなこった」という返事がすぐに返ってくるでしょうね。

中神　そうかもしれませんね。海外の投資家からは、「お前たちはそんな手間暇のかかる大変なことをよくやっているな」と、半ばあきれられた感じで驚かれます。

楠木　そもそもはたから見ていて僕が不思議なのは、資本市場で切った張ったやっているピュアなアクティビストって、実際のところびっくりするほどその会社の事業の中身について知らない。

中神　知らないというより、興味がないんじゃないでしょうか。

楠木　驚くほど興味がない。その会社がどうやって儲けていこうとしているのかとか、経営者の意図はどのへんにあるのかとか、まったく関心がない。これは小学生が聞いたらびっくりすると思いますよ。投資対象となる会社の商売の中身や、経営陣の意思に興味がないというのは、考えてみれば変な話です。発想と思考が資本市場の中で閉じている。やっぱり彼らの仕事の性格からして、ポートフォリオに含まれている数多くの会社を見なきゃならないし、四半期ベースで数字はくるくる変わっていく。稼ぐ力の中身なんかいちいち見ている場合じゃないよ、ということなんですかね。

中神　ひとつはそうだと思います。

楠木　あとは、決定的な問題として、商売の中身をよく知ったとしても、結局のところ、従来のアクティビストの戦略からすると、自分たちのパフォーマンスにとって、たいして影響はないということがありますね。

中神　そう。「そんなに調べ倒して、手間暇かけて提案したところでホントに儲かるの？　リターンにつながるの？」といったことはよく言われます。

楠木　事業の戦略と株価は、因果関係が遠いように思うんでしょうね。自社株を買ったり配当を増やしたり資産を売却したりすることで株価が上がる、これを仮に「近い因果関係」としましょう。一方で、中神さんのように経営者と一緒に働いてプロジェクトを動かしたとしても、本当に株価が上がるかどうかはわからない。たとえば、中神さんはアインファーマシーズという調剤薬局チェーンに投資しながら、改革支援も行っていますが、たとえ、患者の薬局での待ち時間を短くしたところで、一般の投資家からしたら株価が上がることの因果関係は見えにくい。つまり「遠い因果関係」ですね。

中神　遠く見えるんでしょうね。でもね、僕からすると実はすごく近い。なぜかと言うと、たとえば調剤薬局ビジネスというのは大病院の目の前に店を構えて、いわゆる門前薬局をつくりさえすれば基本的に儲かった。だから個別の企業がそれほど経営努力をしなくても良かった。

でも考えてもみてください。大病院に行って具合が悪いのに診察までに1時間も待ち、「3分診療」で余計、具合が悪くなり、命からがら処方せんをもらって出てきたら、また調剤薬局で40分以上待たされるなんて、患者側からしたらふざけるなって話ですよね。今やひとつの病院の前に、2～3軒は門前薬局がある時代ですよ。ということは、競争の軸としてはどうしても顧客満足度が尺度になってこざるを得ない。

あと薬局の在庫も2週間から3日程度に短縮する取り組みをしているのですが、それは、調剤薬局が成熟産業になってM&Aが成長の軸となっている時代を迎えているからなんです。在庫管理にムダがなくなれば、キャッシュフローがしっかり生まれて、いちいちエクイティファイナンスをせずともどんどんM&Aをしていくことができるわけですよ。これが2番目。

3番目は薬剤師の生産性を上げること。薬剤師は、2006年までは4年で薬学部を卒業できたんですが、6年制になったせいで志望者が減り、国家試験の合格率が下がってしまって薬剤師の採用がとても難しくなってしまいました。

しかも、経験を積んだ薬剤師は手に職があるので、もし職場が気に入らなかったら、どんどん他に移ってしまう。でもそこで現場の知恵を集めて職場を改善して、「みんなで、生産性を高めよう」と士気を上げると、あまり人が辞めない。そうするとせっかく教育した人を流出させずにすむし、新しい薬剤師を雇うのにヘッドハンターに採用者の年収の30％を払わなくていいわけですよ。このコストは調剤ビジネスにとってばかにならない金額なんです。

楠木　３０００ベーシス（笑）。

中神　そう、３０００ベーシスですから（笑）。こういう改善は、僕からすればストレートにビジネスのＰＬ、ＢＳ、あるいはキャッシュフローの向上に直結します。それですぐに株価が上がるかどうかはわかりませんが、長期的に見れば、株価は業績で決まる、業績は競争力の反映、競争力は経営力で形成していく、ということで、実は因果関係は相当近いと思います。

ＨＯＰな経営者

楠木　みさき投資が一緒に働きたいと思う会社の基準はどのように定めていますか？

中神　基準は３つあります。ひとつはなにしろ経営者。僕たちが一緒に働きたいと思う経営者かどうか。会社が持続的に良くなるには、経営者にある特定の資質が必要だと思っていて、それをわれわれは一言で「ＨＯＰ」と言っています。「Ｈ」はHungry（ハングリー）。会社をあともうちょっとでもよくするとか、成長させることに貪欲かどうか。情熱を持っているかどうか。「Ｏ」はOpen mind（オープンマインド）。相手が外部の株主だろうが、若造だろうが、業界の門外漢だろうが、「何かいいアイデアあったら教えてよ、俺はいい経営がしたいんだからさ」と言える人。「Ｐ」はPublic company（パブリックカンパニー）。「俺たちは上場している企業であって、一般の株主の老後資金をお預かりしているわけだから、未上場の経営者とはちょっと違うんだよね」という自覚のある人。とにかく自分の経営で成果を出したいと思っている。ピジョンの大越さんとか、アインの大谷さんなんか、完全に3つがすべて当てはまる人ですね。

楠木　つまり大越さんのような経営者はSHOP（ショップ）。スーパー・ホップの略。

中神　それ、面白い。使わせていただきます。それから「働く株主」は、成果が出るまでにどうしても時間がかかる。ということは、安心して長期投資できないと困ります。そのためには競争力が抜群に強い会社であることが前提です。これをわれわれは「競争障壁」と呼んでいます。ビジネスは競争ですから、みんなちょっとでもいいなと思ったらワーッと攻め込んでくる。だからちゃんと高い壁があって、「攻め込まれても全然平気だもんね」という会社じゃないと、僕らは長期投資できない。

楠木　持続的な競争優位を持っている会社ということですね。

中神　そうです。そこへいくとピジョンなど業界シェアが7割ですから、完璧です。

楠木　ピジョンがすごいのは、やっぱり時間をかけて、ほかがなかなかまねできない技術を開発しているところ。赤ちゃんにとって最高の哺乳瓶をつくるといったって、簡単にはできない。赤ちゃんは自分で意見を表明できないから。「どうこれ?」って聞いて、「ちょっといまひとつだな……」って言う新生児は絶対いない。

中神さんはそういう、こちらとして「働きがい」がある会社にしか投資をしないわけですが、それは投資対象をかなり絞ることになりますね。そういう会社がどこにあるか見つけるのだけでも大変ですし、かつ実際に投資するにしても、一緒に「働く」のはやたらと手間がかかる。そんなにたくさんの会社に投資できない。

中神　そうなんです。それが、多分ほかの人がやりたくないもうひとつの理由。アクティブ運用というのはだいたい200、300という会社に投資するわけですから。普通の運用プレイヤーからすると、分散するのは金科玉条なんですよ。

楠木　そうですよね。分散投資は投資技術の「いろは」の「い」ですよね。

中神　僕たちはそれに完全に背を向けて、10社から15社だけに賭ける。すると、僕らは大株主にもなるわけです。ピジョンだったら、15%くらいの株を所有していました。そうすると、これだけ大量の株は簡単に売れないかもしれない。周りの人たちも僕らがピジョンに投資していることを知っている。でもそうしたリスクを取るからこそリターンが生まれる。この2つは交差していて、こうやって経営者と同じ船に乗ると、経営者との信頼関係がまた強くなると思うんですよね。そこで、もし良い経営改善の提案ができて、「HOP」な経営者といい仕事ができると、ドーンとリターンが出る。

僕は世の中の儲けの源泉って、実は2つしかないと思っているんです。ひとつは、「働かざるもの食うべからず」。なにかに徹底的にこだわって、賭けるところには徹底してコストをかけないと付加価値はない。付加価値がないということは差別化できない。だから、しっかりと儲けるためには、どこかで手数を惜しまずにコストをかける必要がある。コストがプロフィットを生む、ということですね。もうひとつは、「虎穴に入らずんば虎子を得ず」。何かでリスクを取らなきゃ、当然リターンは生まれない。

楠木　ただし、誰でもコストはかけられるし、リスクを取ろうと思えば取れる。でもそこでかけるコストと、取るリスクをきちんとリターンにつなげていく。そこに戦略ストーリーの本領がありますね。みさき投資がターゲットにしている投資家、つまり金主はどういう人ですか。

中神　今までお話ししてきたように、僕らのやり方は、経営者と一緒に汗をかいて働いて会社の経営そのものをよくすることなので、それが株価に反映されるまでには、やっぱり時間がかかります。だから長期でわれわれのストーリーに賭けてくれる投資家じゃないと、お預かりしたおカネを生かせない。それから「働く株主」という独自スタイルの基礎には、一般的な「グロース投資家、バリュー投資家」という分け方で言えば、バリュー投資家であるというものがあります。そのバリュー投資スタイルに共感してくれないと困る。

楠木　グロース投資家とバリュー投資家、それぞれを説明してもらえますか。

中神　本来会社が持っている絶対価値に対して株価が価値を反映していない、今の時価総額が低すぎるからそのギャップに投資するというスタイルです。別の言い方をすれば、本当の企業価値で見ると割安に放置されちゃっているので、無理に今後の成長を織り込まなくても良くて、長期的に見れば本来的価値が時価総額という価格に反映されていくはずだというスタンス。これがバリュー投資家です。

一方でグロース投資家というのは、「これからは太陽光発電だ」とか、「ロボットだ」とかその時々のテーマを受けた飛躍的な成長や業績の伸張に期待する人たちです。今現在の株価は多少高くても、業績が伸びるんだから投資する。だから、思ったほど業績が上がらないと、ちょっと困ったことになって売らざるを得ない。単純化するとそんな投資スタイルです。

僕は日本の運用業界は、グロース派が多すぎるのではないかと思うんですね。そもそも経営者も成長神話を信奉しすぎている気もするし、質的進化を伴わなくてもとにかく成長さえすればいいんだ、みたいな考え方がまん延しているような気もする。もしかしたら、日本の国全体がいまだ高度成長時代の経営や投資を引きずっているのかもしれませんね。

でも、僕らは徹底したバリュー投資家で、われわれに投資する金主もだいたい企業価値を長期で見て投資する人が多いんですよ。この意識はすり合わせておかないといけないんです。そうじゃないと、僕たちも安心して長期で汗をかけない。

楠木　なるほど。ただ、客観的に言えば資産運用業界の参入障壁はたいして高くないですね。免許とかいろいろあるでしょうけれど、始めたければたいていの人が始められる。現実にプレーヤーの数はものすごく多い。それだけいろいろなプレーヤーがいながら、今までみさき投資のようなことは誰もやらなかった。その理由は、中神さんだけが知っている特別な知識とかものすごい技術とか、天才的な運用の才があるということではありませんね。

中神　絶対違います。

楠木　従来のアクティブな投資をやろうと思う人たちがやりたくないと思うことをやった。しかも単純に手数をかけるだけじゃなく、それを利益に転化するストーリーがある。これこそが稼ぐ力であり、優れた戦略の条件だと僕は思います。ところで、中神さんにとって、会社を大きくすることは重要な目標ですか。社員を増やせば投資先をもっと増やせるかもしれませんが、それは中神さんにとって重要なことなのかどうか。

中神　会社を大きくすること自体は、経営の優先事項ではありません。

楠木　そうですか。では、預かるおカネ、運用する資金は多ければ多いほどいいのですか。それとも、必ずしもそうではないのか。

中神　これも、多ければ多いほどいいわけではありません。資産運用業界ほど、規模の「不」経済を言われるビジネスはないんじゃないかと思います。資金規模が大きくなりすぎると、「そんなにたくさん投資機会はないでしょ」と言われるし、実際にそうなる局面が結構多い。だから僕なりにこのファンドの適正キャパシティの金額イメージはあるんです。でも一緒に働く会社の数は、10～15社というのはたぶん変わらないでしょうね。仮にうちの会社の人数がいくら増えようと、10～15社は変わらない。人数が増えたら増えた分だけ、もっともっと深くやりたい。

プロ投資家の存在理由

楠木　面白いですね。実際に投資する会社は10～15社でも、潜在的な顧客というか、手間暇かけて常時調べている会社というのはもっとたくさんあるわけですよね。

中神　われわれにはウォッチリストというのがあって、だいたい30～40社を常に見て、経営者とも議論しています。

楠木　会社の経営者からすれば、全然コンサルティング料を支払わないのに会社をよくするために「働いて」くれる。かつ、おカネも投資してくれる。単純にいい存在だと思うんですけれど、将来みさきに頼みたいという会社がいっぱい出てきたとしても、みさきの戦略からして「いや、ちょっと一緒に働けませんね」と中神さんのほうから断ることが多くなる。経営者が「うち、今度『みさき』が入ったから」と言うと、「おお、すごいね。よく選ばれたね」と言われるようになるのが理想の姿ということになりますね。

中神　そうですね。そうなれるといいですね。

楠木　みさき投資は去年（注・２０１４年）の10月から投資活動が始まって、いよいよ回り出したところだと思いますが、当分、正面から競争する相手は出てこなさそうですか。

中神　うーん、なんかどうもそんな感じですね。

楠木　みさき自体が「障壁ビジネス」であるということでしょうね。優れた戦略がどこから出てくるかというと、その人しか知らない特別なことを知っているとか、あらかじめ特殊な何かを持っているからではないというのが僕の考えです。それまでのその業界の「合理性」からしてそういうことはするべきじゃない、「非合理」だと思っていたことをするからこそ、新しい戦略が生まれる。それを「賢者の盲点」と呼んでいます。そもそも、投資や運用の業界は、十分に賢い人たちがそろっているわけですよね。

中神　そりゃもう、この業界には賢い人たちが大勢いますよ。

楠木　そういう何でも知っている賢い人たちが、ありとあらゆることを考え抜いている。それでも彼らからは自然と出てない何かが、優れた戦略だと思うんです。

中神　僕はファンドマネージャーという商売は、「そもそも、なんで自分はお客さまからおカネを預からせてもらえるんだっけ？」という原点を常に考えないといけない職業だと思っているんです。だって、上場株なら、わざわざファンドマネージャーに預けなくても、みんな株をやりたければ自分で買えばいいわけですよ。じゃあ、お客さまはなんでわざわざ僕たちに手数料を払って、運用を任せてくれるのか。本当はこれだけ情報が出回るようになれば、プロのファンドマネージャーの存在理由は薄れてくるじゃないですか。財務諸表とか統合報告書みたいなものも出てくるようになって、それに、もう何でも書いてある。

それでもあえてファンドマネージャーにおカネを預けるということは、そういった外形的な情報やデータに表れていないものをそのファンドマネージャーなら見えるからでしかないと思うんですよね。でも、すべてが外形的な情報になっていく中で、どこまで行っても見えない・見えづらい最後に残るものって、ヒトの頭の中、そのヒトの考え方・根本思想・哲学みたいなものだと思うんです。極論すれば、「経営者の頭の中」という目に見えないものを正確に深く理解しているということぐらいしか、ファンドマネージャーの存在価値はなくなってくるんじゃないかと思います。

楠木　なるほど。それが中神さんが以前からおっしゃっている「経営者と別次元の深い信頼関係になる」ということですね。

中神　そうだと思うんですよ。たぶん情報社会になればなるほど、独自のリターンの源泉ってそこにしかなくなるんじゃないかと思うんですけれど、どうでしょう。

楠木　その通りだと思います。他の人が知り得ない情報というと、今までは「インサイダー情報」という話になってしまう。ところが、今の中神さんのいう話は、経営者が自分だけにそっと耳打ちしてくれる情報ではない。もっと深いレベルでの理解ですよね。それを象徴的に言うと、「経営者の頭の中を知る」というようなことになると思います。

中神　あとは「事業の正確な理解」というのも、そうかもしれません。

楠木　それを僕にとって一番フィットする言葉で言うと「洞察」ですね。その事業の収益性とか競争力に対する洞察。

中神　そういう洞察力に長けたファンドになりたい、と思っているんですけどね。社名の「みさき」という名前には、実はいろいろな意味があるんです。３つの表の由来と、１つの裏の由来（笑）。

表の由来の1つ目は、「岬」というのは見晴らしがいい場所ですよね。山と海という大きな存在同士がドーンとぶつかって、こっちからもよく見える、向こうからもよく見えるところ。企業経営と株式市場も大きな存在同士なわけで、この2つが良い接点を持つ場所になりたい。海も山も荒れるときもある、企業経営もマーケットも荒れるときもあるけれど、常に見通しを冷静に広く遠く持って、岬にある灯台のように動かぬ羅針盤的な、しっかりした土台を株式マーケットにつくれるといいな、と。

２つ目は、美しく咲く「美咲」という意味です。美しく咲く長期投資の事例がつくれればいいなというのが２つ目。

もうひとつは、古い言葉ではみさきに「御先」という文字が当てられることもあって、これには貴人たちの先導役を務める、という意味があったらしいんですよ。われわれも新しい投資スタイル・新しい時代の先導役になれればいいな、というのが３つ目。

楠木　だから漢字を平仮名にしたんですね。もうひとつの隠された由来は何ですか。

中神　隠れたもうひとつの意味は、僕はサーフィンが「下手の横好き」なんですが、「岬」というのはいい波が立つ場所なんですよ。波というのは、常に岸に垂直に立つんです。だから湾になってると、波が分散して力の弱い波になる。でも岬には波が集まってくるから、盛り上がって高い波、きれいな波になるんです。

２０１５年６月

成婚率ナンバーワンの戦略ストーリー（ＩＢＪ社長　石坂茂氏との対談）

戦略で大事なのは「順番」

楠木　戦略とはあっさり言うと、競合他社との違いをつくるということです。ＩＢＪの事業領域である結婚相手紹介、婚活サービスは、今、注目されている業界だけに競合もたくさん存在します。ＩＢＪは他社とどのように違うのですか？

石坂　数ある婚活ビジネスの中でも、ネットとリアルなサービスを、きちんと複合的に展開できている点が一番大きな違いです。

楠木　ネットとリアルを融合し、相乗効果を出す――そう語るネット系の経営者は山ほどいます。その中にあって、言葉としては同じだけれど、ＩＢＪはストーリーの奥行きがまったく違いますね。

僕は〝相乗効果〟や〝シナジー〟といった言葉を連発する経営者はあまり信用しないことにしています。なぜなら、そう言う人の頭の中は、戦略ストーリーが「組み合わせ問題」になっているからです。結果的にはネットとリアルの融合ということになるのですが、ＩＢＪはお客の立場からさまざまなサービスをよく練り上げられた順番で組み立てている。戦略で大事なのは、組み合わせではなく、「順列（順番）」です。ＩＢＪはこの意味で優れた戦略ストーリーです。今年の僕の個人的な「戦略大賞」を差し上げてもいいぐらい。

石坂　ありがとうございます（笑）。

楠木　ＩＢＪは婚活サイトである「ブライダルネット」を２０００年に創業されたのが始まりですが、そこから現在の業態に至るまでの経緯をざっとお話しください。

石坂　私が日本興業銀行に勤めていた20代のとき、世の中にネットビジネスが誕生し、同時に会社がみずほ銀行になる話が出て、今、辞めないと辞める機会もないなと思い、独立しました。そして、ネットで何をやろうかさんざん考えた。でも、ショッピングモールや検索エンジンはもうあったし、僕はエンジニアではなかったから、情報課金できるサービスにしようと決めました。人材や不動産も情報課金できます。でも、ニッチなところでナンバーワンになりたいというこだわりがありました。そして自分の強みが発揮できるニッチは何かを考えたところ、学生時代から合コンの幹事をよくやっていて、人の世話を焼くのは好きだったので、結婚相手紹介はいいかなと思ったのです。

それで日本で最初の婚活サイトであるブライダルネットをつくったのですが、確かにそれで儲かったし、会員数も増えました。しかし、これだけだと、後から追っかけてくる会社のほうが有利です。実際、大手企業も参入してきました。そこで差別化を考えようと、お客さん（婚活する会員）の状況をつぶさに把握したところ、会員数と売り上げは伸びても、成婚数、つまり結婚するカップルが増えないという状況があったのです。

そこで、成婚数を伸ばすにはどうすればよいかと考え、今まで古臭いと思われていた結婚相談所のサービス、いわゆる地域の仲人おばさんたちに会ってみることにしたのです。顧客満足度が高く、素晴らしい仲人のサービスをしている人は大勢いました。でも、彼女らは、埋もれているんですね。そこで、この人たちを再編成しようと思い立ったのが、今の業態に至った経緯です。

実は、私自身もネットビジネスは一生やるようなビジネスではないと思っていました。つまり、手間暇のかかるリアルなサービス、すなわち接客サービスが好きで、一方ウェブのシステムをつくるのも得意でした。そこで、両者を融合することができないかと考えたのです。

楠木　お話を整理すると、ネットが登場し、ネットが得意な人たちが婚活サイトを始め、その一方ではリアルな結婚紹介ビジネスを伝統的にやっている人、それこそ地域に世話焼きの仲人おばさんが昔から存在していた。その2つの世界は分断されていたわけですね。石坂さんは、その両者を結合した、と。言葉にすれば簡単なのですが、実際はこれが難しい。ほとんどの場合、人間の能力や商売のメカニズムからして、リアルとネットのどちらかに偏ることが多い。最初の意図としては両者を融合しようとしても、やっているうちにネットとリアルの両者が離れていくのがありがちなパターンですね。

石坂　そう、どんどん離れていってしまいます。

「婚活サイト」が抱える矛盾

楠木　それをつなぐというのが、いったいどんなことをしているのか。具体的にお話しください。

石坂　ブライダルネット（婚活サイト）は、先行メリットを得て発展しました。しかし、成婚にはなかなか至らない。実は、出会いがないといっている人には、３種類あるのです。第１は、出会いの機会がない人、第２は交際ができない人、第３は交際はできても結婚に至らない人です。最初の、出会いの機会がない人に機会を提供するサービスは世の中にたくさんあります。でも、条件のいい人に人気が殺到しがちで、結果、誰とも会えない人がたくさん出てきてしまう。

そこで、われわれは、出会いのない人が必ず会えるよう、リアルな「お見合いパーティー」を始めたのです。これも世の中にはすでに多数ありましたが、ネットで集客と決済を完結させる仕組みがなかったので、それを早くやってしまおうと思ったわけです。そうすれば、ブライダルネットの会員は、このパーティーに来れば必ず異性に出会える。集客のアドバンテージがあるかたちになりました。

楠木　確かに、ネットで決済ができるというのは新しい方法で先行メリットがあったと思います。しかしそれは戦略のごく表層にある優位です。そもそもなぜ、リアルな出会いを提供する方向に踏み切ったかという戦略構想の根幹は、成婚を最終目標に据えるということにありますね。当たり前のように聞こえますが、この交際の本丸を目標にしている会社は意外に少ない。それにもわりと深い理由がありますね。

石坂　その通りです。結局、世の中の婚活サイト、出会い系ビジネスは、結婚や出会いをターゲットにしていないから、実際のところは〝出会わせない〟ためのモデルになっているのです。ひどい会社だと、サクラまで用意しています。だから、参加者もこの業界はなにか怪しいと構えてしまう。そんないかがわしい婚活サイト、出会いサイトが今も昔も多数あります。

楠木　言っていることと、やっていることがズレている。それがこの業界に限らず、商売の成功と失敗の大きな分かれ目になる。ネットの出会い系、婚活マッチングサイト、リアルな婚活パーティーにせよ、目的が人を集めて課金することになってしまう。これが商売の本性ですからね。手っ取り早い入金に目が行ってしまう。しかし、参加者が得たい本質的な価値は、よい出会いをしたい、結婚したいということです。よい出会い、成婚に導くというのは、この業界にとって当然の方向のはずですが、この当たり前のことが、どの会社もできない──ここがこの業界の〝底の浅さの奥深さ〟とでも言うべきところで、非常に興味深い。

石坂　2000年当時、うちが画期的だった点は、本人確認の書類をしっかり取ることでした。それまでの婚活サイトは、氏名、年齢、職業、既婚・未婚など、匿名や詐称で活動できるのが当たり前でした。参加者が活動しやすいからメリットと思われていた面もあったのですが、最終的な目標を考えたとき、役務として正しくありません。

楠木　匿名だと、サクラも出てくるし、婚活サイトというより、テレクラになっちゃう（笑）。

石坂　だからテレクラ目的で参加している人も多く、真面目に出会いを求めている人がかわいそうでした。実は、リアルな婚活パーティーもまったく同じ状況だったんです。この業界では「ダブルスコア」というのですが、男性が女性の半分以下しかいないのが当たり前。すると、顧客満足度はガタ落ちし、ひどいパーティーだったという感想になる。しかし、当社のパーティーは事前にネットで参加料の決済をするので、参加人数が男女ほぼ同じです。一方、他社は参加料後払いだから、女性は天気が悪いと来なかったり、男性だと、会場を見て、かわいい女性が少ないと、そのまま帰ってしまったりする。

でも、事前に参加費を払っていれば、「まあとりあえず参加しよう」となります。では、なぜ他の会社は、事前に参加費を徴収しなかったのかというと、そもそもサービス業という発想が欠落していたからです。というのも、お見合いパーティーの場所といえば、決まってさえない感じで、運営スタッフもアルバイトが適当にやっている。勝手に出会って、勝手に連れ出せばいいという雰囲気です。でも、こうしたパーティーで知り合い結婚した男女が、将来的に、「どこで出会ったの？」と聞かれたとき、「しょぼいお見合いパーティー」とは言えないし、思い出すのも恥ずかしいと思います。だから、当社は結婚したい男女の出会いの場を「恥ずかしくないようにしよう」と考えたのです。

サービス業としての自覚

楠木　今や婚活パーティーは百花繚乱ですが、ＩＢＪのイベントはどこが違うのですか？

石坂　やはり参加したくなるようなテーマのイベントだったり、会場でのスタッフの接客クオリティに自信があります。

楠木　「街コン」だとか既存のお見合いパーティーは、お客さんを集めるだけ集めて「あとは勝手に楽しんでね」というサービスが多いみたいですね。

石坂　だから、ぜんぜんリピートが出ない。事業として成り立たせるには、やはりリピーターが6～7割は必要です。「これなら出会えるかもしれないから、もう一回行ってみよう」「会場の雰囲気がよかったから、また行こう」とか。そういう点が総合評価になります。

楠木　サービス業なのに、サービス業のやるべきことをやっていなかった。だから、お見合いパーティーに行っても、とりあえず男女が集まっただけで、何も起こらず、さっと終わってしまう。

石坂　その点、当社のお見合いパーティーの場合、誰とも話していない人に、スタッフが「あの方と話してみてはどうですか?」などと声かけしたりする。1つのテーブルで、男性と女性の数のどちらかが過剰になると、スタッフが入って、やんわりとルール説明もします。

楠木　プロセスに立ち入って人手をかけている。そこがほかの会社とは違いますね。

石坂　人手はかけていますが、リピート客が多く、自然集客なので、広告など集客コストはほとんどかかりません。同規模の他社は、売り上げに対する広告比率は3～5割といわれますが、うちは1割程度です。だからこそ、その分サービスにおカネをかけられる。

楠木　資源を投入するところとそうでないところのメリハリが他社と逆になっている。

石坂　婚活パーティーで一番大事なのは、やはり評判です。ここをまったく考えず、満足度の低いサービスを行っているという、残念な業界になっていたのです。サービス業なのだから、たとえ結婚相手に出会えなくても、ちゃんと男女同じ人数をそろえる、雰囲気のいい場所を設定する、教育されたスタッフによるホテルライクな接客をする、そうした当たり前のことを行えば満足度は上がる。それが、よかったのだと思っています。

楠木　従来のお見合いパーティーは、いわば「金魚すくい」みたいなものですね（笑）。紙がすぐに破れて（＝出会いが得られず）、「残念だったね、じゃあもう一度やってみる?」というテキヤのような商売です。しかし、ＩＢＪの提供価値は、本当に金魚を獲得して、育てること（＝出会いを生み出し、成婚に導く）にある。そもそもはそれが「婚活」の本質的目的なのに、なぜか商売をやる側の論理で金魚すくい屋になってしまう。婚活サイトも、お見合いパーティーも、本当に面白い業界ですね。人間と商売の本質が色濃く出ている世界です。

ＩＢＪの戦略ストーリーを構成する構成要素として、婚活サイトとお見合いパーティーという2つについてお伺いしました。この次にどういう手を打ったのですか?

石坂　次は、食事つきの合コンセッティング・サービスを始めました。私は学生時代、合コンの幹事をたくさんやらされましたが、会費とお店のクオリティを合わせる、いい女性を連れてくるなど、参加者の満足度を高めるのは結構大変でした（笑）。割り勘なのか、それとも男性が全額払うのかも一大事で、男はかわいい女の子たちには率先して払うくせに、かわいくないと割り勘を主張する。こういうことが露見するのは心地よくないので、合コンの裏事情をうまくオブラートに包み、参加者みんなが満足のいく合コンを提供しようと始めたのが、パーティー部門のサービス（お見合いパーティーと合コンセッティング）です。そして、こちらと婚活サイトがわが社のビジネスの２つの柱になりました。

こうして、出会いの機会がない人には、登録者のプロフィールを提供し、パーティー部門も始め、リアルに出会える機会をつくったのですが、それでも交際に至らない人がたくさんいました。実際、「出会いは毎月あるのですが、交際に進展しない」というお悩みメールが婚活サイトにもパーティー部門の窓口にも、いっぱい来ました。

楠木　だからこそＩＢＪのようなサービスが必要になるわけで。

石坂　当初、こうしたメールには当社が用意したテンプレートで返信していました。たとえば、見た目に気をつけましょう。最初に会ったときはこう声をかけましょう、笑顔の練習をしましょうなど。いわゆるモテ本に書かれるようなノウハウでした。しかし、こうしたノウハウでは実際のところ、なにも改善しないんですね。

楠木　そういうアドバイスの有効性は、ものすごくその特定の個人の文脈に依存していますね。その人が必要なことを、必要なタイミングで出さないと、意味がない。

石坂　そう。引っ込み思案な会員の方が、交際、そしてやがては結婚に至るには、オーダーメイドのアドバイスが必要です。それがないと、本当に交際に至らない。それでは、あまりに会員がかわいそうです。それまで、私はこの業界をネット化しようとやってきましたが、ここに来て「この戦略は間違いではないか……」と考えを改めるようになりました。そして、世にあまたいる「仲人おばさん」たちに協力を求めようと、片っ端から会いに行ったのです。

楠木　どうやってアクセスしたのですか？

石坂　電話帳で調べましたら、結婚相談所は全国に2000～3000件あったので、端から「情報交換をしましょう」と電話しました。いわゆるテレアポです。しかし、「ネットの婚活なんかダメ」と、門前払いされることが多かった。中には、話に乗ってくれる人もおり、多くの仲人さんに会って聞けば聞くほど、「この人はすごいノウハウを持っているな」と、感動するような方にたくさん出会いました。

楠木　どんなところがすごいのですか？

石坂　背中の押し方です。具体的には、お見合いの前には、必ずシミュレーションをする、などです。そして、お見合いが終わったあとには、必ず双方の意思確認をし、もう一度会うようにもっていく。お見合いで意気投合しても、その後、自然消滅してしまうケースは結構ある。なぜ、自然消滅するかというと、忙しさにかまけたり、メールのやり取りがうまくいかなかったりするからです。そこで、仲人さんは「もう一度、会ってみたら？」と、背中を押すのです。その際には、「相手の方が、あなたを気に入っていましたよ。だから、会ってみたら？」といった言い方をする。実際は、相手方から「また会ってもいい」という返事をもらっただけで、「気に入った」とは聞いていないので半分はウソです。でも、こうした言葉が結果として、良好な結果を生み出す場合は多い。当社はこうした名仲人さんのノウハウを、誰もができるように仕組み化していきました。

楠木　少なくとも、相手は「嫌だ」とは思っていない。誰かがそこで背中を押してあげると、ぐっと2人の距離感が近づく。

石坂　結婚は、勢いと勘違いがないと、前には進めません。今も昔もずっとそうだと思います。その勢いと勘違いを許される範囲でつくっていくのが、仲人さんの本当の仕事です。すご腕仲人さんにもなると、マッチングした男女を70～80％の割合で結婚に導く方もいます。けれど、結婚相談所は、属人的な仕事のため、規模の拡大は追えません。そこで私は、すご腕仲人さんの、キャラクターまではコピーできずとも、ノウハウを仕組み化できる効果的なアクションを抽出して、「仲人養成プログラム」をつくることにしたのです。

楠木　それをネット上のマッチングに生かすのではなく、リアルな仲人に適用するということですか?

石坂　そうです。ネット上では限界があるとわかっていましたので。先ほど話したような、〝テンプレート〟のアドバイスでは、結婚したい男女を結婚させてあげることにはつながりません。やはりアナログの力を活用し、手間がかかっても一人ひとりのオーダーメイドにするしかない。このリアルな仲介ビジネスを効率的にやるためにウェブを活用し、立ち上げたのが「日本結婚相談所連盟」という結婚相談所ネットワーク事業です。直営の結婚相談所をつくる前に、まずは全国の仲人さんを囲い込んでネットワーク化するためにＩＴを活用するという、いわば仲人業界のＩＴ革命をやろうと思ったのです。

楠木　仲人おばさんは、最もＩＴから遠い人たち。文字通りの「急がば回れ」ですね。

石坂　そうです。だから、最初はパソコン教室から始めました。一部の仲人さんにＩＴ化のインフルエンサーになってもらえれば、あとは何とかなると思いました。

楠木　相談所のＩＴ化を始めたのは２００６年ごろですね。この連盟に加わった相談所の仲人さんというのは、自分の小さな事務所を持って結婚紹介業をしているわけですね。

石坂　そうです。日本結婚相談所連盟はフランチャイズではないので、料金や接客の頻度などは自由です。でも、仲介人が相互に紹介し、成婚を出していくためのガイドラインは設けています。仲人さんにとっても、成婚に至れば成婚料が入りますから、うちのシステムを活用するメリットは十分にあります。全国の自営業の仲人さんは、うちの連盟に登録してシステムを使うと、地域を問わず簡単にお見合いを組むことができるようになります。そういう評判が業界に広がり、今では加盟店は１０００社以上となっています。

楠木　ローカルに活動する仲人さんにとって、自分たちの価値は会員の背中を押すこと。ＩＢＪのシステムに乗ることで、ますます多くの人たちにその力を届けることができるようになった。

石坂　その通りです。こちらに登録する仲人さんは、今ではもはや、80代の仲人さんも、スマホやiPadを使って、お見合いをサポートしています。今までのように、すべてを電話でやっていると、お見合いの時間を1時と7時で聞き間違えるケースなど凡ミスがたくさんあったのですが、それもウェブ上の「お見合いカレンダー」でデータベース化することで、間違いがなくなりました。

楠木　以前から結婚したい人をさんざん相手にしてきたからこそシステムとしてよくできているものになった。ITだけの人だったら、こういう人間の心のひだに入っていくような世界で、かゆいところに手が届くようなシステムはつくれません。

石坂　ITだけの会社が同時に参入してきましたが、彼らは仲人さんのオペレーションがわからないから、イメージだけでやって失敗しやすい。私は自分でも相談所の運営をし、丁寧に仲人さんをやれば成婚がちゃんと出ることも実感しましたから。そのポイントは、手間暇のかけ方と愛情です。

楠木　コミュニティというと普通はITリテラシーが高い若い人が参入するのでしょうが、そういう人は逆に、お客さんのかゆいところを察知するコミュニケーションなどアナログ能力を持っていないことが多い。ここにトレードオフがあった。でも、IBJはその逆で、お年寄りの仲人さんのパソコン教室から始め、アナログ能力の高い人を参入させた。このアナログ能力が成功のために必要なポイントですね。優れた戦略は、一見回り道をしてでも矛盾を克服していくものですが、この辺、IBJに学ぶところは大きい。今では仲人学校と直営の結婚相談所をやっているそうですね。

石坂　そうです。先達の仲人さんから吸収したノウハウを活用し、成婚率の高い相談所をつくることが目標でしたから。そのためには、仲人学校をつくる必要がありました。直営だと、カウンセラーや営業の人をイチから育成し、対面で仲人業務を行う高額料金のお客さまを抱えてやっていくわけだから、手間暇がかかる。それを承知のうえで、2007年に直営店舗を始めました。

「いい顧客」から始まる好循環

楠木　お見合いパーティーの運営や全国のやり手仲人さんのノウハウを仕組み化するなどネットとリアルをシームレスにつなげた戦略ストーリーは好循環を生み出せるところに妙味がありますね。

石坂　お見合いパーティーや婚活サイトに参加された方々に、きちんとしたサービス、すなわち成婚をゴールとしたクオリティの高い価値を提供すると、会社に対する信頼感が生まれます。これによって、われわれも結婚に結びつきそうな良いお客さんを選べるようになります。

楠木　結婚相談所や婚活サイトにとって、良いお客さんとは？

石坂　そもそも結婚相談所に行こうかなどとは考えていなかった人です（笑）。こういう人は、生涯未婚の不安を煽るような広告には飛びついたりしないため、他社と比較することなく、わが社に入会してくれます。お客さんも、ちゃんと納得したうえで入会してくるため、クレームも少ない。信頼関係のもと、お見合いを進めていくので、成婚数はどんどん上がっていきます。直営の結婚相談所の場合、パーティーや婚活サイト経由で会員になる人が８割もいます。

楠木　さほど結婚を意識していない人がまずはお見合いイベントのようなライトなサービスを活用し、ＩＢＪを気に入って、そして結婚を意識するようになって、系列の結婚相談所に移行するというツーステップになっている。

石坂　はい。ほかの大手の結婚相談所とは集客のルートも違うし、加盟店同士の顧客の奪い合いもほとんどありません。直営店舗は東京、名古屋、大阪という大都市圏だけ、加盟店は地方ですから。また、直営店舗は今後もう増やさない予定です。一方、同業他社は店舗拡大でしか売り上げを伸ばせない状況になっている。でも、こうした属人的なサービスは、大きくなれば確実にクオリティが落ちていきます。しかしながらわが社直営の結婚相談所９店舗で、カウンセラーが付くサービスを利用した場合、成婚率は53・３％もあります。

楠木　業界全体の平均の成婚率はどれくらいですか？

石坂　結婚相談業界全体では、だいたい10％台といわれます。現在、直営相談所の成婚率を70％台まで上げることを目標としているところです。そのためには、新たな直営の出店はしないこと。出店を増やすと、利益は増えますが、クオリティが落ち、成婚率は上がらなくなるからです。会員さんは、最初のステップ（パーティーなどでの好印象）があって結婚相談所に入会してきますから、広告で集客する場合よりも、質が高く、カウンセラーとの関係性がいいのもわが社の特徴です。だから、無理やりお見合いをセットし、交際を勧めたりはしない。納得感のあるかたちで意思決定をしてもらっています。そして、こういうコミュニケーションは規模は追えません。

楠木　「納得感のあるかたち」とは？

石坂　ポイントは、お客さまを「おカネを払っているのだから、サービス（紹介、お見合い）をどんどん提供してくれ」という状況にしてはいけないということです。そうではなく、会員さんが自律的、自発的に婚活を頑張るように仕向けてあげることが肝です。そうでないと、いくらサービスを提供しても、なかなか結婚には至りません。そして、ここが一番難しいのです。

楠木　そのための、仕掛けはあるのですか？

石坂　最初に、1時間から1時間半くらいのファーストカウンセリングをします。これは目標設定です。仕事にたとえるなら、1年間の目標を設定するための人事面談のようなものです。最も大事なことは、「いつまでに結婚するか」。これをまずカウンセラーと話し合って合意する。たとえば、「来年の誕生日まで」「今年のクリスマスまで」など。期限を決めたら、次は今日からその日までのアクションプランをイメージしてもらうこと。「それまでにいい人が出てこなかったら、どうするの？」と、よく問われるのですが、期限さえ決めれば、そこから逆算してアクションするようになるのです。

楠木　夢に日付は入れなくていいけど、「結婚には必ず日付を入れろ」と（笑）。

石坂　そうです（笑）。それで、半年くらいして、どうもいい人が見つからないような雰囲気だったら、もう１回、期限を再設定します。

楠木　期限通りいかないなとなった段階で、リセットし、新たなプロジェクトを立てるわけですね。従来だと、「こっちは、おカネを払っているんだから、何してくれるの?」という要望に対して、「こんな方法がありますよ、こんな人がいますよ」と、対症療法的な手でお茶を濁す。このあたりが、全然違いますね。だからといって、ＩＢＪの戦略は「飛び道具」にも依存していない。ＩＢＪのアプローチはやたらに地に足がついていて、リアリティがある。

石坂　従来だと、飛び道具があるように見せて、実際にそんなものはないから、いつまでも会員にとどまり、結果的に相談所が儲かるという構図です。

楠木　一方、ＩＢＪは最初のライトなパーティーから、期日を決める結婚プロジェクトまで、一貫して成婚がゴールとなっている。成婚率は53％という話でしたが、一貫して成婚をゴールにするストーリーを極めていくことで、どこまで成婚率は上がりますか?

石坂　70〜80％台も不可能でないとみています。10年以上やってきて、成婚に至る方程式が見えてきました。現状の方程式でも50％台がきっちり出るので、この成婚率が出ないカウンセラーがいたら、この仕事に向いていないか、何らかの問題があるわけです。従って、対処策としては、その原因を究明すればいいだけです。目下、カウンセラーのスキルは平準化しつつあります。

少子化に歯止めをかける

石坂　非常に面白いことがわかったのですが、お見合い件数が成婚率の最大のメルクマール（代理指標）になる。合コンやお見合いパーティーなど多人数で会った回数はあまり関係ありません。ですから、会員のお見合い回数を増やすことこそが、わが社の企業価値の源泉になっています。

楠木　一対一のお見合いを複数回やると、うまくいかなくても、「自分が思っていたタイプではなく、実はこういうタイプが好みだった」と改めて知ったりする。これも重要な価値。

石坂　そうです。直営店と加盟店双方含め、一対一のお見合いをする「お見合い会員」が現在、5万5000人ほどいます。他社はこの会員数を誇りたがるのですが、うちの場合、大切なのは、会員さんが月に何件お見合いをするか。今、だいたい月に1万1000件（2万2000人）くらいのお見合いを組んでいます。この件数を増やすと成婚率が上がり、ひいては世の中の出産数に直結していくことがわかっています。

楠木　言われると当たり前なのですが、結婚すれば出産する可能性が上がる。

石坂　現在、日本の出生率は1・42ですが、結婚した人限定で見ると、1・96です。結局、結婚後はだいたい、2人弱は産んでいるわけです。うちの会社が約1万件のお見合いを月に行うと、3・1％が結婚につながります。この3・1％という数字はお見合い件数が何件でも同じです。従って、現在は月300組くらいの成婚者が出ています。

楠木　ということは、300組×2人×12カ月で、1年間で7200人の出生に寄与していることになる。

石坂　そうです。だから、このお見合い数が重要なのです。お見合い数は、今後さらに適切なサポートをすることで、月2万件くらいまで増やしていくことは可能だと思っています。すると、成婚数は月600組となり、生まれる赤ちゃんは月1万4400人になります。現実に少子化に歯止めをかけることもできるだけに、とてもやりがいのある事業だと思っています。

楠木　会員数ではなく、お見合い数という稼働数に着目すると、子どもが生まれる方程式が導き出される。IBJの事業の本質的価値とは、日本に子どもがたくさん生まれることとも言えます。ここは重要なのですが、IBJはまさにCSV（Creating Shared Value：社会共通価値の創造）を実践している。少子化問題に対する一つの解決策を提示したからです。成熟社会になってくると、ビジネスとして儲かる方法がそのまま社会貢献になり、これが一番まっとうな商売になる。

石坂　ただ、出生率、少子化問題への貢献は、大上段すぎて、ピンとこないので、今も「結婚と恋愛をまじめに考えるみなさまへ」をキャッチフレーズにしています。でも、今では明確に出生率に寄与できる事業モデルとわかったので、当社1社だけでゴリゴリやるよりも、世の中に広めたほうがいいと考えています。この事業モデルのノウハウやスキルはすでに加盟店にはオープンにしていますが、今後は地方の自治体さんにもやってもらいたいというのが願いです。

カウンセラーは「武器商人」

楠木　直営結婚相談所のカウンセラー付きサービスは成婚率53％ということですが、カウンセラーはお見合い以降、会員と、どのように関わっていくのか。具体的に教えてくださいますか。

石坂　まずプロセスを説明すると、当社の結婚相談所に入会してもらった会員には、相手を検索→申し込み→個別紹介→お見合い決定→お見合いカレンダーに日時登録をシステムで行ってもらいます。そして、実際にお見合いして、「ちょっと違うな」という場合は、カウンセラーがお断りを代行。カウンセラーに「もう一度会ってもよい」と答えると、「交際」となります。

楠木　交際のフォロー、サポートもするのですか？

石坂　もちろんします。ここもノウハウ化されています。交際が始まると、最初はどなたもぎこちないので、たとえば、男性には「一日に一度、〝おはよう〟でも〝おやすみなさい〟の一言でもいいから必ずメールを送ってください」などと、アドバイスします。また、女性には「メールが来たら、同じくらいの長さのメールをその日のうちに返してください」と伝えます。すると、このやりとりが習慣になっていきます。

楠木　男女両方とも面倒を見ているだけに、まるで武器商人みたいに振る舞える（笑）。双方の要望を知ったうえで面倒を見るから、うまくいくに決まっている。ここにアナログの人的サービスが介在する最大の意味がありそうですね。

石坂　さらに、「毎週のように会ってください」ともアドバイスします。デートをするたびに報告はしっかりしてもらい、デートで困ったことなどがあったら相談に乗ります。場合によっては、相談所に直接来てもらい、お話しします。たとえば、交際が始まってしばらくしたら、男性に「結婚に向けての気持ちはどれくらい？」と聞く。そして会員さんが、「真剣に考えています」ということだったら、「では、その思いを伝えましょう」と、思いを伝えるアレンジをします。

楠木　どんなアレンジですか？

石坂　たとえば、次回会って食事をした帰りなどに、「私は〇〇さんのことが好きです。結婚に向けて真剣に考えているので、これからもお付き合いをお願いします」と、正面切って言わせます。意外なことに、女性の多くは、そんなふうに正面切って真面目に言われたことがない。ですので、この言葉でグラグラしてくるのです。

楠木　価値あるなぁ（笑）。

石坂　たとえ疑似的でも、恋愛感情をつくらないと、うまくいきません。ただ会っているだけでは「恋愛感情が湧かないんです」となってしまいます。だから、恋愛感情を生み出すよう、カウンセラーはしっかりと仕切ります。たとえば、男性会員からの「真剣に結婚を考えている、と伝えました」との報告後、カウンセラーは相手の女性に「どうするの？」と聞きます。そこで、「私も真剣に結婚を考えている」とのことでしたら、そこからは「真剣交際」の段階に進みます。この真剣交際に進むと、他の人と会う交際はシャットアウトしていただきます。逆を言えば、「交際状態」のときは、複数の人と同時進行で会い、誰がいいのかを比較していただいていい。むしろ、比較しないと、誰が自分に合うかわからない人が多いからです。よって、交際のステップでは、複数交際もＯＫ。その内容もカウンセラーは把握しますから、1人と真剣交際になったら、他の人へはカウンセラーからお断りを伝え、キレイな状態で真剣に付き合ってもらいます。

楠木　お断り代行も独自の価値がある。いちいち人間の本能を直撃したサービスになっている。

石坂　お断り代行すると、断られた人から「私のどこがダメだったのか知りたい」というメールや電話がくることもあります。でも、そのときは「理由は聞かないのがルールになっています。前向きに頑張りましょう」と話します。

楠木　「お断り代行」だけバラ売りしてほしい人はいくらでもいるんじゃないかな（笑）。ところで、成婚に至るまで、お見合いは何回くらいするものですか？

石坂　典型的なパターンだと、結婚まで1年間の活動期間を設定し、その間に12～15人くらいの人とお見合いをします。だいたい月に1人か2人会うのが望ましいですね。どなたも最初は高い希望を出しがちです。そして実際に、理想通りの人に会える場合が多い。ただ、会っても振られるのが普通です。このあたりで、客観的に自分自身を見る必要があります。といっても、無理に理想を下げるのではなく、それをチューニングするイメージです。カウンセラーは、会員に主義主張を押し付けないのがルールですから、自分でチューニングできるよう、1年間で12人くらいと会うアクションプランをつくります。

ただし、お見合いを何回申し込んでも、箸にも棒にも引っかからないケースもたまにあります。その場合は、カウンセラーが「あなたの理想の通り申し込んでもらっていいですが、私がピンと来た男性に会うだけ会ってみると約束してくれるかな」と、約束してもらうのです。すると、自分の理想の相手と、客観的に合う異性の両方に会えるため、自分を相対化すること（自分の理想が自分に合う人とは限らないと自覚する）ができます。

楠木　最初はみんな理想が高い？

石坂　最初は、誰しも理想が高い。それが普通です。そして、その高い理想を、今までの結婚相談所の仲人さんたちは、安直に叩き潰してきました。でも、当社はそれを叩き潰してはいけないという考えです。当社では、まずは会員さんのすべての理想と希望を受け入れます。もっとも、会員さんも当初は照れもあり、自身の高い理想をカウンセラーに正直に話すのをちゅうちょします。しかし、当社のカウンセラーは、明らかな高望みでもすべて正直に話させます。そのとき、「あなたね、40歳の女性なのに、年収1000万円以上の年上男性なんて無理でしょ」というようなことは絶対にいいません。それでは、年収1000万円以上の年上男性に申し込み、ことごとく「NG」となったとき、心が折れてしまいますから。ここでカウンセラーがしっかり登録者の心を支えることが大事になります。どう支えるかというと、単純に慰めるのではなく、今の気持ちをしっかり聞いてあげて、その人の考え方、行動そのものがちょっと間違いだったと気づかせてあげるのです。

楠木　深いなあ！　ことごとく会えなかった、という事実が出た段階で、初めて受け入れる準備ができる。

石坂　そう、だから、一手間かけることが大事です。

楠木　オリックスの宮内義彦元会長が「要するに人が知らないことを知っている。ビジネスで儲かるのはこれしかない」と、おっしゃっていたのが印象に残っています。今、石坂さんが話してくれたＩＢＪがやっていること、知っていることは、多くの人が知らないことです。結婚するまでのプロセスというのは特別なことではないのに、人が知らないことは山ほどある。それを知っていることがＩＢＪの価値になっている。成婚率の向上以外に戦略ストーリーの拡張として考えている方向性はあるのですか？

石坂　私自身は婚活サービスと〝心中〟しようと思っています（笑）。すでに一部始めていますが、会員数がこれだけ多くなったので、結婚式、婚約指輪、新居、保険などライフデザイン全般のコーディネート事業を進めたいと思っています。結婚が決まっても、まだお互い遠慮があるから、「まだ結婚式や指輪は考えていない」とかいうのですが、「ご両親はどう思うの？」と聞くと、「本当はやりたい」という方が多い。でも、そのためには、おカネがかかる。だから、男性の現実的な許容範囲をちゃんと聞いてあげて、提案、あっせんしてあげるのです。

楠木　指輪をそもそも買うか、どのタイミングで渡すかが重要な問題なのに、いきなり指輪屋さんに行くと、こんな美しいカットのダイヤモンドはない、みたいなプロダクトの話一辺倒になってしまいますものね。

石坂　そこへいくと当社は、価格帯、ブランドの良しあしなども教えたうえで、紹介しています。営業成約率はすごく高いですよ。結婚式場は、とある大手経由だと、対面での営業成約率が30％といわれていますが、うちのコーディネートでは面談成約率60％くらいです。

楠木　ＩＢＪは、奇をてらった飛び道具があるわけではなく、言われてみれば当たり前のことを粛々とやっている。しかし多くの競合他社には、その当たり前のはずのことが見えない。つまりは「賢者の盲点」ですね。これまで婚活業界は、大手から中小まで多くのプレーヤーが参入してきましたが、「合理的」に商売をやってきた他社が見過ごしていた盲点をＩＢＪは突いた。賢者の盲点を突く。これが優れた戦略の条件だというのが僕の持論でして、ＩＢＪはその典型的な例だと思います。

差別化が難しい、競争が激しいという人は、ぜひ石坂さんの戦略思考から学んでほしい。競合のうえや先を行こうという発想ではなく、今「合理的」だと思ってみんながしのぎを削っていることが実は愚かなことで、その裏側に本来あるべき真っ当なサービスがある。そこに正面から取り組めば差別化できるし、独自の価値も創れるし、商売としても長期利益が出せるということを、ＩＢＪの戦略はまざまざと教えてくれます。本日は大変勉強になりました。ありがとうございました。

２０１５年11月

循環型社会に挑む「緋牡丹お竜」（石坂産業社長 石坂典子氏との対談）

大転換のチャンスはピンチにしかない

楠木　２００２年に「脱産廃」を宣言し、以来、業界に新風を吹き込んできた石坂産業。廃棄物の減量化・再資源化率は98％に達するなど、いまやＥＳＧ・ＳＤＧｓの象徴的存在として広く知られ、国内はもとより世界から多くの見学者が訪れているようになっています。すべての始まりは１９９９年の「所沢ダイオキシン騒動」でしたね。

石坂　そうですね。あの騒動で、所沢周辺にたくさんあった産廃業者がやり玉に上がりました。弊社もその一つでした。廃材を燃やして容積を縮減して埋め立てる産廃処理が主流でしたから、そのための煙突がダイオキシンの発生源と見なされたんですね。当時、周辺に59本立っていた煙突のなかで、うちの煙突がいちばん大きくて新しかったんです。目立っていたので最大の標的になりました。実際には、その2年前にダイオキシン対策炉を導入していたので、うちの工場からは出ていなかったのですが……。

楠木　バッシングで会社存亡の危機にまでなったそうですね。

石坂　ええ。２００１年には弊社の産廃業者としての許可取り消しを求める行政訴訟も起こされましたし、反対運動の人たちが毎日プラカードを持って出入りしていました。翌年もそんな状況が続くなか、私は父（創業者で当時の社長だった石坂好男氏）に、「いっそ、焼却をやめませんか？」と言ったんです。父は少し沈黙したあとで、「……地域に必要とされない仕事をしていても仕方ないな」と言いました。生き残るために、売り上げの7割を占めていた焼却事業を捨てる決断をしたのです。

楠木　新しかった焼却炉を廃炉にした。強烈な決断ですね。

石坂　そうですね。当時の売上高が25億円ほどだったなかで、その焼却炉を建てるために15億円の借金を背負いましたから。そして、私は父に、「焼却して縮減する事業から、再生する事業に転換しましょう」と提案しました。

楠木　ダイオキシン問題の有無にかかわらず、そういうアイデアは元々持っていらしたんですか?

石坂　はい。一社員として10年間石坂産業の仕事をするなかで、「もっと社会の役に立って、地域に愛される会社に変えていきたい」という思いは持っていました。

楠木　お父様は、ダイオキシン問題がなければ焼却事業をずっと続けるつもりだったのでしょう。ということは、リサイクルに大きくシフトする夢を持っていた石坂さんにとって、ダイオキシン問題は会社を変えるチャンスになったわけですね。

石坂　まあ、当時はとてもチャンスとは思えませんでしたが……。

楠木　「ピンチはチャンス」と言いますが、もっと正確に言えば「ピンチこそチャンス」。会社を大きく転換するチャンスって、ピンチのときくらいしかないですから。まさに石坂さんは、最大のピンチを、会社を変える千載一遇のチャンスとして生かした。

「選ばれる会社」を目指す

楠木　２００２年に社長に就任されたあと、石坂さんは会社の内と外から大胆な改革を進めています。リサイクルのための減量化設備を40億円かけて完全屋内型プラントにするなど「攻めの投資」を続けています。負債も抱えて売り上げも落ちたなか、資金調達はどうなさったんですか?

石坂　当時、ＳＤＧsという言葉はまだありませんでしたが、世界的に「環境に配慮した経営をしなければ」という機運が高まって、日本政府もリサイクルに取り組む企業を支援する融資枠を大きく打ち出したんです。その枠を使って、銀行16行から融資を受けて資金調達しました。

楠木　「捨てる神あれば拾う神あり」ですね。

石坂　まさにそういう状況でした。リサイクルプラントを完全屋内型にしたのは、塵埃や騒音を外に漏らして近隣住民に迷惑をかけないためです。地域に愛される産廃業者になるための第一歩でした。と同時に、社員たちの労働環境を整えるためでもありました。露天でリサイクル作業をするのは大変なので……。

楠木　御社は環境に配慮した経営の先駆者ですが、同時に、昨今言われる「人的資本経営」にも先駆的に取り組んでこられたと感じます。人的資本経営とは、平たく言えば「社員たちが将来生み出す価値を信じて投資する経営」ということです。その点で、「働いてくれた分の給料を払います」という人件費とは本質的に違います。人的資本経営の投資は先払いで、人件費は後払いによる労働力の購入ですから。

「うちは人的資本経営に取り組んでいます」と胸を張る企業のなかにも、「いや、それはただの人件費だろう」というところが少なくありません。それに対して、石坂さんは本来の人的資本経営をしています。労働環境を整えるために大胆な投資をなさっているのですから。言い換えれば、石坂さんは社員さんたちが将来生み出す価値を強く確信されている。だからこそ大胆に投資できる。

石坂　「投資」という言葉がいいかどうかわかりませんが、社員たちの力を信じて、保証はなくてもそこに懸けていくことは、とても楽しいですね。

楠木　ただ、改革を進めた当初は、社員の皆さんからの反発も大きかったそうですね。

石坂　ええ。私が社長になって一年くらいで、およそ半分の社員が辞めていきましたから。当時は私が30歳くらいで、社員の平均年齢は55歳くらいでしたから、大部分はずっと年上でした。「若い女社長にあれこれ言われたくない」という気持ちもあったでしょう。「重機も動かせないし、溶接もできないくせに」とか、「社長の娘だからっていい気になって」とか、直接言われたこともあります。私としては、「会社が変わらないと生き残っていけない」という思いで必死だったんです。同業者は周辺にたくさんあるので、そのなかで選ばれる会社にならないと生き残れませんから。

楠木　僕は石坂さんを見ていると、東映映画の『緋牡丹博徒』シリーズを思い出すんです。藤純子（現・富司純子）さんが「緋牡丹のお竜」というヒロインを演じた任侠映画の名シリーズですけど、ご覧になったことありますか？

石坂　いえ、ありません。

楠木　お竜が荒くれ男たちを向こうに回して一歩も退かない、その凛とした感じが石坂さんと重なるんです。

石坂　それは光栄です。こんど観てみますね。たしかに、産廃業界には荒っぽい男の人も多いので、そのなかでまだ若かった私が社長として改革を進めるのは、大変といえば大変でした。

楠木　企業の価値を推し量るいちばんシンプルな基準は、「その会社がなくなったときに、悲しむ人、困る人がどれだけいるか？」でしょう。ダイオキシン問題のときの御社は、逆に「石坂産業がなくなったら喜ぶ人」が少なからずいたわけで、マイナスからの出発でした。だからこそ、「選ばれる会社」に変わらなければという思いが切実に湧き上がってきたのでしょうね。

石坂　おっしゃる通りです。

楠木　「選ばれるようになってきた」という手応えを感じたのは、どの時点ですか？

石坂　私が社長になってから10年後くらいですね。10年かかりました。

楠木　その手応えを感じた瞬間を示す、何か具体的なエピソードはありますか？

石坂　改革を進めるなかで、私は顧客――産業廃棄物を搬入してくるトラックドライバーの姿勢を正すことも推進しました。「価格のご相談には応じません」と値切り拒否の姿勢を打ち出したり、搬入時の走り方や来社時のマナーを細かく指摘したり……。そのため、「石坂産業はうるさい」「客に指図する」と嫌がって、契約を打ち切る顧客も少なくありませんでした。ところが、地域の人たちが「廃棄物処理は石坂産業でやってほしい」とご指名してくださるケースが増えてきて、去っていった顧客が再契約してくれるようになったんです。たとえば、地域のあるお年寄りが亡くなる前に、「俺の家を取り壊すときには、廃棄物処理は石坂産業に頼んでくれ」と遺言状のように一筆書いてくださったケースがありました。

楠木　そうした変化の要因は何だと思いますか？

石坂　いちばん大きかったのは、廃棄物をリサイクルしていくプロセスを公開したことだと思います。公開を始めたきっかけは、完成した屋内プラントについて、一部の人が「石坂サティアン」と呼んでいると知ってショックを受けたことでした。

楠木　「サティアン」とは、かつてのオウム真理教の施設のことですね。サリンが製造されていたという。

石坂　そうなんですよ。地域住民に配慮して40億円かけて屋内型にしたのに、そんな目で見られたのが悲しかったですね。「それなら、なかでやっていることを公開しよう」と考えて、2億円を投資して見学通路を建設しました。父は、「そんなことをしても、重箱の隅をつつくように批判されるだけだ」と、当初は反対でした。私は「地域に愛される会社になるために大事なことですから」と説得しました。

公開を始めた当初は、招待した地域の方や環境団体の方からキツイ質問もされましたけど、誠意を持って説明し、対話の機会にしていきました。その積み重ねを10年近く続けるうちに、「石坂産業は真面目にやっているな」とか、「応援してあげよう」と言ってくださる方が、少しずつ増えていったのです。そして、地域の方が家の取り壊しの際などに、うちを産廃業者として指名してくださるケースも増えていきました。

「見せる化」の経営

楠木　経営情報の開示が大事だとよく言われますが、石坂さんがなさってこられたことは情報開示の域を超えています。「見える化」ならぬ「見せる化」で、わざわざ見せているわけですからね。そのことは、社員さんの側にもプラスの影響があったのではないですか？

石坂　そうなんですよ。父だけではなく、社員のなかにも見学に反対の人は当初多かったんです。「俺たちは見世物じゃない」とか言われて。でも、見学者が増えてくると、その人たちの声を通じて、社員たちも自分たちの仕事の価値に気づくんです。社長の私が言うより、第三者から言われたほうがずっと説得力があるので。見られること自体の効果も大きかったですね。いまでは毎日大型バス二台くらいで見学に来ますから、社員たちも常にその目を意識して行動します。工場内の清掃もみんなが進んでやりますし。

楠木　優れた経営者は、一つのことのためだけには動かないものです。動くときには必ず一石二鳥、三鳥になることを狙って手を打つ。石坂産業の仕事を「見せる化」した試みが、社員さんたちの意識を変え、モチベーションを上げることにもつながった……まさに一石二鳥で、いい打ち手だと感服します。

石坂　恐縮です。最初から社員に対する効果まで狙って行ったわけではないですけど……。

楠木　「見せる化」によって社員たちのモチベーションが上がるというのは、実は経営学では昔から指摘されていたことです。「ホーソン実験」という有名な研究があります。１００年ほど前、アメリカのウェスタン・エレクトリック社のホーソン工場で行われたためにこの名前がついているんですが、聞いたことあります？

石坂　いえ、ありません。

楠木　ホーソン工場で働く人たちを被験者にして、どういうやり方をしたら生産性が上がるかを細かく調べた実験なんです。例えば、照明の角度を変えるとか、休憩を取る頻度を変えてみるとか、何曜日に休ませるとか、いろんな変数を変えて実験していきました。

　そして、驚くべき結果が出たんです。条件の変化に関係なく、一貫して生産性が上がった。なぜか。実験の被験者に選ばれて、常に「見られていること」それ自体がモチベーションを上げていたのです。この発見は「ホーソン効果」と名づけられました。

石坂　なるほど。うちの会社でも同じことが起きたわけですね。

楠木　人に見られているときのほうが頑張るし、きれいにするのは、人間の本能なんです。ただ、そのホーソン効果を意図的に生産性向上に用いている例は、あまりないですね。石坂さんは本能的に、無意識にそうしている。

石坂　見られること自体だけじゃなくて、世界50カ国から見学に来ていただき、日本でも全都道府県から来ていただいていることで、社員たちの誇りに結びついている面も大きいですね。

長期的視点の回復

楠木　石坂産業の仕事はいまやESGやSDGsのど真ん中に位置する「花形産業」になっていますね。御社に対する注目度と追い風はますます高まっていくでしょう。

石坂　ただ、私自身は追い風だとは思っていなくて、むしろ危機だと感じています。社会の環境意識が高まるのはよいことですが、それがかえって間違った方向に進む面もありますから。

楠木　例えばどういうことですか？

石坂　「グリーンウォッシュ」的な上辺だけの環境対策をする企業が増えてしまうと、それが逆に環境破壊を加速させる面があります。たとえば、廃棄物を10％しか再生せず、90％は埋め立て処理しているのに、エコ企業としてもてはやされてしまうとか。

楠木　廃棄物の減量化・再資源化率が98％に達している御社からすると、そういうポーズだけのグリーンウォッシュ的企業は胡散臭い話ですね。

石坂　目先の炭素削減を優先するあまり、資源を再生しにくいものに変えてしまうこともあります。環境に優しいように見えて、長期的には優しくないものがはびこっているのです。

楠木　なぜそういうことが起きるかというと、人と人の世の中は短期的思考に陥りやすいからです。思考の時間軸が短い。それにはいろいろ理由がありますが、一つはテクノロジーが発展するほど人間は短期的思考になっていくものだからです。いい例がスマホです。私たちはＬＩＮＥメッセージの返信を、たったの半日すら待てなくなっています。昔は手紙の返信が二週間先でも平気だったのに。環境問題への取り組みも然り。目先の結果を求めてしまう。そんな時代だからこそ、長期的視点の回復、ここにリーダーシップの一つの本質があります。

石坂さんは、経営者として常に長期的視野を持っていらっしゃいますね。10年がかりで地域との共生を推進したり、20年間も里山の保全活動を続けたり……。いまはどんな長期的ビジョンを持っておられますか?

石坂　父が創業したときに夢見たことは、「ゴミをゴミにしない社会」の実現でした。いまでいえば循環型社会ということになります。私も同じ夢を目指しています。ただ、事業承継に際して、父からは「上場はしないでくれ」と言われました。そのこともあって、上場して規模を拡大していく志向性は私にはありません。

一つは石坂産業を、資源循環に寄与し続ける技能集団に鍛え上げること。廃棄物の種類はどんどん変化していて、それに追いつくだけの技術を確立していくのも大変なのです。それと、環境教育活動での子どもたちの受け入れも年間一万人近くに上りますが、未来の資源循環の担い手を育てることも、弊社の使命の一つと捉えています。あとは、同業者さんたちがうちのリサイクルのやり方を学びに来られるので、その方々に有償でコンサルテーションすることで、資源循環に寄与する企業を増やしていきたいと思っています。

楠木　石坂産業と同じ取り組みをする企業を増やすことで、循環型社会の実現に近づくということですね。資本関係ではなく、志によってつながる企業グループといいますか。

石坂　日本だけではなく、世界各国からうちに廃棄物リサイクルを学びにきています。彼らが自国に帰ったとき、そのやり方を広めてくれたら、それだけ循環型社会に近づきます。

楠木　日本は資源循環の先進国なわけですね。

石坂　ええ。世界的にはまだ廃棄物を埋める手法が主流ですから。

楠木　一つの中小企業から世界を循環型社会に変えていこうという、壮大な構想ですね。今日の対談は、『緋牡丹博徒』シリーズを2、3本観たくらいの内容がありました（笑）。ありがとうございました。

２０２４年7月

初出一覧

第1部　戦略論

・**すべては経営者次第**（『日本経済新聞』２０２４年４月２日付）
・**競争力の正体は「事業」にあり**（『日本経済新聞』２０２０年４月１日付）
・**「ＧＡＦＡ」にどう向き合うか**（『日本経済新聞』２０１７年10月31日付）
・**日陰の商売――「機会の裏」に商機あり**（『日本経済新聞』２０１６年５月25日付）
・**目指せ「クオリティ企業」**（『日本経済新聞』２０１４年４月９日付）
・**イノベーションは「保守思想」から――非連続の中の連続**（『Voice』２０２３年10月号）
・**痺れる戦略――アイリスオーヤマ**（大山健太郎『いかなる時代環境でも利益を出す仕組み』文庫版序文）
・**痺れる戦略――ワークマン**（『DIAMOND online』２０２０年８月29日）
・**ＤｅＮＡのＤＮＡを考える**（『NewsPicks』２０１６年12月17日・18日）
・**自由・平和・希望――「北欧、暮らしの道具店」の戦略**（『Executive Foresight Online』２０２２年３月）
・**「くまモン」の戦略ストーリー**（『週刊ポスト』２０１３年９月12日号）
・**概念と対概念**『Executive Foresight Online』（２０２２年11月）

第2部　経営論

・**「遠近歪曲」の罠――「日本が悪い」と叫ぶ経営者が悪い**（『文藝春秋』２０２１年12月号）
・**みにくいアヒルの子**（『日本経済新聞』２０２２年５月３日付）
・**競争戦略の視点から見たＥＳＧ**（『Executive Foresight Online』２０２１年９月）
・**経営の本質に迫る**（石井光太郎氏との対談）（『Executive Foresight Online』２０２４年１月）
・**ベストセラーよりロングセラー**（『日経ビジネス』電子版、２０２４年１月22日）
・**いまそこにあるダイバーシティ**（『中央公論』２０２２年５月号）
・**文藝春秋が伝えた経営者の肉声**（『文藝春秋』２０２２年５月号）
・**「商社３・０」はない**（『NewsPicks』２０１５年12月31日）
・**「スタートアップ育成」の誤解**（『Kyodo Weekly』46号、２０２３）
・**代表的日本人　経営者編**（『文藝春秋』２０２３年８月号）
・**「お詫びスキルがひたすら向上する客室乗務員」問題**（『@人事』２０１７年第６号）

第3部　戦略対談――戦略ストーリーを解読する

・**「マッド・ドッグ」の実像**（サントリーホールディングス代表取締役社長　新浪剛史氏との対談）（『NewsPicks』２０１７年３月29日－４月１日）
・**戦国武将型経営者の思考と行動**（オープンハウス代表取締役　荒井正昭氏との対談）（『NewsPicks』２０１６年５月２日－５日）
・**ストリート・スマートの競争戦略**（日本駐車場開発社長　巽一久氏との対談）（『NewsPicks』２０１６年７月23日－26日）
・**合理の非合理、非合理の理**（スター・マイカ社長　水永政志氏との対談）（『週刊東洋経済』２０１２年２月18日号）
・**アナログのスピードを極める**（玉子屋社長　菅原勇一郎氏との対談）（『週刊東洋経済』２０１４年２月22日号）
・**矛盾を矛盾なく乗り越える**（カカクコム社長　田中実氏との対談）（『週

刊東洋経済』２０１３年5月25日号）

- **働く株主**（みさき投資社長　中神康議氏との対談）（『NewsPicks』２０１５年6月8日－12日）
- **成婚率ナンバーワンの戦略ストーリー**（ＩＢＪ社長　石坂茂氏との対談）（『NewsPicks』２０１５年11月25日－28日）
- **循環型社会に挑む「緋牡丹お竜」**（石坂産業代表取締役　石坂典子氏との対談）（『理念と経営』２０２４年7月号）

右記以外の初出はすべて個人のブログ『楠木建の頭の中』

Executive Foresight Onlineは、楠木建の「ＥＦＯビジネスレビュー」などの連載を掲載しているウェブメディアです。当サイトには、次のＵＲＬもしくはＱＲコードよりアクセスが可能です。
https://www.foresight.ext.hitachi.co.jp/

【著者紹介】

楠木 建（くすのき・けん）
経営学者　一橋ビジネススクールPDS寄付講座競争戦略特任教授

専攻は競争戦略。一橋大学大学院商学研究科修士課程修了。一橋大学商学部専任講師、同助教授、ボッコーニ大学経営大学院客員教授、一橋ビジネススクール教授を経て2023年から現職。

著書に『経営読書記録（表)』『経営読書記録（裏)』(2023年，日本経済新聞出版)、『絶対悲観主義』(2022年，講談社+α新書)、『逆・タイムマシン経営論』(2020年，日経BP，共著)、『「仕事ができる」とはどういうことか？』(2019年，宝島社，共著)、『室内生活　スローで過剰な読書論』(2019年，晶文社)、『すべては「好き嫌い」から始まる　仕事を自由にする思考法』(2019年，文藝春秋)、『経営センスの論理』(2013年，新潮新書)、『ストーリーとしての競争戦略　優れた戦略の条件』(2010年，東洋経済新報社）ほか多数。

楠木建の頭の中　戦略と経営についての論考

2024年11月13日　1版1刷
2025年 1 月22日　　　4刷

著　者　　　楠木建

発行者　　　中川ヒロミ
発　行　　　株式会社日経BP
　　　　　　日本経済新聞出版
発　売　　　株式会社日経BPマーケティング
　　　　　　〒105-8308　東京都港区虎ノ門4-3-12
装　幀　　　野網デザイン事務所
DTP　　　朝日メディアインターナショナル
印刷・製本　シナノ印刷
Printed in Japan

ISBN978-4-296-12148-9